설계하Go! 실천하Go! 수업하Go!

생각한 대로 펼쳐지는

초등수업설계

이론과 실행

정일화 · 남윤제 · 서시연 · 송미나 · 안은정 · 이나원 · 정석준 · 조성창 공저

학지사

펴내며

교수자는 학습자의 경험과 동기를 자극하여 시각을 넓히고 생각의 깊이를 더하며 성장할 수 있도록 도와야 합니다. 이를 실현하기 위해 필수적인 수업 설계는 끊임없는 성찰과 개선이 필요한 전문적 작업이며 과정입니다. 이 책은 예비 교사와 새내기 교사가 수업 설계 및 적용 과정에서 겪는 궁금증을 덜고, 더욱더 훌륭한 교수자로 성장하는 데 도움이 되고자 합니다.

수업 설계는 아름답고 튼튼하며 생활의 효율과 만족을 높이는 건축물을 짓기 위해 시공 이전에 여러 절차를 거치는 건축 설계와 공통점을 가집니다. 건축의 청사진은 전체 방향을 제시하는 학습 목표에 해당하며, 시방서는 구체적인 교수 방법과 자료와 상통합니다. 조감도는 학습 경험의 전체적인 모습을 그려 내고, 설계도는 이를 실현하기 위한 세부적인 활동 계획이고, 시공은 실제 수업 운영에 해당한다고 볼 수 있습니다.

이 책에 초등과 중등을 함께 싣고자 했으나, 분량과 가독성을 고려해서 교수·학습과정안 예시 부분만 차이를 둔『수석교사가 콕 짚어 주는 중등 수업 설계 이론과 실행』을 별도로 출간하게 되었습니다. 다른 학교급의 수업 설계를 살피는 것도 색다른 아이디어를 구하는 데 유용하리라 생각합니다. '수업 설계의 이론과 실행' 영역의 씨앗을 뿌린 이 책이 훌륭한 교수자로 성장하는 여정에 디딤돌이 되기를 소망합니다.

2025. 11.

저자를 대표하여 정일화

차례

○ 펴내며 3

제1부 수업의 이해

01 교수자의 역할 9

02 학습자의 특성 10

03 교과 전문성 12

04 수업의 설계 14

제2부 수업의 설계

01 수업 설계의 구성과 단계 23

02 수업 설계의 이론과 모형 29

03 교수 · 학습과정안의 요소와 내용 38

04 교수 · 학습과정안의 피드백 사례 46

제3부 수업의 실연

01 수업 실연의 기술 55

02 수업 실연의 전략 60

03 수업 실연의 준비와 유의점 66

제4부 수업의 성찰

01 마이크로티칭 73
02 플랜더스 언어 상호작용 분석 77
03 ICALT 도구 80

제5부 교수 · 학습과정안

01 국어과 91
02 사회과 111
03 수학과 129
04 과학과 143
05 체육과 163
06 영어과 181
07 통합교과 195

○ 부록 217
○ 참고문헌 229
○ 찾아보기 235

제1부 • 수업의 이해

교수자는 학습자를 포용하고 인격적 성장을 제공하며 학습자의 경험과 새로운 지식을 연결하는 통로를 열어야 한다. 이를 통해, 학습자의 흥미와 동기를 자극하고, 다양한 상황에 전이될 수 있는 경험을 제공하고, 현실적으로 필요하다고 느끼는 의미 있는 지식을 제공하며, 배움을 지속하려는 태도를 고양해야 한다. 이를 위해 교수자의 역할, 학습자의 발달과 수준, 학습자가 습득할 내용에 관한 명확한 목표와 방향 설정 및 수업 설계에 대한 이해가 필요하다.

01 교수자의 역할

교수자가 제대로 가르치려면 다음과 같은 요소가 필수적이다. 즉, ① 학습, ② 권위, ③ 윤리, ④ 질서, ⑤ 상상, ⑥ 연민, ⑦ 인내, ⑧ 끈기, ⑨ 인격, ⑩ 즐거움 같은 자질이다(Banner & Cannon, 2017). 여기에 하나를 더하면 '열의'나 '열정'일 것이다. 그리고 이 모든 것을 포괄하는 덕목은 학습자가 체감하는 교수자의 **인격**일 것이다. 교수자는 단순히 지식 전달자가 아니라 학습자에게 드러나 보이는 생활의 모범이고, 궁극적으로는 삶의 스승으로 비치어야 한다. 이러한 점을 주의 깊게 새기면, 좋은 수업의 수준을 뛰어넘어 훌륭한 인생의 스승으로서 학습자의 기억에 길이 남게 될 것이다. 교수자의 주요 역할은 다음과 같다.

- 배움의 방향을 제시하고 목표를 향해 나아가도록 이끄는 **안내자**
- 학습과정을 관찰하며 피드백과 평가를 통해 성장을 지원하는 **조력자**
- 효과적인 학습 경험을 설계하고 맞춤형 학습을 제공하는 **설계자**
- 배움의 동기를 자극하고 학습 의욕을 높이는 **동기부여자**
- 안전하고 편안한 학습 환경을 가꾸는 **환경 조성자**
- 학습자에 모범을 보이고 신뢰를 형성하는 **솔선수범자**
- 최신 기술과 창의적 방법으로 학습을 더욱 풍부하게 하는 **혁신적 선도자**
- 교육의 사회적·문화적 가치를 전하는 **가치 전달자**
- 지속 가능한 학습 문화를 조성하고 촉진하는 **평생 학습자**
- 학습자와 함께 배우며 성장하는 **공동 학습자**

02 학습자의 특성

좋은 수업을 설계하려면 학습자의 발달 단계와 특성을 깊이 이해해야 한다. 개별 학습자의 특성을 정확히 파악하면 핵심 개념을 중심으로 내용을 체계적으로 구성하고, 학습량을 적절히 조절하여 교수·학습의 질을 높일 수 있다. 이를 통해 학습자의 잠재력을 최대한 끌어내고, 더욱 의미 있고 효과적인 학습 경험을 제공할 수 있다.

예를 들어, 모든 새로운 학습의 약 98%는 주로 시각과 청각과 같은 감각 경험을 통해 뇌로 전달된다(Jensen, 1997). 학습자는 청각적·시각적·운동감각적 양식을 모두 활용하여 정보를 기억하지만, 개인마다 특정 양식을 선호하는 경향이 있다. 이로 인해 각 학습자는 서로 다른 선호도에 따라 학습과정에서 다양한 행동을 보일 수 있다(Sousa, 1995). 또한 교수자는 자신의 학습 방법을 기반으로 수업을 설계하는 경향이 있어, 학습에 어려움을 겪거나 쉽게 적응하는 등 학습자 간의 차이가 발생할 수 있다(Tileston, 2007: 36). 따라서 교수자는 학습자의 개별적 특성을 충분히 고려해 수업을 설계할 필요가 있다.

학습에 영향을 미치는 학습자의 수준 및 학습 능력, 학습의욕, 학습양식(청각적·시각적·운동감각적), 자아개념, 친구관계, 가정환경 등을 고려하여 학습 목표, 학습내용 및 교수방법, 학습자료 등을 선택해야 한다. 이러한 것들을 고려하는 것이 학습자를 존중하는 수업 설계이다(Borich, 2011: 126). 교수자가 계획한 학습 목표를 학습자가 효과적으로 달성하도록 도우려면, 교수자는 학습자의 발달과 수준을 바탕으로 그에 적합한 교수·학습 전략을 구상하고 수업을 설계해야 한다. 적용할 때 주의할 점은 학습자의 인지적·사회적·정서적 발달 단계의 일반성과 더불어서 학습자마다 경험과 발달 상태에 따라 다소 차이가 있기 때문에 개별화된 접근도 고려해야 한다.

학습자 발달 단계의 예로는 매슬로(Maslow)의 '욕구단계이론'과 에릭슨(Erikson)

의 '사회성발달이론'이 있다. 매슬로는 인간의 욕구를 ① 생리적 욕구, ② 안전 · 안정의 욕구, ③ 애정과 소속감의 욕구, ④ 존경의 욕구, ⑤ 자아실현의 욕구로 구분하고, 각 단계가 결핍하면 해당 단계에서 성장을 멈춘다고 주장한다. 또한 에릭슨에 따르면, 6~12세 때는 자신이 해낼 수 있는 일에 대한 관심이 높아지고, 12~20세 때는 자신의 정체성을 찾아가는 시기에 해당한다.

따라서 발달 단계별 욕구를 충족시키면서, 초등학교 때는 작은 성취감을 느낄 수 있는 기회를 자주 제공할 필요가 있고, 중 · 고등학생 때는 사회적 관계 속에 존재감을 찾도록 돕는 것이 중요하다(정일화 외, 2024). 6~12세 아동은 논리적 사고의 발달과 구체적인 문제해결 능력이 증가하기 시작하지만 추상적 사고는 제한적이다. 이 시기에는 성취감과 자기 효능감의 형성, 그리고 또래 관계의 구축이 중요하다. 교수자는 협력을 촉진하는 학습 활동을 마련하고, 구체적인 예시를 제시하며 학습자가 직접 탐색하고 조작할 수 있도록 유도해야 한다. 또한 결과보다 과정과 노력에 초점을 맞춰 칭찬과 피드백을 제공함으로써 성취감을 높이는 것이 필요하다.

12~18세 청소년기는 추상적 사고와 논리적 사고가 발달하는 시기로, 비판적 사고가 가능해지고 독립성과 자율성을 중시하는 경향이 강해진다. 따라서 교수자는 비판적 사고를 촉진하는 수업을 설계하고, 자율성을 발휘할 수 있는 모둠 학습과 프로젝트 기반 문제해결 과제를 제시하는 것이 바람직하다.

03 교과 전문성

학교 교육과정 운영의 핵심은 '무엇을 가르칠 것인가?' 그리고 '왜 가르칠 것인가?'에 대한 근본적인 질문과 맞닿아 있다(이미숙, 2014). 교육과정을 최종적으로 실현하는 교사는 '왜 가르치는가?' '무엇을 가르칠 것인가?' '어떻게 가르칠 것인가?' '어떻게 평가할 것인가?' 등의 질문에 대해 끊임없이 고민해야 한다(정일화, 2020).

[그림 1-1]에서 볼 수 있듯이, 교사가 가르칠 교수 내용은 위계에 따른 다층적인 교육과정과 연결된다. 특히 법령에 근거하지 않은 '교사 교육과정'은 국가 교육과정 등 상위 교육과정을 바탕으로 학습자의 학습 역량을 고려하여 교과서 및 내용을 재구성하고 단원을 계획하는 과정에서 교사의 교과 전문성이 요구됨을 의미한다. 따라서 교수자는 국가 교육과정에 대한 충분한 이해를 갖추고, 담당 교과의 내용과 함께 국가 수준에서 제시된 학습자의 성취 수준도 숙지해야 한다.

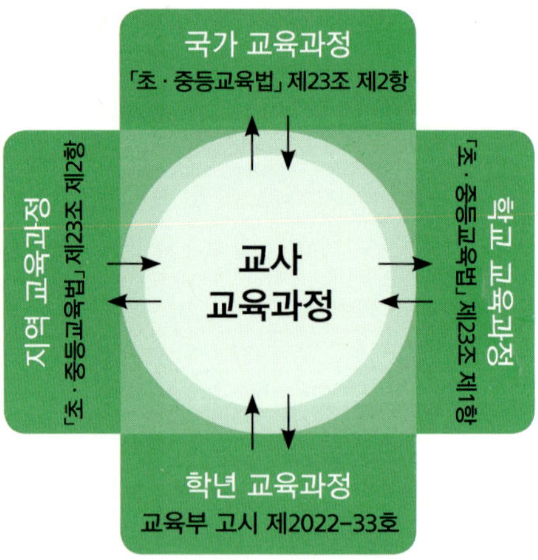

[그림 1-1] 교사 교육과정의 개념

출처: 경상북도교육청연구원(2023), p. 48 수정; 정일화 외(2024)에서 재인용.

교사는 가르칠 교과의 내용 전반을 꿰뚫어야 한다. 초등학교에서 가르치더라도 유치원과 중학교의 교육과정과 교과 내용 및 성취 수준에 대한 윤곽을 알아야 한다. 전공 교과의 전문성과 관련해서 학교급 간, 학교급별, 학년별 내용이 어떤 체계로 이루어져 있는지, 가르칠 내용, 즉 학습자가 학습할 내용의 부분이 전체와 어떤 관계를 갖는지, 내용의 위계는 어떠한지, 주제 간의 차이는 무엇인지, 어떤 내용이 더 중요하고 덜 중요한지를 알고 어떤 것을 먼저 혹은 나중에 가르칠지도 정해야 한다. 이럴 때, 교육 자료, 교과서, 교육과정 해설서 등에 제시된 체계는 수업 내용을 선정하고 수업 차시의 계획을 세우는 데 좋은 참고 자료이다(Borich, 2011: 126).

04 수업의 설계

수업 설계는 교수자가 의미 있는 배움의 기회를 학습자에게 제공하기 위한 지침이자 설계도이다. 교수자는 학습자가 깊이 있는 학습을 통해 핵심역량을 함양할 수 있도록 교수 · 학습을 설계하여 운영해야 한다. 메이어(Meyer, 2011)는 좋은 수업의 열 가지 특징으로, ① 수업의 명료한 구조화, ② 학습에 집중하는 시간의 높은 비율, ③ 학습을 촉진하는 분위기, ④ 내용적인 명료성, ⑤ 의미 생성적 의사소통, ⑥ 다양한 교수 방법 활용, ⑦ 개별적인 맞춤형 촉진, ⑧ 지능적 반복 연습, ⑨ 분명한 성취 기대, ⑩ 충분히 준비된 학습 환경을 제시했다(주소정, 유수연, 2023에서 재인용). 이러한 요소를 고려하여 교수자는 학습자의 몰입과 성장을 효과적으로 지원할 수 있는 수업을 구성해야 한다.

연구에 따르면, 초등교사는 좋은 수업을 '교수자-학습자 중심'의 학습 측면과 '수업 전략-설계'의 수업 방법 측면에서 '교육주체의 상호작용과 학습자 참여가 활발한 수업' '학습자에게 필요한 역량을 길러 주는 수업' '학습자의 흥미와 준비도를 고려한 수업' '명료하고 구조화된 체계적인 수업' '교수 효능감이 높은 안정된 수업' '융통성과 다양성이 있는 수업'으로 인식한다(박희진, 2024). 한편, 중등 예비 교사는 좋은 수업을 '학습자가 수업 내용을 잘 이해하도록 교과 지식을 전달하는 수업' '학습자의 적극적 참여 활동이 포함된 수업' '학습자의 흥미를 이끌 수 있는 방식의 수업' '다양한 생각이나 의견을 낼 수 있는 질문이 있는 수업' '학습자에게 학습 목표를 갖도록 교육하는 수업' '교수자와 학습자 간에 상호작용이 이루어지는 수업'으로 인식한다(김진아, 2023).

현직 교사와 예비 교사를 대상으로 한 연구에 따라 수업관찰과 분석의 수업컨설팅에 사용되는 좋은 수업의 준거로는, ① 짜임새 있는 설계(Good Design), ② 효과적인 언어적 의사소통(Good Telling), ③ 효과적인 비언어적 의사소통(Good Showing), ④ 학습자의 적극적인 참여와 상호작용(Good Involving), ⑤ 수업 내용의 이해와 성장(Good Understanding)이다. 이는 체계적인 좋은 수업 설계에 맞춰, 교수자의 효과적인 설명과 시연 및 교수자와 학습자 간의 활발히 상호작용을 통해 학습동기와 참여를 자극해서 배움과 이해가 일어나는 수업을 좋은 수업으로 바라본 기준이다(조규진, 김도기, 김명수, 2011; 김도기 외, 2016).

한때는 '수업지도안'으로, 지금은 '교수 · 학습과정안'이라고 불리는 수업 설계는 학습 목표를 효과적으로 달성하기 위해 교수자와 학습자의 상호작용을 체계적으로 계획하고 조직하는 과정이다. 발달 단계에 따른 학습자의 필요와 수준을 분석하여 학습 내용과 방법을 선택하고, 이를 실현할 실행 가능한 형태로 구조화하는 것이다. 수업 설계는 왜 이 수업을 하는지를 되짚어 보는 수업 목적의 확인에서 출발한다. 그다음에 수업 목표 설정, '학습자 분석' '동기부여 방법' '교수 · 학습 전략 수립' 등 수업 활동 설계, 자료 개발 및 매체 선정, '피드백 제공' '평가 도구 개발' 등의 평가 계획, 그리고 수업 실행이 순환적으로 맞물리는 단계로 이루어진다.

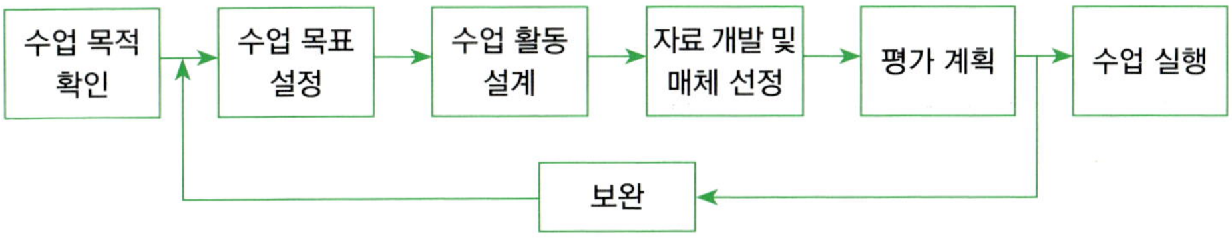

[그림 1-2] 수업 계획의 과정

출처: Reiser & Dick (1995), p. 15 수정.

수업은 학습자의 성취와 성장에 초점을 맞추어야 하고, 교수 · 학습의 내용에 따라 학습자 중심 및 교수자 중심의 활동이 적절하게 이루어져야 한다. 수업을 설계할 때는 다음의 사항을 고려한다. ① 교육과정의 성취 기준, ② 핵심 학습 목표, ③ 선수 학습의 요소, ④ 학습자의 수준과 요구, ⑤ 전시–본시–차시, 즉 이전 시간–이번 시간–다음 시간의 연계, ⑥ 적합한 교수 · 학습 모형, ⑦ 교수 · 학습의 흐름, ⑧ 학습자 활동, ⑨ 에듀테크 등 필요한 기기 및 자료의 활용, ⑩ 평가 요소와 기준, ⑪ 피드백, ⑫ 판서 계획 등이다. 다음의 질문은 수업 설계의 효과성을 높이는 데 유용하다(Kronowitz, 2009: 부록 47; 정일화 외, 2024: 162에서 재인용).

- 이 수업을 '왜' 하는가?
- 무엇을 성취하고자 하는가?
- 수업 계획을 위해 알아야 할 것은 무엇인가?
- 학습자의 수준과 문화적 다양성은 어떠한가?
- 시간 계획은 어떠한가?
- 주의 집중을 끄는 시작을 어떻게 할까?
- 어떤 자원 및 자료가 필요한가?
- 학습자는 어떤 활동을 어떻게 할 것인가?
- 평가와 피드백은 어떻게 할 것인가?
- 마무리를 어떻게 할 것인가?
- 숙제나 심화활동을 제시해야 하는가?
- 수업이 성공적인지 어떻게 확인할 수 있는가?
- 다음 수업과 어떻게 연결될 것인가?

수업을 설계할 때는 학습자의 출발점이자 도착점인 성취 가능한 학습 목표가 명확해야 한다. 수업 설계는 학습 목표 달성을 위해 교수자와 학습자 간의 효과적인 상호작용을 순차적으로 담아야 한다. 학습할 내용에 따라 교수자 중심과 학습자 중심의 적합한 안배, 다양한 학습자를 고려하는 교수 방식의 조정, 다양한 학습 방식의 적절한 적용, 학습자의 참여와 흥미를 지속하는 질문과 발문이 시기적절하게 제시해야 한다. 학습 내용이 학습자가 지닌 기존 지식 또는 현실과 동떨어지면 학습자의 흥미를 끌지 못하고 지루하게 흐르기 쉽다. 따라서 학습자가 혼자 해결하기는 어렵지만, 약간의 자극으로 해결이 가능하게 하는 근접발달영역(ZPD)을 자극하는 비계(scaffolding)로서의 교사의 역할 및 또래 협력 학습의 설계가 필요하다. 또한 학습 내용을 효과적으로 전달할 멀티미디어 등 시각적 자료 등의 활용에 관한 계획도 포함한다. 수업의 설계에서 즉각적인 피드백과 과정과 성장 중심의 평가 계획도 포함되어야 한다.

학습 목표는 세 가지로 분류하면, ① 포괄적 목표인 일반적 학습 목표, ② 측정 가능하거나 구체화된 목표인 명세적 학습 목표, 그리고 ③ 자신의 관심, 필요, 동기, 역량 수준 등을 반영하여 학습자 스스로 설정하는 개인적 목표로 나눌 수 있다. 특히 개인적 학습 목표는 학습자의 자기 주도적 학습을 강화하고 학습에 대한 동기를 지속하게 하는 역할을 한다. **일반적 학습 목표**의 예를 들면, '~을 이해할 수 있다' '~을 감상할 수 있다' '~을 함양할 수 있다' 등과 같이 진술 내용과 표현이 포괄적이다. **명세적 학습 목표**의 예로는, '~을 설명할 수 있다' '~을 구별할 수 있다' '~을 조립할 수 있다' 등처럼 학습 후에 발현하는 행동을 기술한다. 블록 타임이나 여러 차시의 프로젝트 수업에서는 활동의 단계에 따른 학습 목표를 설정할 수 있다. **개인적 학습 목표**의 예는 〈표 1-1〉과 같다. 학습 목표를 제시할 때는 다음과 같은 점에 유의한다(정일화 외, 2024: 163).

- 구체적 · 행동적 용어로 진술한다.
  예) 발표할 수 있다, 비교할 수 있다, 조작할 수 있다.
- 교수 행위가 아니라 학습자가 도달할 행동 · 결과를 진술한다.
  예) 학습자에게 현미경을 통해 식물 세포를 관찰시킨다. (×)
  예) 관찰한 식물 세포의 특징을 말할 수 있다. (○)
- 하나의 학습 목표에 하나의 학습 요소를 진술한다.
  예) 민주주의의 특징과 다수결의 효과를 발표할 수 있다. (×)
  예) 다수결의 역기능을 말할 수 있다. (○)
- 학습의 내용과 도착점의 행동 · 결과를 진술한다.
  예) 경우의 수를 구할 수 있다.
- 학습의 내용과 도착점의 행동 · 결과를 진술한다.
  예) 경우의 수를 구할 수 있다.
  (학습 내용) (학습 결과)
- 조건 · 상황, 수락 기준, 성취 행동을 진술한다.
  예) 온라인 플랫폼에서 이미지 5개를 활용하여 나의 미래를 표현할 수 있다.
  (조건 · 상황) (수락 기준) (성취 행동)

<표 1-1> 개인적 학습 목표의 예시

<table>
<tr><th>학습 주제</th><th>날씨의 힘</th></tr>
<tr><td>학습 목표</td><td>1. 나는 엘니뇨에서 다루는 중요 사항이 무엇인지를 이해하도록 노력하겠다. 엘니뇨는 내가 사는 곳에 어떻게 영향을 미치는가. 모든 이들이 이것에 관해 말하지만, 나는 받아들이지 못한다.
2. 나는 토네이도가 파괴한 사례에 관해 더 공부하겠다. 허리케인이 덮친 후의 흔적과는 다르다고 생각한다. 나는 영화 〈Twister〉를 아주 좋아한다. 이 영화를 본 후 토네이도에 관심을 갖게 되었다.</td></tr>
<tr><td>이 단원을 배우고 나면, 나는</td><td>단원 학습 목표 1: 과학
다음과 같은 핵심적인 기상에 관한 용어를 이해할 수 있다.
기단 / 대기 / 허리케인
전선(한랭, 온난, 정체) / 증발 / 토네이도
강수량 / 엘니뇨 / 권운, 적운, 층운
기압계 / 습도 / 기압

단원 학습 목표 2: 과학
기단이 바다와 육지를 이동하며 어떻게 전선을 형성하고 이 전선이 어떻게 강풍을 동반하는 뇌우, 토네이도와 허리케인을 발생시키는지를 이해할 수 있다.

단원 학습 목표 3: 과학
구름의 주요 종류를 알고, 이것들이 어떻게 형성이 되고, 어떤 날씨와 관련이 있는지를 이해할 수 있다.

단원 학습 목표 4: 과학
날씨에 관한 자료를 수집하고, 분석하고, 해석하기 위해 기압계와 온도계를 사용할 수 있다.

단원 학습 목표 5: 지리
자연지리학적 요인인 날씨가 어떻게 인간 행동과 역사적 사건에 영향을 미치는가를 이해할 수 있다.

단원 학습 목표 6: 언어
문학의 요소, 특별히 무대의 일부로서 날씨가 어떻게 줄거리에 영향을 미치는지를 이해할 수 있다.</td></tr>
</table>

개인적 학습 목표	이 단원을 공부하면서, 나는 ……

출처: Marzano, Pickering, & Pollock (2001), pp. 172-173 수정.

대부분의 초임교사는 대학에서 교과내용과 수업방법에 대해 충분히 공부했다고 생각하지만 실제는 다르다. 경험과 성찰과 시행착오를 통해서 새로운 변화가 일어난다. 시간이 지나면서 직접적인 경험을 통해 생기는 능력인 '묵시적 지식'이 쌓이기 시작한다(Borich, 2011: 127-128).

아무리 촘촘하게 설계된 수업이라도, 수업은 기계적으로 흘러가지 않으며 역동적이다. 따라서 예기치 못한 상황이 발생하더라도 유연하게 대처할 수 있는 대비책과 적응력이 필요하다. 학습자의 반응에 따라 사전 계획을 탄력적으로 조정할 수 있는 대응력이 요구된다.

꼼꼼한 수업 설계는 철저한 준비에서 비롯된 자신감을 바탕으로 이루어진다. 탄탄한 학습 설계와 함께, 학습자의 예상치 못한 발상이나 돌발 상황을 긍정적으로 받아들이고 교실 분위기를 밝게 만드는 유머 감각은 수업을 더욱 활기차고 효과적으로 만드는 숨은 비타민이자 필수 상비약이다. 훌륭한 교사는 교실에 온기를 불어넣고 웃음꽃을 피게 한다. 웃음은 성실함보다 훨씬 더 많이 가르칠 수 있다(〈브라우닝 버전〉, 1951; 정일화, 2025).

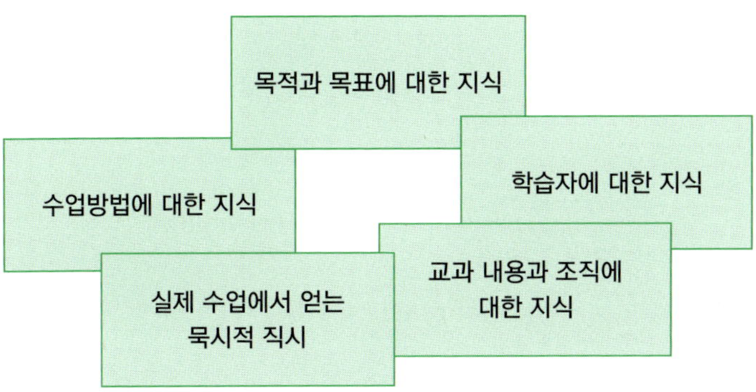

[그림 1-3] 수업 설계에 필요한 요소

출처: Borich (2011), p. 128.

제2부 • 수업의 설계

수업 단위와 수업 차시의 계획은 학습자의 성취를 자극하기 위해 교수자가 만든 과정안이다. 사전 작업을 통해 수업에 대한 구체적인 계획을 세우고, 나아가 이 계획을 실제 수업에서 실행으로 옮기기 위해서 '교수 · 학습계획안' 또는 '교수 · 학습과정안'의 작성은 필수적이다(주소정, 유소연, 2023: 94). 수업 설계는 학습 목표를 효과적으로 달성하기 위해 학습자의 필요와 수준을 고려한 교수 방법, 학습 활동, 교수 · 학습 자료, 평가 방식을 체계적으로 계획하는 과정이다. 이는 수업 전략과 긴밀하게 연결되어 있다. 수업 설계는 수업의 전체적인 계획을 수립하는 과정이며, 수업 전략은 그 계획을 효과적으로 실행하는 구체적인 방법이다.

01 수업 설계의 구성과 단계

수업 설계는 교수 · 학습 활동의 방향성을 제시하는 청사진으로, 학습자 분석, 목표 설정, 학습 내용 선정, 교수법 결정, 평가 계획 수립 등 수업의 전체적인 구조를 마련하는 과정이고, 수업 전략은 학습자가 목표를 효율적으로 달성할 수 있도록 다양한 교수법을 적용하여 수업을 실행하는 방식이다. 훌륭한 수업 설계를 실제로 구현하려면, 학습 목표에 적합한 수업 전략이 뒷받침되어야 한다. 즉, 체계적인 설계와 효과적인 전략이 조화를 이룰 때, 의미 있고 성과 있는 학습 경험이 완성된다.

가르치기 위해 수업 설계를 할 때, 무엇을 왜 가르치려고 하고, 가르치려는 목표는 무엇이고, 학습자는 무엇을 배우기를 원하고, 학습 목표의 성취를 어떻게 확인할 수 있고, 교수자는 곤란을 겪는 학습자를 어떻게 도울 것인가를 고심해야 한다. 이러한 사고 과정을 통한 수업 설계는 체계적인 단계를 밟아 학습 목표를 효과적으로 달성하도록 돕는 사전 준비 활동이다. 더 나은 수업 설계를 위해서는 개선 과정을 지속적으로 거듭해야 한다.

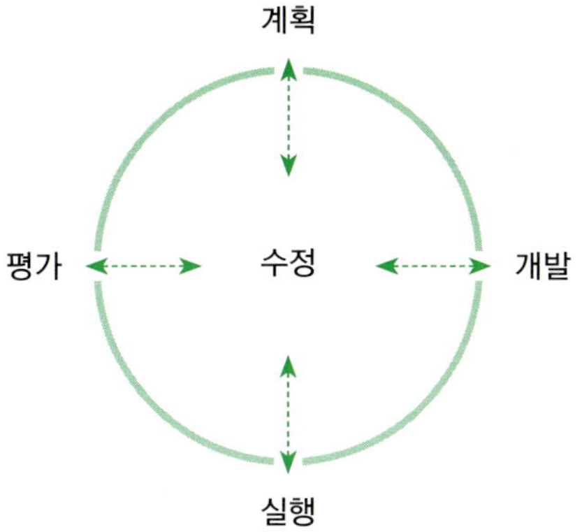

[그림 2-1] 지속적인 개선의 순환

출처: Dick, Carey, & Carey (2022), p. 5.

수업 설계 과정에 필요한 기본 요소는, ① 교육목표와 수업목표에 대한 이해, ② 학습자에 대한 이해, ③ 학습 내용에 대한 이해, ④ 교수방법에 대한 이해가 있어야 하고(Borich, 2011: 127), 이를 넓히기 위해서는, ① 학급관찰, 교육실습, 수업경험과 같은 실제적 경험하기, ② 유능한 교사와 그렇지 못한 교사에 대한 사례 논문 읽기, ③ 수업에 관한 개념이나 패러다임 변화에 대한 기사 읽기, ④ 교과내용과 교수방법에 대한 연구 논문을 읽어야 한다(Shulman, 1992; Borich, 2011: 127에서 재인용). 다음은 수업 설계 때의 주요 단계와 유의점이다. 수업 설계를 잘하려면 체계적이고 반복적인 과정이 필요하다. 다음의 사항을 고려하면서 손에 익도록 각 단계를 철저히 반복하면 정형화된 수업 설계에서 창의적인 수업 설계로 발전하게 된다.

핵심 아이디어 중심의 수업 설계 단편적인 지식의 암기를 지양하고 각 교과목의 핵심 아이디어를 중심으로 지식 · 이해, 과정 · 기능, 가치 · 태도의 내용 요소를 유기적으로 연계하여 학습자의 발달 단계에 따라 학습 경험의 폭과 깊이를 확장할 수 있도록 수업을 설계한다.

교과 내 영역 간, 교과 간 내용의 연계성 교과 내 영역 간, 교과 간 내용 연계성을 고려하여 수업을 설계하고 지도함으로써 학습자가 융합적으로 사고하고 창의적으로 문제를 해결하는 능력을 함양할 수 있도록 한다.

삶과 연계한 의미 있는 학습 학습 내용을 실생활 맥락 속에서 이해하고 적용하는 기회를 제공함으로써 학교에서의 학습이 학습자의 삶에 의미 있는 경험이 되도록 한다.

탐구 방법의 학습 및 학습에 대한 성찰 학습자가 여러 교과의 고유한 탐구 방법을 익히고 자신의 학습과정과 학습 전략을 점검하며 개선하는 기회를 제공하여 스스로 탐구하고 학습할 수 있는 자기주도 학습 능력을 함양할 수 있도록 한다.

기초소양학습 교과의 깊이 있는 학습에 기반이 되는 언어 · 수리 · 디지털 기초소양을 모든 교과를 통해 함양할 수 있도록 수업을 설계한다.

학습자 분석 학습자의 발달 단계, 수준, 사회문화적 배경, 학습 유형, 학습 환경, 관심사 등을 파악하고 학습자의 다양성과 개인차를 고려한다.

목표 설정 단원을 통해 학습자가 무엇을 배우고 성취해야 하는지를 명확히 한다. 목표는 학습자의 동기를 유발할 수 있도록 현실적으로 달성 가능하며, 명확하고 구체적으로 제시되어야 한다. 또한 객관적으로 측정할 수 있어야 하며, 학습자의 필요와 단원의 전체 목표와 연관성이 있어야 한다. 또한 목표를 달성할 구체적인 시간의 범위가 설정되어야 한다. 위긴스와 맥타이(Wiggins & McTighe, 1998)는 광범위한 목표와 수업의 주요 아이디어를 결정하는 데 도움이 되는 다음과 같은 질문을 제시한다(Isecke, 2016에서 재인용). "이 정보는 얼마나 중요한가?" "어떻게 하면 학습한 바를 가장 잘 활용할 수 있는가?" "이 학습이 교실 너머에서 얼마나 큰 가치를 지니는가?"

학습 내용 선정 및 조직 학습 목표를 달성하기 위해 선정한 내용을 학습자의 배경지식과 연계성을 고려하여 체계적으로 배열하고, 내용의 중요도와 난이도를 고려하여 흐름을 설계한다. 의욕이 앞서서 많은 내용을 넣지 않도록 유의하고 핵심에 초점을 맞춘다.

교수 방법 설계 학습 목표와 내용에 맞는 강의, 토론, 실습 등의 교수 방법을 정한다. 학습자의 활동을 활성화하도록 다양한 교수법을 시기적절하게 적용한다.

수업자료 및 도구 준비 학습 목표를 달성하기에 적절하고 학습자의 수준에 맞는 필요한 수업자료 및 도구를 준비한다. 인터넷 등 디지털 학습자료와 기술적 환경을 사전에 점검한다.

학습 활동 계획 학습 목표와 교수 내용에 따른 교수자와 학습자 활동의 적절한 시간 안배를 고려해서 학습 목표를 달성하기 위한 활동을 구체적으로 설계한다. 교수·학습 활동이 학습자의 흥미와 동기를 자극하고, 학습 목표에 도달하는 효과적인 단계별 활동으로 구성한다.

피드백 학습자가 수업 도중 또는 학습 결과 등 학습 활동에 대해 제공되는 구체적이고 즉각적인 교수자의 반응이다. 수업의 효과성과 학습자의 성취 목표를 달성하기 위해서 교수자의 성찰과 학습자의 의견 등을 바탕으로 수업 설계와 실행 과정을 개선한다.

판서 계획 교사의 판서는 학습의 핵심 내용을 조직적으로 담는다. 중요한 내용만을 골라 뽑은 내용이기 때문에 간결해야 한다. 판서를 할 때는 내용을 구조화하고, 필요하다면 판서 도구의 색을 달리하는 등 학습자가 기억하는 데 용이하고 쉽게 정리할 수 있도록 한다. 중요한 내용만을 선정하여 판서하되 모든 학생이 학습 내용을 한 눈에 파악할 수 있도록 한쪽에 몰리지 않도록 균형있게 구조화한다. 또한 게시할 자료가 있다면 차지할 공간을 참작한다. 판서한 내용은 가능한 삭제하지 않는다.

<표 2-1> 판서 활용의 분석 예시

평가 요소	평정				
학습 목표의 달성을 위한 핵심을 짚어서 판서하는가?	①	②	③	④	⑤
내용을 함축하여 간결하게 판서하는가?	①	②	③	④	⑤
시각적 효과와 구조화된 판서를 하는가?	①	②	③	④	⑤
글씨의 크기와 모양을 알아보기 쉽게 정확하게 판서하는가?	①	②	③	④	⑤
학생들과 등을 지거나 몸으로 글씨를 가리지 않고 판서하는가?	①	②	③	④	⑤
학생들에게 판서한 내용을 적을 적절한 시간을 주는가?	①	②	③	④	⑤
종합 의견					

※ ① 매우 미흡 ② 미흡 ③ 보통 ④ 우수 ⑤ 매우 우수

발문 계획 질문은 주로 사실이나 지식을 확인하고, 발문은 학습자의 다양한 반응을 수용하면서 확산적 사고를 자극하는 데 초점을 둔다. 적절한 시점에 확인, 이해, 성찰을 위해 적절한 형태로 제기되는 발문은 학생들에게 긍정적인 기능을 한다(이상균, 2014; 조미영, 장지영, 유정숙, 김성원, 이현주, 2010). 발문을 계획하면 학습자의 참여와 생각의 깊이를 단계적으로 유도하고 이해도를 점검하고 탐구의 영역을 확장할 수 있다. 〈표 2-2〉에 따르면, '발문'은 '개방적 질문'에 해당한다.

<표 2-2> Blosser의 질문의 분류

유형		특성
폐쇄적 질문	인지·기억적	• 기억: 반복, 복사, 기억된 정의 포함 • 변별 또는 명명 관찰

	수렴적	• 연결, 구성, 분류 • 재구성 • 적용: 전에 습득한 정보를 새롭거나 다른 문제해결에 적용 • 종합 • 폐쇄적 예측: 조건 또는 증거에 대해서 한계가 주어져 있음 • 비판적 판단: 학생들에게 일반적으로 알려진 기준의 사용
개방적 질문	확산적	• 의견 제시 • 개연적 예측 반응을 제한하는데 증거가 불충분 • 추론 또는 시사
	평가적	• 정당화: 행위, 행동의 계획, 입장 선택 • 계획: 새로운 방법, 가설의 구성, 결론 • 판단: 가치의 문제, 정의적 행동과 연결, 인지적 행동과 연결

출처: Blosser (1987); 백소영, 김도현, 이경언(2014), p. 402. 원저에 따라 '발문'을 '질문'으로 수정.

<표 2-3> 수업의 단계별 발문의 예

단계	구분	예
도입	전시의 상기 및 본시의 연결	• 지난 시간에 어떤 내용을 배웠고, 그 가운데 가장 인상 깊은 점은 무엇일까요? • 이번 시간에 배울 내용은 지난 시간에 배운 것과 어떤 연결점이 있을까요?
	경험의 상기 및 동기의 유발	• 오늘 배울 주제와 관련한 경험을 해 본 적이 있나요? • 이 사진은 이번 시간과 어떤 관련이 있을까요? • 이와 비슷한 상황을 실제로 본 적이 있나요?
	학습 문제의 인식 및 소개	• 왜 이런 상황이 생기고, 어떻게 하면 해결할 수 있을까요? • 이 자료를 보고 오늘 학습 목표(또는 학습 주제)는 무엇일지 짐작할 수 있을까요?
전계	비교 · 예측 · 제안 및 문제해결을 위한 사고의 자극	• 이 둘의 비슷한 점과 다른 점은 무엇일까요? • 어느 방법이 더 효과적일까요? 이유는? • 왜 이런 선택을 했을까요? 이유는? • 이 문제를 해결하기 위해 필요한 단계는? 이유는?
정리	학습내용의 확인 및 확산	• 우리가 다룬 중점 내용은 무엇인가요? • 오늘 배운 개념(원리)을 설명해 볼까요? • 오늘 배운 내용이 왜 중요한지 설명해 볼까요?

	차시 예고	• 다음 시간에는 오늘 배운 개념(원리)이 실제 생활에서 어떻게 활용되는지를 공부할 겁니다. • 다음 시간에는 오늘 배운 시를 이용해서 여러 장르의 AI 노래로 작곡해 보겠습니다.

평가 계획 평가는 학습자가 학습 목표를 달성하는 과정에서 겪는 어려움을 해소하고 성장을 지원하는 데 초점을 맞추어야 한다. 학습 활동을 관찰하며 시기적절하게 즉각적인 피드백을 제공하면서 학습 목표 달성 여부를 확인하기 위한 평가 방식을 선정하고, 이에 따른 평가 도구는 학습 목표의 달성을 확인하는 데 타당해야 한다. 학습과정에서 학습 상태를 점검하는 형성 평가 및 학습이 끝난 후 목표 달성 여부 평가하는 총괄 평가와 같은 학습 목표 달성 여부를 확인하기 위한 평가 방법과 도구로 인지적, 정의적 또는 행동적 목표에 대한 평가가 포함된다.

실행 및 관리 수업 전 자료와 기술을 충분히 점검하고 나서 수업을 실행한다. 학습자와 활발한 상호작용을 유지하며, 예상치 못한 상황이 닥쳐도 침착하고 유연하게 대처한다.

02 수업 설계의 이론과 모형

수업 설계 이론은 수업의 구성 요소만을 고려하는 단계에서 요소들 간의 관계를 고려하는 단계로 변화하고, 그 후에는 전체를 통합적으로 구성하는 수업이론으로 발전해 왔다(김재건, 이홍숙, 2008). 수업 설계에 참고할 이론과 주요 모형의 예는 다음과 같다.

오수벨(Ausubel) 유의미 언어 학습 이론 새로운 정보가 학습자의 기존 지식과 연관될 때 학습이 효과적으로 이루어진다는 관점으로, 이는 '포섭'과 '선행조직자'로 설명된다. **포섭**에는 단순히 암기하는 것이 아니라 새로운 개념이 기존 지식과 기존 지식의 일부로 포함되거나, 기존 개념이 새로운 개념에 의해 확장되거나, 새로운 개념이 기존 개념과 연관이 되지만 완전히 포함되지 않는 세 유형이 있다. **선행조직자**는 학습 전에 제시되는 개념이나 정보로 학습자가 새로운 내용을 기존 지식과 연결하는 데 도움을 준다.

브루너(Bruner) 교수 이론 학습자가 지식을 능동적으로 구성하도록 조장하는 데 중점을 둔다. 이 이론의 핵심 개념은 **지식의 구조, 발견 학습, 학습의 나선형 구조**이다. '지식의 구조'는 학습자가 지식을 효과적으로 이해하고 기억하는 중핵(中核)이다. 구조에 대한 이해와 학습을 통해, 사물이나 현상이 어떻게 관련되고, 그 현상에 대한 기본적인 원리는 어떤지를 이해함으로써 학습자는 학습 이외의 일반적인 사태에도 적용할 수 있다(한경혜, 2004). '발견 학습'은 학습자 스스로 탐구하고 발견하고 문제를 해결해 가는 과정에서 학습이 가장 효과적으로 이루어진다고 본다. '나선형 구조'는 학습 내용을 반복적으로 다루면서 내용의 깊이를 더하고 난이도를 증가시키는 방법이다.

캐롤(Carroll) 학교학습모형 학습에 필요한 시간과 그것에 사용한 시간으로 학습의 정도를 설명하면서 학습의 5대 변인으로 '수업의 질' '학습 기회' '학습자의 적성' '수업 이해력' '학습의 지속력'을 주장한다. 학습을 최적화하기 위해서는 이러한 요소들이 서로 잘 조화를 이루고, 학생의 특성과 상황에 맞춘 학습 환경의 조성이 중요하다.

> 학습의 정도 f(학습에 사용한 시간/학습에 필요한 시간)
> = f(학습 기회, 학습의 지속력/수업의 질, 학습자의 적성, 수업 이해력)

[그림 2-2] 캐롤 학교학습모형의 방정식

글레이저(Glaser) 수업 모형 수업의 효과성과 효율성을 높이려는 체계적 설계의 일반적 모형으로, ① 수업목표 선정, ② 출발점 행동의 진단, ③ 수업의 실제 수행, ④ 학습 결과의 평가로 설계 과정을 밟는다. 각 단계마다 성과에 대한 분석과 평가를 통해 제공된 정보가 피드백되면서 순환적으로 이루어진다.

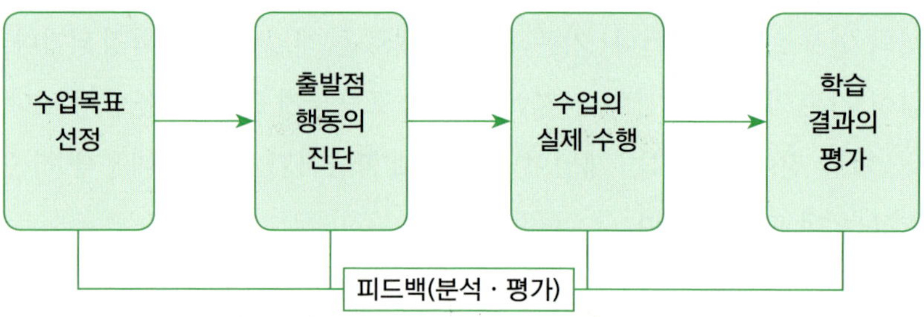

[그림 2-3] 글레이저 교수 체제의 구성 요소

출처: Glaser (1962), p. 5.

ADDIE 모형 학습 효과를 극대화하고자 교수 설계 절차이다. ① 분석(Analyze), ② 설계(Design), ③ 개발(Develop), ④ 실행(Implement), ⑤ 평가(Evaluate)의 5단계를 거치면서 각 단계마다 평가 및 분석의 피드백이 반영되는 순환적 모형이다.

<표 2-4> ADDIE 모형의 단계별 요소의 예시

단계	내용 요소
분석	학습자, 요구, 환경, 과제 내용

설계	학습 목표 및 수업 내용, 학습자 수준 및 인원 등에 따른 교수 전략 및 교수법, 교수 매체, 판서 구조화, 평가
개발	교수 · 학습 자료, 학습자 지원 방안 등 구체적 수업 전략
실행	개발한 자료 등을 학습자 실행 수준 및 학습 내용을 전략적으로 적용
평가	이전 단계별 활동, 학습 결과물 등 성취도, 교수자 및 학습자 만족도

가네(Gagné) 모형 학습과정에서 일어나는 아홉 가지 수업 이벤트를 통해 학습자의 인지적 활동을 체계적으로 지원하는 모형이다. 9단계의 절차는, ① 분석, ② 설계, ③ 개발, ④ 실행, ⑤ 평가의 순서로 ① 주의 집중, ② 학습 목표 제시, ③ 선수학습의 회상 자극, ④ 학습 자료 제시, ⑤ 학습 안내 제공, ⑥ 연습 및 수행 유도, ⑦ 수행의 정확성에 대한 피드백 제공, ⑧ 수행 평가, ⑨ 파지 및 전이이다.

<표 2-5> 가네의 교수 절차와 학습과정과의 관계

교수 절차	학습과정과의 관계	내용
1. 주의 집중 (gain attention)	신경자극의 패턴 인식	동영상, 사진 등을 제시하여 학습 흥미를 유발하고, 주의 집중을 위한 질문을 통해 학습자의 사전 지식 활성화를 유도한다.
2. 학습 목표 제시 (inform learners of objectives)	정보처리 과정의 활성화	학습자가 보여 주어야 하는 수행의 측면과 단계를 제시하고 하위 과제 목록을 나열하여 보여 줌으로써 학습자가 학습 완료 후 획득할 지식을 파악할 수 있게 한다.
3. 선수 학습의 회상 자극 (stimulate recall of prior learning)	작업기억에 대한 선행 학습 회상	자신의 부족한 바를 인지하게 하여 새로운 지식을 받아들일 수 있는 준비를 하게 하고, 주로 질문과 학습자의 대답, 피드백 방식으로 전개한다.
4. 학습 자료 제시 (present the content)	선택적 지각을 위한 기능 강조	학습 내용의 정의, 필요성, 구성, 하위 지식 등이 설명되며, 학습과제의 유형에 따라 설명 방법 혹은 교수전략을 달리한다.

5. 학습 안내 제공 (provide learning guidance)	의미적 부호화, 회상을 위한 신호	학습자가 새로운 개념, 원리, 절차 등의 지식을 효과적으로 획득하는 데 도움을 줄 수 있는 추가적인 사례의 제시, 관련된 맥락 정보의 제공, 대안적인 멀티미디어 자료의 제시 등을 제시한다.
6. 연습 및 수행 유도 (elicit performance practice)	반응 조직의 활성화	'자극자료 제시'와 '학습 안내 제공'를 통하여 일차적으로 획득한 지식을 실제 적용해 보는 단계로 연습 혹은 실습하여 학습자의 참여 촉진을 유도한다.
7. 피드백 제공 (provide feedback)	강화	학습자의 결과물에 대하여 구체적이면서 즉각적으로 제공하는 것이 중요하다. 사전에 피드백 방식과 절차에 대하여 학습자에게 안내한다.
8. 수행 평가 (assess performance)	회상 활성화	교육 후 실제 접하게 되는 상황에서 보여 주는 행동/수행을 평가/시험하는 방식으로 구성되며, 학습한 것을 시연할 기회를 주어 학습자의 이해가 이루어졌는지를 점검한다.
9. 파지 및 전이 촉진 (enhance retention and transfer)	회상을 위한 전략과 신호 제공	기본적으로 수업 시간에 다루었던 내용을 다시 한번 상기하면서 새로운 지식이 제대로 획득되었는지 확인하는 과정이며, 대체로 요약 형태로 제시한다.

출처: Gagné, Briggs, & Wager (1990), p. 190; 천세영 외(2020), p. 147; 우지현, 김미리, 김길선(2024), p. 110.

백워드 설계 학습 목표와 평가의 일관성을 중시하여 심층적 이해와 전이를 촉진하기 위해 결과부터 역으로 수업을 계획하여 설계하는 방식이다. '이해 중심 교육과정'을 구현하는 백워드 설계의 절차는, ① 바라는 결과 확인하기(내용 성취 기준, 주요 아이디어 혹은 영속적 이해, 본질적 혹은 유도 질문, 구체적 이해, 가능한 오해, 학습자의 목표, 학습 목표, 최종적 활동), ② 수용 가능한 증거 결정하기(학습 목표와 평가 증거), ③ 학습경험과 수업 계획하기(활동, 선행되어야 할 기능, 제재, 차별화)의 과정으로 이루어진다.

<표 2-6> 백워드 설계의 단계

단계	세부 요소	내용
1. 바라는 결과 확인하기: 학습자가 무엇을 알고, 이해하고, 할 수 있어야 하는가? 무엇이 이해할 만한 것인가? 무엇이 바라는 영속적 이해인가?	내용 성취 기준	가르치려는 주제나 과목에 대한 국가, 주, 지역 수준의 성취 기준은 무엇인가?
	주요 아이디어 혹은 영속적 이해	주제에 대한 주요 아이디어나 조직 원리를 열거하라. 끊임없이 관련될 보편적 개념은 무엇인가?
	본질적 혹은 유도 질문	학습자의 탐구를 안내할 대단히 중요한 질문을 3~5가지 열거하라. 학습자가 시간이 지나도 지식을 효과적으로 사용하도록 도울 질문은 무엇인가?
	구체적 이해	학습자를 학습 단원의 주요 아이디어나 본질적 목표로 이끌 구체적 이해를 열거하라. 학습자가 이들 주요 아이디어를 중심으로 어떤 구체적 이해를 얻길 원하는가? 사실적 정보를 통해 개념적 이해를 구축하는 틀을 잡는 데 있어 이들 일반적 원리가 어떤 역할을 하는가?
	가능한 오해	학습을 방해할 수 있는 가능한 오해를 열거하라.
	학습자의 목표	당신이 평가할 수 있도록 설정한 목표와 관련하여 관찰 가능하고 측정 가능한 결과를 열거하라.
	학습 목표-가능하게 하는 '지식' 활성화	학습자가 단원의 주요 아이디어를 중심으로 개념적 틀을 형성하도록 도울 사실, 개념, 원리를 열거하라.
	학습 목표-가능하게 하는 '기능' 활성화	학습자가 효과적으로 수행하기 위해 사용할 수 있어야 할 절차, 전략, 방법을 열거하라.
	최종적 활동	학습자가 어떻게 학습 목표 성취를 증명할 것인가? 그들이 어떻게 그들의 작품을 발표할 것인가? 그들의 실제적 청중은 누구인가?
2. 수용 가능한 증거 결정하기	학습 목표와 평가 증거	왼쪽 열에 학습 목표를 열거하라. 그 학습 목표 각각에 대한 성취 여부를 판단하는 데에 어떤 수행과 서술 평가 증거가 사용될 것인지를 오른쪽 열에 명세화하라. 평가는 결과물이나, 저작물, 수행, 혹은 이해의 다른 증거를 모두 포함할 수 있다.
3. 학습경험과 수업 계획하기	활동	학습자가 부합해야만 하는 벤치마크에 대한 시간표나 일정표를 간략하게 작성하라.* 그들이 학습 목표에 도달하도록 준비시킬 지원 활동도 포함하라.

	선행되어야 할 기능	어떤 기초적 기능이 수업을 지휘할 필요가 있고 어떤 것이 학습자 탐구에 가담할 것인가? 학습자는 어떻게 자신이 배운 것을 적용할 것인가?
	제재	단원에 필요할 만한 특정 제재가 있는가?
	차별화**	모든 학습자의 요구를 충족시키기 위해 과정, 결과, 내용 면에서 수업을 어떻게 차별화할 것인가? 학습자의 요구, 흥미, 학습 방식에 기초하여 수업을 차별화하는 데 있어 어떤 자료, 자원 활용이 유용할 것인가?

* 〈표 2-7〉은 관련 예시임. ** '개별화'를 의미함.

출처: Isecke (2016), pp. 185-187의 내용을 표로 재구성.

<표 2-7> 학습자가 부합해야 하는 벤치마크에 대한 단원 개관표의 예시

	1일	2일	3일	4일	5일
1주	• 생태계 균형과 천연자원 도입하기	• 지역 분수령으로 견학하기 • 발견한 것 토의하기	• 해결되어야 할 문제에 대해 토의하기 • 모둠 활동: 문제에 대한 해결책 브레인스토밍하기	• 해결할 지역사회 문제 선택이 문제에 기초하여 연구보고서를 쓸 주제 선택하기	• 연구 과정 시작 짝을 지어 답해야 할 문제와 사용할 연구 자료 결정하기
2주	• 실험 설계에 대해 논의하기	• 지속할 수 없는 방식으로 자원을 사용하는 것에 대한 실험하기	• 실험 계속하기	• 실험 결과 보고하기	• 재생 가능하다 할 만한 자원에 대해 포스터 게시하기
3주	• 공익 토론회 초대장 보내기 (궁극적 활동) • 연구보고서 만들기	• 연구보고서 만들기 작업 계속하기	• 학습자 연구보고서 초안 쓰기 • 학습자들의 동료 교정 집단 구성하기	• 동료 교정과 보고서 검토 계속하기	• 연구보고서 작업을 수정하고 편집 시작하기
4주	• 보고서 최종원고 작업하기	• 매거진 모으기	• 발표 연습하기	• 교사 및 지역사회 구성원들에게 매거진 배부하기	• 궁극적 활동: 지역사회 구성원들과의 공익 토론회하기

출처: Isecke (2016), p. 189.

개념 기반 수업 설계 지식의 핵심 개념과 원리를 중심으로 학습 내용을 조직하는 방식이다. 개념, 원리, 포괄하는 아이디어를 이해하고 이를 새로운 상황에 적용하도록 돕는다. 핵심 개념의 탐구, 전이 학습, 깊이 있는 사고, 문제해결 능력, 학습한 내용과 실생활과의 연계를 강조한다.

<표 2-8> 개념 기반 단원 설계를 위한 단계

	단계	설명
1	단원명 정하기(초점 혹은 맥락): 단원의 중심 주제 설정하기	학습의 초점이 무엇인지 알려 주고, 중심이 되는 소재나 맥락을 정해 준다.
2	개념적 렌즈 파악하기	학습에 초점과 깊이를 제공하며, 낮은 수준과 높은 수준의 사고 간 시너지를 내는 사고를 보장한다.
3	단원 스트랜드(strand) 파악하기	단원명을 책에서 장(chapter)으로 보면, 스트랜드는 그 장을 구성하는 소제목들이다.
4	스트랜드 안에서 단원 소재와 개념 엮기	단원의 내용과 개념을 개괄적으로 보여 준다.
5	학생들이 단원 학습으로부터 도출하기를 기대하는 일반화(학습자들이 개념적으로 반드시 이해해야 하는 것) 작성하기	일반화는 학습자들이 단원 학습의 결과로 보다 깊은 수준에서 이해해야 할 중요한 개념적 아이디어다.
6	안내 질문 만들기	학습자들의 사고를 촉진하여 일반화로 향하게 한다.
7	중요한 내용(학습자들이 알아야만 하는 것) 파악하기	일반화의 기초를 다지고 단원 내용의 지식을 깊이 있게 하며, 핵심 과정 및 기능과 관련해서 알아야 할 지식을 정의하는 데 필요한 사실적 지식이다.
8	핵심 기능(학습자들이 할 수 있어야만 하는 것) 파악하기	성취 기준이나 국가 교육과정에서 원문 그대로 가져올 수 있다. 이것은 과정 및 기능의 측면에서 학습자들이 학습을 마친 후 할 수 있어야만 할 것을 의미한다.
9	최종 평가와 채점 가이드 또는 루브릭 작성하기	최종적인 단원 평가는 하나 혹은 두 개(만약 두 개 모두 함께 이루어질 수 있다면)의 일반화와 중요한 내용 및 핵심 기능에 대한 학습자들의 이해를 드러낸다.

10	학습 활동 설계하기	학습자들이 최종 평가에 요구되는 것을 준비할 수 있게 하고, 학습자들이 단원을 마칠 때까지 이해하고, 알고, 할 수 있어야 하는 것을 반영한다.
11	단원 개요 작성하기	학습자들에게 학습할 단원을 소개할 때 학습자들과 함께 나눌 이야기를 담는다.

출처: Erickson, Lanning, & French (2019), pp. 84-93의 내용을 표로 재구성.

딕과 캐리(Dick & Carey)**의 체제적 수업 설계 모형**(Systematic Design of Instruction)

이론과 실제를 통해 정립된 이 수업 설계 모형은 교수 · 학습의 과정을 하나의 체계적인 시스템으로 보고, 수업 목적을 효과적으로 달성하기 위한 단계에 따라 설계하는 방법이다. 다음은 각 단계에 대한 간략한 설명이다.

- **수업 목적 확인**(Identify Instructional Goals): 학습자가 학습을 통해 무엇을 성취해야 할지 의미를 돌아보며 정의하고, 구체적이고 측정 가능한 수업 목표를 설정한다.
- **수업 분석**(Conduct Instructional Analysis): 수업 목적과 목표를 달성하기 위해 필요한 하위 기술과 지식의 구조를 분석하고, 학습의 흐름을 단계별로 논리적으로 설계한다.
- **학습자 및 맥락 분석**(Analyze Learners and Contexts): 학습자의 배경 지식, 동기, 학습 유형 및 환경 등을 분석하여 학습자 특성에 맞는 교수 전략을 수립한다.
- **수행 목표 작성**(Write Performance Objectives): 학습자가 무엇을 할 수 있는지를 조건, 수행, 기준(criterion)으로 구분해서 세부적이고 명확하게 기술한다.
- **평가 도구 개발**(Develop Assessment Instruments): 학습 목표와 일치하는 형성 평가와 총괄 평가를 설계한다.
- **수업 전략 개발**(Develop Instructional Strategy): 학습 내용을 효과적으로 전달하기 위해 동기 유발, 정보 제시, 피드백 제공 등의 교수 · 학습 전략을 선정하고 적용을 설계한다.
- **수업 자료 개발 및 선정**(Develop and Select Instructional Materials): 기존 자료의 적용 또는 새로운 제작 및 수업 매체 선정 등 교수 · 학습 활동의 자료를 개발하

거나 결정한다.

- **형성 평가 설계 및 실행**(Design and Conduct Formative Evaluation): 평가하고자 하는 것에 부합하는 문항을 선정 및 방법을 적용한다.
- **수정**(Revise Instruction): 형성 평가 결과를 바탕으로 학습자의 성취 수준을 파악해서 교수 · 학습의 전략과 적용할 자료를 수정한다.
- **총괄 평가 설계 및 실행**(Design and Conduct Summative Evaluation): 수업 설계가 학습 목표를 얼마나 효과적으로 달성했는지 분석하고 판단하여, 수업 목표의 도달 정도, 수업의 질 및 개선을 위한 정보를 파악한다.

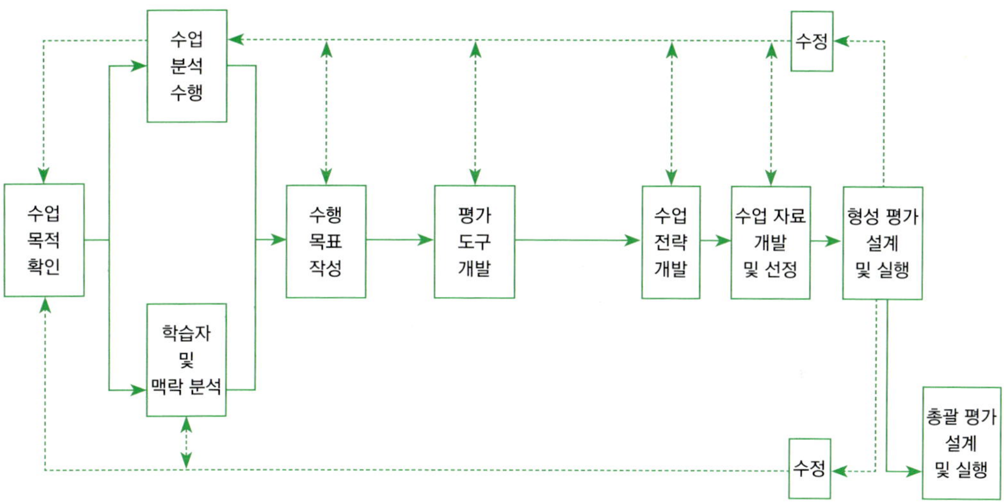

[그림 2-4] 딕과 캐리의 체제적 수업 설계 모형

출처: Dick, Carey, & Carey (2022), pp. 2-3.

03 교수·학습과정안의 요소와 내용

교수 · 학습과정안은 계획적인 수업의 운영, 학습 목표를 달성하는 데 초점이 맞추어진 수업의 일관성 유지 및 시간의 효과적 배분과 관리가 가능하도록 수업의 구체적인 진행 과정을 설계한 문서이다. 교수자는 교수 · 학습과정안을 작성하고 다듬어가면서 유비무환의 자신감을 가지게 된다.

교수 · 학습과정안은 세안과 약안으로 구분한다. **본시**는 단원 가운데 특정 시간인 한 차시의 학습 목표 달성을 위한 수업 활동의 단위로 교수 · 학습과정안에서 실제 수업을 실행하고자 계획하는 차시이다. 이 본시에 대한 계획을 교과목표, 학습자 실태 분석, 대단원 학습계획, 소단원 학습계획, 그리고 수업 활동의 단계별 계획을 구체적으로 수립한 교수 · 학습과정안을 **세안**이라고 한다. 이 **세안**에서 수업할 한 차시 분의 '도입–전개–정리'를 떼어 낸 것을 **약안**이라고 한다. 때로는 본시의 '도입–전개–정리'의 흐름을 간략히 간략히 작성한 것을 **약안**이라고 하고, 이에 비해 비교적 상세히 작성된 것을 **세안**이라 부르기도 한다.

수업을 설계하는 교수자의 필요에 따라, 단원과 연계한 상세한 설계인 **세안**에는 [그림 2–5]와 같은 흐름의 '도입–전개–정리' 단계별 계획을 포함하여 교육관, 수업 목적, 내용 지식, 수업 개선의 방향과 노력, 단원과 수업 차시의 선정 이유, '학습자의 흥미' '학습 환경' '학습자의 학습 능력' '지도 대책' '학습지도의 주안점' 등과 관련한 실태 분석 및 사전조사의 결과, 평가 내용 및 방법 등의 계획, 수업 자료, 교육과정의 재구성, 수업모형, 교수 · 학습이론, 기대효과 등이 선택적으로 포함된다.

단계	도입	전개	정리
학습과정과 활동	• 수업 준비 확인 • 전시학습 상기 • 동기 유발 • 학습 목표 제시	• 탐구 활동 • 교과 · 진로 활동 • 모둠 활동 • 조별 · 개별 발표	• 학습한 내용 정리 • 형성 평가 • 차시 학습 예고

[그림 2-5] 교수 · 학습과정의 일반적 흐름

출처: 정일화 외(2024), p. 162.

〈표 2-9〉는 본시의 교수 · 학습과정 약안의 예시 양식이다. 교수 · 학습과정안의 구성 요소는 학교마다 또는 시대적 강조에 따라 가감되기도 한다. 따라서 교수자는 재량 범위 내에서 선택적으로 사용할 수 있다. 다음은 구성 요소별 작성을 돕기 위한 설명이다.

① **단원**: 동일 계통의 학습 목표를 중심으로 관련 내용을 체계적으로 묶은 학습의 기본 단위이다.

② **연계 단원**: 학습할 단원과 전후로 연결되거나 확장 또는 심화되는 단원이다. 때로는 다른 교과의 단원과도 연계될 수 있다. 교사의 연계 단원에 대한 이해는 수업의 흐름을 자연스럽고 더 깊이 있게 이끈다.

③ **학습 주제**: 학습 활동의 중심이 되는 핵심 내용 또는 탐구할 문제이다.

④ **수업 모형**: 수업 목적, 학습 목표, 학습 내용, 학습자 특성과 수준, 학습자 참여 촉진, 수업환경과 자원, 평가 방법, 교수자의 적용의 수업 모형에 대한 숙달 정도 등을 고려해서 선택한다.

⑤ **학습자 특성**: 성취 기준과 학습 목표 달성과 관련하여 학습자의 발달 단계, 수준, 배경지식, 학습유형과 관련한 사항을 기록한다.

⑥ **수업 목적**: 왜 이 수업을 하는지, 이 수업이 학습자의 삶에 왜 필요하고, 어떠한 영향 변화를 미치기 위한 것인지에 대한 성찰에 비추어 기록한다.

⑦ **학습 목표**: 구체적이고(Specific), 측정 가능하고(Measurable), 달성 가능하고(Achievable), 관련성이 있고 현실적인(Relevant & Realistic), 시간을 고려하는(Time-bound) 원칙하에 명시적으로 제시한다.

⑧ **창의 · 인성목표**: 학습자의 창의적 사고와 바람직한 인성을 함양하기 위해 설

정된 목표이다.

⑨ **성취 기준**: 학습자가 배워야 할 내용 또는 수업을 마치면 할 수 있거나 할 수 있기를 기대하는 능력을 결합해서 제시한 평가의 기준이다.

⑩ **핵심 역량**: 학습자가 삶을 주도적이고 성공적으로 살아가기 위해 갖추어야 할 지식, 기능, 태도의 종합적 능력이다.

⑪ **단계**: 학습 목표를 효과적으로 달성하기 위해 수업의 과정을 논리적이고 체계적으로 구분한 흐름이다.

⑫ **시간**: 학습 목표를 달성하기 위해 도입–전개–정리 단계별로 요구되는 해당 차시의 배분이다.

⑬ **도입**: 수업의 목표와 내용을 안내하여 학습자가 학습의 목적과 필요성을 이해하고 학습할 내용에 흥미와 호기심을 불러일으키는 초기 단계로, 수업준비 확인, 전시(前時), 즉 이전 시간에 배운 핵심 내용의 상기, 학습 목표와 관련한 학습동기 유발, 학습 목표 제시의 학습과정이 이루어진다.

⑭ **전개**: 다양한 교수 전략을 활용하여 학습 내용의 전달과 학습자의 참여를 활성화하여 학습 목표를 실현하는 수업의 핵심적인 단계로, 주로 학습할 주제의 분절 또는 난이도를 높여 가는 교수 · 학습 활동이 펼쳐진다. 이런 과정에서 탐구 활동, 개별 활동, 모둠 활동, 발표, 과정 평가 및 피드백 등이 이루어진다.

⑮ **정리**: 학습한 내용을 요약하고 질문이나 평가 등을 통해 학습 목표 달성 여부를 점검하여 학습자의 이해를 재확인하고, 다음 시간에 다룰 차시(次時) 학습 예고하는 마무리 단계이다.

⑯ **학습과정/학습 내용**: 학습 목표의 달성을 위해 설정된 구체적인 단계와 그에 따른 주요 학습 활동 및 학습 요소이다.

⑰ **교수 · 학습 활동**: 학습자의 참여를 높이고 학습자 간 협력을 촉진하는 상호작용 및 활동의 구체적 과정을 시계열로 작성한다. 교수 활동과 학습 활동은 어떤 활동이 학습주제와 내용에 적합한지를 고려해서 배분한다.

⑱ **유의점 및 학습자료**: 학습 목표 달성의 효과를 높이기 위해 고려할 사항 및 학습 활동의 지원을 위해 사용하는 다양한 자료와 도구가 기록된다. 예를 들면, 출석 확인, 바닥이나 쓰레기통 주변 등의 교실 청결 및 책걸상 정리정돈과 같

은 학습 분위기의 조성에 관한 사안부터, 학습 활동 중의 안전사고 예방, 단계별로 교수 · 학습 자료의 사용 시기와 방법과 단계별 중점 강조 사항, 구상한 발문한 관한 간단한 메모, 형성 평가 방법, 학습 목표의 달성을 자극하는 확산적 발문, 흥미를 높이는 실생활의 사례, 구조화된 판서, 피드백과 총괄평가 계획 등이 간략하게 담길 수 있고, 준비한 유인물, 프레젠테이션, 워크시트, 멀티미디어 자료, 실험 장비 등 수업에 활용되는 자료나 도구 등을 기록한다. 내용이 많다면 별지(別紙)를 활용할 수 있다.

⑲ **수업 성찰**: 수업을 다 마친 후에 학습자의 반응, 수업 방법, 성취 결과 등 교수 · 학습 전반을 돌아보고 개선점을 모색하는 과정이다.

<표 2-9> 교수 · 학습과정 약안의 구성 요소 예시

<table>
<tr><td>일시</td><td></td><td>차시</td><td></td><td>장소</td><td></td><td>대상</td><td></td><td>지도교사</td><td></td></tr>
<tr><td>① 단원</td><td colspan="5"></td><td colspan="2">② 연계 단원</td><td colspan="2"></td></tr>
<tr><td>③ 학습 주제</td><td colspan="5"></td><td colspan="2">④ 수업 모형</td><td colspan="2"></td></tr>
<tr><td>⑤ 학습자 특성</td><td colspan="9"></td></tr>
<tr><td>⑥ 수업 목적</td><td colspan="9"></td></tr>
<tr><td>⑦ 학습 목표</td><td colspan="6"></td><td colspan="2">⑧ 창의 · 인성목표</td><td></td></tr>
<tr><td>⑨ 성취 기준</td><td colspan="9"></td></tr>
<tr><td>⑩ 핵심 역량</td><td colspan="9">□자기관리 □지식 정보 처리 □창의적 사고 □심미적 감성
□협력적 소통 □공동체 □기타 ( )</td></tr>
<tr><td>⑪ 단계
(⑫ 시간)</td><td>⑯ 학습과정/
학습 내용</td><td colspan="7">⑰ 교수 · 학습 활동</td><td>⑱ 유의점
및 학습자료</td></tr>
<tr><td>⑬ 도입
(시간)</td><td></td><td colspan="7"></td><td></td></tr>
<tr><td>⑭ 전개
(시간)</td><td></td><td colspan="7"></td><td></td></tr>
<tr><td>⑮ 정리
(시간)</td><td></td><td colspan="7"></td><td></td></tr>
<tr><td>⑲ 수업
성찰</td><td colspan="9"></td></tr>
</table>

〈표 2-10〉은 교수 · 학습과정안의 평가 계획과 관련한 예시 양식이다. 이는 일반적인 교수 · 학습과정 약안에서는 생략하는 편이지만, 작성하여 덧붙이면 학습 목표의 제시 및 달성 기준을 구체화하는 데 도움이 된다. **성취 기준, 평가 준거 성취 기준, 평가 기준, 과정 중심 평가**에 대한 설명은 다음과 같다(정일화 외, 2024: 221). 이러한 기준은 '학생 평가 지원포털(https://stas.moe.go.kr)'과 '국가교육과정정보센터(https://ncic.re.kr)'에서 확인할 수 있다.

성취 기준 학생들이 배워야 할 내용과 수업을 마치고 할 수 있거나 할 수 있기를 기대하는 능력을 결합하여 제시한 평가의 기준이다. 학교의 교과협의회는 학생의 수준, 특성, 학교 여건, 지역사회의 조건 등의 고려에 따른 교육과정 및 교과서 내용을 분석해서 성취 기준을 재구조화할 수 있다.

평가 준거 성취 기준 실제 평가의 상황에 적합한 준거로 제시한 성취 기준이다. 학생은 무엇을 공부하고 성취해야 하는지, 교사는 무엇을 가르치고 평가해야 하는지에 대한 보다 명료한 안내이다.

평가 기준 학생이 성취 기준에 도달한 정도를 상중하의 세 단계로 구분하고, 각각의 범주에서 무엇을 알고 있고 무엇을 할 수 있는지에 대한 기준이다. 학교에서 채점 기준표를 작성할 때는 문항의 특성에 따라 단계를 보다 세분화한 채점이 가능하다.

과정 중심 평가 교육과정의 성취 기준에 기반한 평가 계획에 따라 학생이 교수 · 학습의 과정에서 수행한 바를 관찰하고, 변화와 성장에 관한 다각적인 자료를 수집하고, 적절한 피드백을 제공하는 평가이다(교육부, 한국교육과정평가원, 2017). 교수 · 학습-평가-피드백-성취 개선'이 수업에서 분리되지 않는 동시적인 것을 지향한다.

<표 2-10> 교수 · 학습과정 약안의 평가 관련 요소 예시

<table>
<tr><td>평가 내용</td><td colspan="5"></td></tr>
<tr><td rowspan="3">평가 방법</td><td>유형</td><td colspan="4">□논술 · 구술 □토론 · 토의 □관찰 □프로젝트 □실험 · 실습
□포트폴리오 □체크리스트 □기타 ( )</td></tr>
<tr><td>주체</td><td colspan="4">□자기 평가 □동료 평가 □교사 평가 □혼합 평가 ( )</td></tr>
<tr><td>시기</td><td colspan="4">□도입 □[활동 1] □[활동 2] □[활동 3] □정리</td></tr>
<tr><td colspan="2">성취 기준</td><td>평가 준거 성취 기준</td><td colspan="3">평가 기준</td></tr>
<tr><td colspan="2" rowspan="3"></td><td rowspan="3"></td><td>상</td><td colspan="2"></td></tr>
<tr><td>중</td><td colspan="2"></td></tr>
<tr><td>하</td><td colspan="2"></td></tr>
<tr><td rowspan="2">과정 중심 평가 영역</td><td colspan="3">세부 기준</td><td>배점</td><td>평가 유형</td></tr>
<tr><td colspan="3"></td><td></td><td></td></tr>
</table>

전통적인 수업 설계 단계에 더하여 2022 개정 교육과정에서 강조하는 개념 기반 탐구학습의 특성을 반영한 수업 설계도 고려해야 한다. 개념 기반 탐구학습은 학습자들의 깊이 있는 이해와 전이 가능한 지식 형성을 목표로 한다.

개념 기반의 탐구학습 수업 설계는 핵심 개념을 중심으로 학습 내용을 구조화하여, 학습자가 개념을 깊이 이해하고 이를 다양한 상황에 적용할 수 있도록 돕는 데 초점을 맞춘다. 이러한 접근은 학습자의 비판적 사고력과 문제해결 능력을 향상시키는 데 효과적이며, 다음과 같이 나열한 단계를 통해 구현될 수 있다.

- **단원명 정하기**: 학습 내용의 핵심을 반영하는 제목을 선정한다.
- **개념적 렌즈 파악하기**: 단원의 핵심 개념과 주요 아이디어를 식별한다.
- **단원 주제 파악하기**: 단원에서 다룰 주요 주제를 명확히 한다.
- **단원 소재와 개념 재구성**: 학습 내용을 개념 중심으로 재조직한다.
- **일반화하기**: 학습을 통해 도출될 핵심 원리나 결론을 정리한다.
- **안내 질문 작성하기**: 학습자의 사고를 자극하는 질문을 개발한다.
- **사실적 지식 파악하기**: 단원에서 다룰 구체적인 사실과 정보를 정리한다.
- **핵심 기능 파악하기**: 학습자가 습득해야 할 주요 기술과 능력을 식별한다.
- **평가에 대한 안내 작성하기**: 학습 목표 달성을 측정할 평가 방법을 계획한다.

- **학습 활동 설계하기:** 학습 목표 달성을 위한 구체적인 활동을 계획한다.
- **단원 개요 작성하기:** 전체 단원의 구조와 흐름을 요약한다.
- **수업 실시 차시 작성하기:** 각 수업 시간별 세부 계획을 수립한다.
- **과정 중심으로 평가하기:** 학습과정 전반에 걸쳐 지속적인 평가를 실시한다.

교수 · 학습과정안의 작성 기준 및 작성한 후에 자기 확인이나 동료 검토를 의뢰할 때, 체크리스트를 활용하면 도움이 된다. 체크리스트의 장점은 빠진 부분은 없는지 보완하거나 개선할 점은 무엇인지를 일목요연하게 살필 수 있다. 동료 검토 때는 확인 사항별로 의견 제시와 근거를 적을 수 있게, 그리고 특정 사항 또는 종합적으로 좋은 점과 개선할 점을 기록할 수 있도록 양식에 변화를 줄 수 있다. 〈표 2-11〉은 교수 · 학습과정안을 작성할 때 기준으로 삼을 수 있는 일반적인 확인 사항이다. 이를 기준으로 학교급의 특성을 반영하여 가감 등 수정할 수 있다.

<표 2-11> 교수 · 학습과정안 작성의 체크리스트 예시

구분	확인할 사항	V
배경 지식	가르칠 내용에 대한 개념, 원리, 법칙, 용어 등의 교수학적 지식은?	
	학습자의 특성(학습 유형, 수준, 오류 개념 등)을 파악하고 적용할 전략은?	
	본시와 관련한 전후 학습 간의 연계점 및 계열이나 위계는?	
	가르칠 내용의 기본 개념 및 필수 선행 학습 내용은?	
목표 설정	교육과정의 성취 기준과 연계된 학습 목표의 설정은?	
	학습자의 수준과 필요를 고려한 목표의 명확한 제시는?	
	학습자가 이해하기 쉽고 도전 의욕을 자극하는 학습 목표의 제시는?	
내용 구성	학습 내용의 명확한 구성과 핵심 개념의 강조는?	
	전후 차시와의 연결성은?	
	(필요하다면) 다른 교과의 학습 주제와의 융합은?	
	다른 학습 내용으로의 전이 가능성은?	

교수 · 학습 활동	학습의 흥미를 높이고 동기를 유발하기 위해, 학습자의 기존 지식 및 실제 생활과의 연계는?	
	학습 목표에 도달하는 도입, 전개, 정리의 단계는 자연스러운 연결과 효과적인 시간의 배분은?	
	단계별 또는 활동별로 적절한 교수 · 학습 전략의 적용은?	
	다양한 감각을 활용한 학습 자료 제공 등 학습자의 흥미와 참여의 활성화는?	
	교수자와 학습자의 상호작용 및 학습자 간 협력의 촉진은?	
	학습자의 탐구 활동의 격려와 촉진은?	
	논리적 사고, 학습자 주도성의 문제해결, 긍정적 태도 등의 함양은?	
	학습자의 확산적 사고를 촉진하는 질문 및 발문은?	
	적절한 칭찬과 격려는?	
	활동 단계별로 학습한 내용의 정리는?	
평가 및 피드백	학습 목표의 성취에 대한 명확한 평가 기준과 방법은?	
	성취 기준에 근거한 과정 중심 평가 계획은?	
	진단 평가, 형성 평가, 총괄 평가 계획은?	
	학습자의 성장을 위한 피드백은?	
	성취 과정 및 결과에 대한 개별화 지도는?	
	학습자 스스로의 성찰은?	
학습 자료	학습 목표의 달성에 적합한 매체 등 자료 및 도구를 선정 및 활용은?	
	수업 중에 유의할 사항은?	
유의점	안전사고 예방은?	

04 교수·학습과정안의 피드백 사례

교수 · 학습과정안은 단순히 형식을 갖추는 것이 목적이 아니라, 교육과정의 실질적 해석과 적용을 통해 수업의 질을 높이는 과정이다. 이를 달성하기 위해서는 다음의 사항을 고려해야 한다.

- 해당 교과의 핵심 개념과 일반화된 지식을 명확히 파악해야 하며, 이를 중심으로 수업 내용을 조직해야 한다. 성취 기준과 학습 요소를 연결할 때는 학생의 발달 단계와 선행 경험을 고려한 교육과정 재구성이 필요하다.
- 2022 개정 교육과정은 '미래 역량'과 '학생 맞춤형 교육'을 중심 가치로 삼는다. 따라서 수업 설계 시 단원 목표가 미래 사회에서 요구되는 자기관리, 지식 정보 처리, 창의적 사고, 심미적 감성, 협력적 소통, 공동체 역량 등과 어떻게 연결되는지를 고민해야 한다. 교수 · 학습 활동은 학생의 자율성과 선택권을 보장할 수 있도록 다양하게 제시해야 하며, 개별 학생의 학습 속도와 관심사를 반영한 유연한 수업 설계가 요구된다.
- 디지털 전환 시대에 맞추어 에듀테크와 인공지능 기반 도구의 활용이 강조된다. 예를 들어, 피드백 제공에는 AI 기반 문법 교정 도구나 디지털 포트폴리오 플랫폼 등을 활용할 수 있다. 이러한 기술 활용은 학습자의 자기주도성과 성찰 능력 향상에 기여한다. 또한, 평가는 단순한 결과 측정이 아닌, 과정 중심으로 학습의 성장 경로를 진단하고 지원하는 수단으로 설계되어야 한다.
- 효과적인 교수 · 학습과정안은 목표–내용–방법–평가가 논리적으로 연결될 때 실현된다. 학습 목표는 수업 활동 전반의 방향을 제시하며, 학습 내용과 방법 및 평가가 이를 일관되게 뒷받침해야 한다. 교수 · 학습과정안을 작성한 뒤, 교육과정 해석의 적절성, 학습자 중심 수업 설계의 수준, 평가 계획의 타당성 등을 점검하고 성찰하는 과정이 필요하다.

- 교수 · 학습과정안은 단일 수업의 설계를 넘어, 교사로서의 전문성과 교육철학을 드러내는 문서임을 인식해야 한다. 수업 설계 과정을 통해 스스로의 교사 정체성과 교육관을 성찰하는 기회를 가질 수 있다.

[그림 2-6]은 교수 · 학습과정안을 작성할 때 나타나는 세안의 요소별 오류 및 개선 방향의 예시다. 〈표 2-12〉는 이와 관련한 구체적인 유형과 사례 및 개선 방향의 예시다. 이를 참고하면, 수업 설계의 맥락과 2022 개정 교육과정의 철학과 방향성에 부합하고 학생의 배움이 드러나는 교수 · 학습과정안을 작성하는데 도움이 될 것이다.

단원 선정의 이유: 성취 기준과 시의성의 균형

자주 보이는 오류		개선 방향
• 교과서 단원 그대로 선정 • 교육과정 해석력 부족 • 학습자 수준 · 관심 고려 미흡 • 사회적 맥락 반영 부족	➡	• 성취 기준 분석 기반 주제 선정 • 맞춤형 주제, AI · 탄소중립 등 사회 쟁점 반영 • 학생 삶과 연결된 주제 구성

이론적 배경: 이론은 설계의 근거

자주 보이는 오류		개선 방향
• 이론의 나열 • 수업과의 연계 미흡 • 이론 개념 오용 • 인용 출처 미표기	➡	• 구성주의 · ZPD · 협동학습 등 구체적 이론 반영 • 학습자 중심 수업, 자기주도 학습 이론과 연결 • AI 기반 맞춤형 학습 설계 고려

대단원의 개관: 흐름 있는 학습 구조

자주 보이는 오류		개선 방향
• 수업 활동 나열 • 차시 간 연계 부족 • 단원 구조 및 목표 전개 흐름 부재	➡	• 백워드 설계 활용 • 학생 선택권 및 자기 주도성 반영 • 디지털 활용을 통한 교사 · 학생 간 피드백 설계

본시 지도계획: 활동에서 목표 중심으로

자주 보이는 오류	개선 방향
• 학습 목표와 상관없는 흥미 위주의 활동 • 성취 기준과의 불일치 • 시간 배분 불균형, 활동 과중	• 교수 · 학습 목표–활동–평가 일관성 확보 • 구글 클래스룸, Padlet 등 AI 기반 자기주도 활동 설계 • 도입–전개–정리 흐름 구조화 • 수업 목표에 알맞은 학생 활동 설계

평가 계획: 과정과 피드백 중심

자주 보이는 오류	개선 방향
• 인지적 내용에 대한 평가 중심 • 단일 평가 방식 • 평가 기준 모호, 피드백 계획의 부재	• 루브릭 기반 수행 평가, 자기/동료 평가 반영 • 형성 평가 및 디지털 기반 실시간 피드백 설계 • 형성–총괄–환류 평가 체계의 확립

교수 · 학습과정안: 학습자 중심과 디지털 전환

자주 보이는 오류	개선 방향
• 교사 중심의 수업 활동 설명 및 구성 • 수업 방법적 측면의 피상적 설명 • 학습자 선택권 및 상호작용 부족 • 학습자의 실제 의미있는 학습 활동 시간에 대한 이해 부족 • 다양한 학습자의 수준과 흥미에 대한 학습 방법 차이의 이해 부족	• 구글 클래스룸, Canva 등 디지털 협업 도구 활용 • 디지털 문해력 · 정보윤리 등 미래 역량 포함 • 학생 주도 프로젝트 · 토의 · 문제해결형 수업 구성 • 교사의 일방적인 수업 진행보다 학생의 배움의 과정을 우선하여 설계 • 느린 학습자를 고려한 수업 설계

학습자료 · 참고문헌: 신뢰성과 다양성 확보

자주 보이는 오류		개선 방향
• 학생들의 수준을 고려 하지 않은 자료 • PPT 및 학습지의 교사 설명 위주의 제시 • 참고문헌의 누락 • 형식 오류	➡	• 보충 · 심화 자료, 다양한 디지털 컨텐츠 제시 • 학습자가 배움을 정리하고 확장할 수 있는 학습자료 제작 • 정책자료(KICE 등) 및 학술자료 활용 • 정확한 인용 형식에 관한 교육 필요

[그림 2-6] 교수 · 학습과정 세안의 요소별 오류 및 개선 방향의 예시

<표 2-12> 교수 · 학습과정안 오류 유형의 사례 및 개선 방향의 예시

오류 유형	구체 사례	개선 방향
성취 기준 기계적 나열	복사 붙여넣기 수준으로 제시	성취 기준은 단순히 나열하는 것이 아니라, 핵심 개념을 도출하고 학습자의 삶과 연결 지어 의미 있게 재구성한다. 예 '비판적 사고력 기르기'를 '지역 뉴스 읽고 의견 나누기' 활동과 연계한다.
목표-활동 불일치	고차 목표에 단순 활동	학습 목표에 부합하는 활동을 설계한다. 예 분석 능력을 목표로 한다면 단답형 문제 풀이가 아닌 비교 · 대조 활동, 마인드맵으로 작성한다.
핵심 개념 누락	개념보다 내용 위주 전개	단원마다 제시된 핵심 개념이 교육과정 설계의 중심이 되게 한다. 예 수업의 흐름 속에서 해당 개념이 반복적으로 등장하고 활동에 자연스럽게 스며들게 한다.
활동 위주 구성	게임 · 퀴즈 중심 설계	흥미 위주의 활동이 아니라 교육적 목표 달성에 기여하는 활동이 중심이 되도록 한다. 예 활동 전 · 후 학습 목표와의 연결 고리를 명시적으로 설명한다.
학생 수준 미고려	전 학급 동일 활동	학습자가 몰입하도록 수준과 흥미를 고려한다. 예 사전 진단, 인터뷰 등을 통해 수준을 파악하고, 과제와 자료를 수준별로 변형하여 제시한다.
디지털 도구 무목적 사용	무작정 기술 활용	디지털 도구는 수업 목표 달성에 기여할 수 있을 때 사용한다. 예 패들렛은 의견 수렴, 플립은 개별 발표 등 수업의 일부로 기능하도록 설계한다.
결과 중심 평가	정답 위주 채점	결과만 평가하지 말고, 과정에서 드러나는 학습 전략, 협력 태도, 자기 성찰 등도 함께 평가한다. 예 루브릭, 관찰 기록표, 학습자의 저널 등을 활용한다.

평가-활동 불일치	평가 기준과 활동 단절	학습 활동을 기반으로 평가를 구성한다. 예 활동 중 생성된 결과물이나 과정 자체를 평가 항목과 연결한다.
수업 흐름 단절	도입-전개 연결 미흡	도입-전개-정리의 단계를 자연스럽게 연결한다. 예 다음 활동으로 넘어가는 전환 질문이나 브릿지 자료를 활용해 수업의 흐름을 부드럽게 한다.
자율성 결여	일방적 과제 제시	학습자가 자신의 학습 방식을 선택할 기회를 제공한다. 예 주제 선택형 과제나 에세이, 발표, 포스터 등의 결과물 형식을 선택할 수 있게 한다.
설명 중심 수업	교수자만 말함	교수자의 전문 용어보다는 학습자의 일상 언어로 개념을 쉽게 풀어 설명하고, 학습자에게 자신의 언어로 이해하고 표현할 수 있도록 유도한다.
성찰 기회 부재	끝난 후 종료	수업을 마칠 무렵에 학습자에게 성찰의 기회를 제공한다. 예 오늘 배운 내용, 어려웠던 점, 다음 수업에서 바라는 점 등을 적게 하는 성찰 일지를 제공함으로써 메타인지 향상을 돕는다.
협력학습 오용	명확한 역할 없음	단순 조별 활동이 아닌, 역할 분담과 상호 의존 구조로 설계한다. 예 Jigsaw 구조를 활용하여 각자 맡은 부분을 전체에게 설명하는 수업 모형을 설계한다.
교육과정 철학 무시	단원 내용 위주 구성	교과 교육과정에 담긴 철학을 수업 목표, 활동, 자료에 구체적으로 반영한다. 예 의사소통 역량, 세계 시민성 함양 등을 담는다.
문화적 편향	특정 시각만 제시	수업 자료와 사례는 다양한 문화와 배경을 반영하며, 특정 시각이나 문화만 강조하지 않도록 조심한다. 예 한국과 외국의 표현 문화를 비교한다.
질문 편중	닫힌 질문만 사용	개방형 질문, 반문, 학생의 질문 만들기 등 다양한 질문 전략을 통해 사고 수준을 다양화한다.
형식주의 문서	형식 채우기에 급급	문서 형식 맞추기에만 급급하면 실제 수업이 형식에 가려진다. 현장 수업에서 구현 가능성과 학습자 반응을 우선 고려해 설계한다.
자료 출처 생략	자료 근거 미제시	제시하는 텍스트나 이미지, 영상의 출처를 명확히 하고, 저작권을 고려해 공공 교육자료 또는 직접 제작 자료를 활용한다.

모호한 피드백	"잘했어요"만 반복	"잘했어요" "조금 더 노력하세요" 같은 단순한 칭찬에서 그치지 말고 성취 기준에 따른 피드백과 개선 방향을 제시한다.
수업 후 교사성찰 부재	수업 종료 후 성찰 없이 다음 활동 연속	교수 · 학습과정안에 수업 후 교사의 성찰 및 학생 반응 분석 내용을 포함하여 수업을 지속적으로 개선한다.
수업의 일방성	교사 발표식 구성	강의식 수업을 지양하고, 학생 주도 탐구, 질문 유도, 의견 나눔 중심으로 구성한다.
타 교과와 연계 부재	국어, 진로 등 무관심	사회 · 진로 · 과학 등과 연결 가능한 주제를 찾아 융합 수업을 시도해 보면 학습의 확장성과 현실감을 높일 수 있다.
미래 역량 반영 부족	단기 지식 전달	2022 개정 교육과정이 강조하는 협업, 비판적 사고, 디지털 활용 등을 수업 속 활동과 평가에 녹인다.
활동-자료 불일치	활동은 협동, 자료는 개별	협동 활동을 하면서 자료는 개별 읽기용일 경우 효과가 떨어진다. 활동 성격에 맞는 자료를 재구성한다.
수업 내용의 인지 수준 파악 미흡	고차와 저차 수준 혼용	고차 목표에 저차 질문만 반복되면 인지 부조화가 발생한다. 인지 수준에 맞는 활동과 질문을 연결한다.
목표 진술 불명확	추상적 목표 진술	'이해한다' '알게 된다'는 표현 대신, '비교한다' '요약한다' '설명한다'처럼 명확하고 측정 가능한 진술을 사용한다.
수업 자료 과잉	PPT, 영상 과다 사용	영상, PPT, 텍스트가 많을 경우 핵심이 흐려진다. 학습 목표에 꼭 필요한 자료만 엄선해 사용하는 것이 좋다.
성취 기준 누락	성취 기준 언급 없이 설계	수업 흐름 속에 성취 기준이 자연스럽게 드러나야 하며, 활동이나 과제에도 기준이 반영되도록 설계 한다.
교사 중심 자료 해석	학습자가 자료 해석 없음	교사만 자료를 해석하지 말고, 학생이 먼저 분석해 보고 토론할 수 있도록 기회를 제공한다.
학습시간 고려 부족	한 차시 내 과다한 학습 내용 제시	과도한 활동이나 평가 계획은 실제 수업 시간에 실행 불가능하다. 적정 활동량을 고려해 설계한다.
학습 활동 단절	활동 간 논리 흐름 없음	활동이 단편적으로 나열되지 않도록 하고, 이전 활동이 다음 활동으로 이어지도록 전환 질문과 정리 활동을 활용한다.

실제 수업 고려 미흡	이론 중심 설계	수업 설계가 실제 교실 상황(학생 수, 수업 시간, 공간 제약 등)에 맞지 않으면 실현 불가능하다. 맥락 기반 설계가 필요하다.
과제 명확성 부족	수행 과제 조건 불분명	과제 지시문에는 목적, 방법, 분량, 평가 기준 등을 명확히 제시하여 학생들이 혼동 없이 수행할 수 있게 한다.
모둠 편성 미비	협동 학습에 임의 조 편성	임의로 편성된 모둠은 협업 효과를 낮출 수 있다. 역할, 기능, 성격 등을 고려한 의도적 편성이 중요하다.
평가 시기 미표시	언제 평가할지 불명확	평가가 언제 어느 단계에서 이루어지는지 명시하여 학생이 기대할 수 있게 한다.
단원 목표 누락	활동만 있고 단원 목표 없음	단원 전체 목표가 없는 수업은 방향이 불분명해진다. 단원 차원의 목표와 본시 목표 간 계층 구조를 설계한다.
정의적 영역 무시	인지적 요소만 설계	학습자의 태도, 동기, 가치 등을 고려한 수업 설계가 필요하다. 감정 이입, 공감, 책임 등의 요소를 포함한다.
실제 맥락 부재	교실 밖 사례 부족	학습자에게 의미가 있도록 실생활 사례와 연결한다. 예 뉴스, 현장 영상, 경험 사례 등을 활용한다.
지필 중심 평가 고정	쓰기 · 시험 중심	다양한 표현과 수행 방식을 반영한 평가를 도입해 학습 다양성을 존중한다.
학습자 의견 미반영	학습자 요구 반영 없음	사전 설문, 관심 조사 등을 통해 학습자의 요구와 흥미를 반영한 수업 설계가 효과적이다.

제3부 • 수업의 실연

수업 실연은 예비 교사의 교수 · 학습 역량을 강화하고 전문성을 신장하는 데 중요한 교육적 활동이다. 이는 단순히 모의수업을 진행하는 차원을 넘어, 실제 교육 현장과 유사한 환경에서 교사로서의 전문적 능력을 개발하고 점검하는 과정이다. 수업 실연을 통해 예비 교사는 교과 내용에 대한 깊은 이해를 쌓고, 다양한 수업 기술을 연습하며, 학습자의 반응에 유연하게 대처할 수 있는 능력을 향상시킬 수 있다(정은이, 2010).

01 수업 실연의 기술

실제 수업 상황을 모의 체험함으로써 교직 과정에 대한 몰입도가 유의미하게 향상된다(정은이, 2010). 이를 통해 예비 교사는 자신의 교육적 역량을 점검하고 개선할 수 있는 기회를 얻는다. 수업 실연에서 소통 전략은 예비 교사의 교수 기술 향상에 중요한 역할을 한다. 학습자와의 효과적인 소통은 수업을 원활하게 진행하고, 학습자의 참여를 유도하며, 교수자로서의 신뢰를 쌓는 데 중요한 요소로 작용한다. 효과적인 소통을 위해 다음과 같은 전략을 활용할 수 있다.

- 명확하고 간결한 언어 사용
- 적절한 비언어적 표현(몸짓, 표정 등) 활용
- 학습자와 상호작용 증진을 위한 질문 기법 사용
- 학습자의 이해도를 확인하는 피드백 제공

효과적인 소통을 위해 명확하고 간결한 언어 사용은 학습자가 내용을 쉽게 이해하고 기억할 수 있도록 도와준다. 또한 적절한 비언어적 표현은 교수자의 의도를 더욱 잘 전달하고 학습자의 관심을 끌어내는 데 기여한다. 교수자가 질문 기법을 활용하여 학습자와의 상호작용을 증진하면, 학습의 능동성을 높이고 학습자가 주체적으로 참여하도록 유도할 수 있다. 마지막으로, 학습자의 이해도를 확인하는 피드백 제공은 학습과정에서 발생할 수 있는 오해를 바로잡고 지속적인 개선을 촉진하는 데 중요한 역할을 한다. 이러한 전략들은 모두 수업에서 효과적인 소통을 이루는 데 기여한다. 소통 전략과 더불어, 학습자의 학습 동기를 유발하고 흥미를 지속시키는 것 또한 효과적인 수업 실연을 위해 필수적이다. 다음은 학습 동기와 흥미 유발을 위한 주요 방법이다. 예비 교사는 이를 통해 효과적인 수업 실연을 할 수 있으며, 학습자의 학습 동기와 참여도를 높일 수 있을 것이다.

- ARCS 동기 유발 모형 활용
  - 주의 집중(Attention): 호기심과 흥미 유발
  - 관련성(Relevance): 학습 내용과 실생활의 연관성 제시
  - 자신감(Confidence): 성공 경험 제공
  - 만족감(Satisfaction): 학습 결과에 대한 보상 제공

<표 3-1> ARCS 동기 유발 모형의 네 가지 요소에 대한 하위 범주 내용

요소	하위 범주	내용
주의 집중 (A)	지각적 각성	흥미를 끌기 위해 무엇을 할 수 있을까?
	탐구적 각성	탐구하는 태도를 어떻게 유발할까?
	변화성	주의 집중 유지를 위해 적절한 변화를 어떻게 줄 수 있을까?
관련성 (R)	목적지향성	학습자의 요구를 어떻게 최적으로 충족시킬 수 있을까? (내가 그들의 요구를 아는가?)
	모티브 일치	최적의 선택, 책임감, 영향을 언제, 어떻게 제공할 수 있을까?
	친밀성	수업과 학습자의 경험을 어떻게 연결시킬까?
자신감 (C)	학습 요건	성공에 대한 긍정적 기대감을 어떻게 키울 수 있을까?
	성공 기회	자신의 능력에 대한 믿음을 향상시킬 수 있는 학습경험을 어떻게 제공할까?
	개인적 통제	학습자가 자신의 성공이 스스로의 노력과 능력에 의한 것이라고 어떻게 알 수 있는가?
만족감 (S)	내재적 강화	새로 배운 지식/기능을 사용하도록 의미 있는 기회를 어떻게 제공할까?
	외재적 보상	학습자의 성공에 대해 외적 강화를 어떻게 제공할 수 있을까?
	공정성	학습자가 자신의 성취에 대해 긍정적인 느낌을 가지도록 어떻게 도와줄 수 있을까?

출처: Keller (1987); 켈러, 송상호(1998), p. 25; 편은영, 박미정, 채정현(2009), p. 162.

- 다양한 동기 유발 방법
  - 흥미로운 시청각 자료 활용
  - 다양한 수업 방법 적용
  - 실생활 관련 사례 제시

– 학습자의 참여 기회 제공

- 내적 동기 유발 전략
  – 자율적 선택과 결정 기회 제공
  – 격려와 칭찬 활용
  – 학습 내용의 실제 적용 가능성 설명

동기 유발에서 중요하게 기억해야 할 점은 학습 목표와 연결되어야 한다는 것이다. 학습자의 흥미를 이끈다고 해서 그 시간에 학습할 내용과 거리가 먼 것을 재료로 삼아서는 안 된다. 학습의 목표 및 학습할 내용과 관련해서 학습자의 도전을 자극할 수 있는 동기 유발이 바람직하다.

<표 3-2> 적절한 동기 유발과 발문

동기 유발	발문
• 학습 목표에 대한 호기심을 자극한다. • 목표 달성에 대한 기대감을 자극한다. • 경험 및 지식과 결부시킨다. • 자발성과 협동심을 활성화한다. • 수업의 단계별로 성취감을 부여한다. • 다양한 교수 · 학습 방법을 적용한다. • 긍정적인 피드백으로 의욕을 고취한다.	• 전달이 분명하다. • 열린 사고를 자극한다. • 점진적으로 난이도를 높여 간다. • 전체의 참여를 촉진한다. • 학생들의 다양한 반응을 수용한다. • 즉문즉답이 아닌 여유를 가진다. • 자유롭게 말할 분위기를 조성한다.

출처: 정일화 외(2024), p. 161.

수업을 실연할 때 소통을 원활히 하고 학습동기를 유발하기 위한 전략과 더불어서 유의해야 할 교수자의 언어적 · 비언어적 행동은 다음과 같다. 자신도 모르는 습관적 상투어의 사용 등을 확인하여 수정하려면 수업을 녹화해서 살피거나 동료 또는 전문가에게 수업관찰 등의 도움을 요청해야 한다.

- 학습자를 별명으로 부른다거나, 하대해도 괜찮다는 생각에 막 부르지 않도록 주의한다. 특히 학습자와 친밀하지 않은 관계에서는 물론, 학습자가 원하지

않는 별명도 사용해서는 안 된다. 친근한 분위기라 하더라도, 별명은 긍정적이고 희망적이며 유쾌한 것이어야 하며, 학습자가 좋아하고 기꺼이 받아들일 수 있어야 한다.

- 부정적이거나 모호한 표현을 피해야 한다. 예를 들면, “뛰지 마라.” “그렇게 하면 안 돼.”라는 표현보다는 “천천히 걸어가는 게 좋겠지?” “이렇게 하면 더 낫지 않을까?”라는 식의 긍정적 표현이 바람직하다.
- 습관적으로 사용하는 “음” “아” “에 또” 등과 같은 불필요한 반복어는 학습자의 신경을 거슬러 집중력을 산만하게 할 수 있다. 설명과 소통에 필요한 적절한 의성어 등 연결어를 사용하도록 해야 한다.
- 지나치게 높은 억양이나 지나치게 느리거나 빠른 속도로 말하지 않아야 한다. 계속해서 높은 톤이나 빠른 속도의 말은 학습자를 피로하게 만들 수 있다. 단조롭지 않게 적절한 말의 억양과 속도를 유지하면서 필요할 때 강약과 고저의 변화를 주고, 필요하다면 때로는 잠깐의 침묵, 때로는 심지어 속삭임이 필요하다.
- 시선을 특정 학습자 또는 특정 방향에 고정하거나 회피해서는 안 된다. 교실 전체를 고르게 바라보며 학습자와 눈을 맞추는 것은 학습자의 집중을 유도하며 학습자에게 교수자의 관심을 전달하는 중요한 메시지다. 학습자와 골고루 시선을 맞추면서 반응을 살피면, 학습자의 집중도와 이해도를 가름해서 그에 따른 수업의 속도와 강도를 조절해야 한다.
- 판서를 할 때, 학습자를 등져서는 안 된다. 판서의 위치에 따라 방향을 바꿔 가면서 학습자를 향하는 자세를 취해야 한다. 때로는 학습자를 등지는 상황이 있을 수 있지만, 영화 〈론 클락 스토리(The Ron Clark Story)〉(2006)의 선생님은 “내 뒤에도 눈이 있다.”라고 학생들에게 말한다(정일화, 2025). 이 정도는 되어야 학습자를 등지고 판서를 해도 되지 않을까.
- 무의미하게 이리저리 움직이면 학습자의 시선이 산만해질 수 있다. 교수자의 동선은 교수 · 학습의 효과를 높이기 위한 명확한 의도를 가져야 한다. 학습자와 상호작용하거나 시각 자료의 활용 등 필요할 때 위치에 변화를 준다.
- 불필요하게 지나친 손짓과 몸짓을 삼가야 한다. 학습자의 이목을 끌려고 하는 의도일지라도 바람직한지를 살펴야 한다.

- 무표정이거나 지나치게 엄격한 표정을 피한다. 영화 〈브라우닝 버전(The Browing Version)〉(1951)의 원로 교사는 초보 교사에게 자신이 지내던 교실을 물려주면서 "웃음은 성실함보다 훨씬 더 많이 가르칠 수 있습니다."라고 조언한다. 교수자는 교실에 온기를 불어넣고 웃음꽃이 피게 해야 한다(정일화, 2025).
- 학습자의 질문이나 대답을 끊지 않아야 한다. 학습자의 의견을 경청하고 존중하는 친근한 태도로 허용적이고 밝은 분위기를 조성하고, 학습자의 대답과 반응에 맞춰 공감과 이해를 표현하도록 해야 한다.
- 자신감이 없는 태도를 보이지 않아야 한다. 영화 〈스탠드 앤 딜리버(Stand and Deliver)〉(1988)의 수학 교사는 첫 시간에 학생들에게 "나는 수학의 챔피언이다!"라고 선포한다(정일화, 2025). 이처럼 담당 교과의 권위자로서 자신있게 가르쳐야 한다. 자심감이 떨어지는 언어적 · 비언어적 표출은 교수 · 학습의 효과를 저하시킨다.

02 수업 실연의 전략

수업의 다양성에 기여하기 위해서는 수업 전략이 필요하고 수업 전략이 성공적인 수업으로 이끈다. 바람직한 수업 전략을 세우기 위해 살펴볼 기본적인 사항은 다음과 같다. ① 명확한 학습 목표의 제시와 이를 달성하는 학습자 중심의 접근, ② 학습자와의 정서적 유대 관계 형성과 협력, ③ 학습자의 참여 촉진을 위한 내적 동기를 활성화, ④ 수업 상황에 따른 전체, 모둠, 개별 맞춤형의 구성, ⑤ 학습자의 흥미와 이해도를 높이도록 시각 미디어나 학습의 형태 등 다양한 교수 방법의 활용, ⑥ 즉각적인 피드백의 제공과 학습의 과정과 결과를 확인하는 평가 등이다.

계획이란 생각의 지도이며 종점을 염두에 두고 그 목표를 향해 길을 따라 발걸음을 옮기는 것이다. 단원에는 적어도 교수 단원과 통합 단원을 고려해야 한다. 경험을 쌓아가는 단계에서는, 먼저 교육과정 영역 한두 개만 선택하여 숙달한 후에 점차 교육과정을 통합하며 확장해 나가는 것도 하나의 전략이 될 수 있다. 블룸(Bloom)의 분류법에 따르면, 교사는 다양한 사고 수준을 고려하여 계획하고, 질문하고, 과제를 주어야 한다(Kronowitz, 2009: 213). 수업 전략을 세울 때 떠올릴 질문의 예시는 〈표 3-3〉과 같다.

<표 3-3> 『수업예술과 수업과학』(Marzano, 2011)에서 나온 질문

1. 학습 목표를 설정하고 이를 중심으로 의사소통하고, 학생의 진보를 추적하고, 성공을 축하하기 위하여 나는 무엇을 할 것인가?
2. 학생들이 새로운 지식을 가지고 효과적으로 상호작용하도록 돕기 위하여 나는 무엇을 할 것인가?
3. 새로운 지식에 대한 이해를 연습하고 더욱 심화하도록 학생들을 돕기 위하여 나는 무엇을 할 것인가?
4. 학생들이 새로운 지식에 대한 가설을 설정하고 검증하도록 돕기 위하여 나는 무엇을 할 것인가?

5. 학생들을 학습에 몰두시키기 위하여 나는 무엇을 할 것인가?
6. 교실의 일상성을 정하고 유지하기 위하여 나는 무엇을 할 것인가?
7. 수업 규칙과 절차를 준수하거나 준수하지 않는 것을 인식하고 인정하기 위하여 나는 무엇을 할 것인가?
8. 학생들과 효과적인 관계를 수립하고 유지하기 위하여 나는 무엇을 할 것인가?
9. 모든 학생에게 높은 기대를 하고 있다는 것을 전달하기 위하여 나는 무엇을 할 것인가?
10. 견고한 단원으로 조직된 효과적인 학습 과(課)를 개발하기 위하여 나는 무엇을 할 것인가?

출처: Marzano, Frontier, & Livingston (2015), p. 72.

큰 계획을 달성 가능한 작은 단위로 쪼개고 난이도를 높여 가며 단계별로 성취할 수 있게 하는 것도 학습자의 성취감을 높이고 성취도를 높일 수 있는 좋은 방법이다. 학습할 내용을 학습자의 실생활 문제와 연결시켜 흥미를 높이면 학습자의 참여를 촉진할 수 있다. 학습자의 참여를 높이는 구체적인 방법으로는 학습자 간에 질문을 주고받거나, 모둠에서 진행한 토론이나 활동 결과를 다른 모둠과 공유하는 방식이 있다. 이러한 '하브루타 수업' 방식은 수업 분위기를 활기차게 유지하는 데 유용하다. 연구에 따르면, 학습자의 성취를 높이는 구체적인 수업 전략은 다음과 같다(Marzano, Pickering, & Pollock, 2001). 교실에서 이러한 전략들을 효과적으로 적용하려면, 교사는 반드시 연습과 시연을 통해 충분히 숙달해야 한다. 학습자의 성취를 높이는 구체적인 수업 전략은 다음과 같다.

- **유사점과 차이점 확인**: 개념이나 아이디어를 비교하고 대조함으로써 학습자가 공통점과 차이점을 명확히 이해하도록 돕는다.
- **체계적인 요약과 노트**: 학습 내용의 이해를 높이고 핵심 사항에 대한 기억을 강화하는 데 효과적이다.
- **노력 강화와 인정**: 학습자의 자신감을 향상시켜 학습에 대한 긍정적인 태도를 형성하는 데 도움을 준다.
- **숙제와 연습**: 학습 내용을 실제로 적용하고 복습할 기회를 제공하여 장기적인 기억을 증진시킨다.

- **비언어적 표현**: 적절한 시각 자료, 몸짓, 표정 등은 학습자의 관심과 이해를 높이는 데 유효하다.
- **협동학습**: 학습자 간 상호작용을 통해 의사소통 능력과 문제해결 능력 등 사회적 역량을 향상시킨다.
- **명확한 목표 설정과 즉각적인 피드백 제공**: 학습의 방향을 제시하고 학습자의 성취를 높인다.
- **가설 설정과 검증**: 학습 내용을 실제로 경험하는 과정을 통해 논리적 사고력과 문제해결 능력을 제고한다.
- **단서, 질문 및 선행조직자**: 학습자가 이미 알고 있는 사전 지식을 활용하면 새로운 주제에 효과적으로 접근하는 데 도움이 된다.

이러한 아홉 가지 전략을 체계적으로 사용하려면 교수자는 단원 계획을 수립할 때, ① 단원의 도입 단계에서 분명한 학습 목표 설정을 위한 전략, ② 단원의 전개 단계에서 학습 목표 달성을 위한 진보 과정 관찰, 새로운 지식 소개, 지식의 연습, 복습 및 적용에 대한 전략, ③ 단원의 정리 단계에서 학습자가 자신의 목표를 얼마나 잘 달성했는지를 알 수 있게 하는 전략을 고려해야 한다. 현대 교육 환경과 최신 연구 동향을 반영하여, 다음과 같은 추가적인 수업 전략도 고려해 볼 수 있다.

- **디지털 기술 활용**: 테크놀로지를 수업에 통합하여 학습자의 디지털 역량 강화
- **자기주도적 학습 능력 개발**: 학습자가 자신의 학습과정을 계획하고 관리하는 능력 향상
- **메타인지 접근법**: 학습자의 사고 과정 인식 및 조절 능력 향상
- **맞춤형 학습**: 개별 학습자의 특성과 요구를 고려한 개인화된 학습 경험 제공
- **실제적 문제해결 학습**: 프로젝트 기반 학습을 통한 비판적 사고력과 문제해결 능력 증진
- **학습자 중심 교육**: 학습자에게 더 많은 선택권과 책임 부여

이러한 전략들은 기존의 교육 방식을 보완하며, 현대 사회의 요구에 맞는 교육 환경을 조성하는 데 중요한 역할을 한다. 효과적인 수업 전략의 적용은 학습자의

학습 경험을 풍부하게 하고, 그들이 가진 잠재력을 최대한 발휘할 수 있도록 지원하는 핵심 요소가 된다. 이를 통해 학습자는 보다 깊이 있는 이해와 능동적인 참여를 경험하며, 변화하는 사회에 적응하고 성장할 수 있다.

<표 3-4> 수업의 단계별 전략의 예시

단계	수업 전략	교수자 행위
도입	학습 목표 세우기	• 학습 목표를 분명하게 제시하고 설명한다. • 학습자에게 자신이 공부할 학습 목표를 확인하고 기록하게 한다. • 학습자가 개인적인 학습 목표와 자신의 흥미를 끄는 좀 더 구체적인 목표를 찾게 한다. • 학습자가 찾은 개인적 목표를 공책에 적어 보게 한다. • 학습자들을 짝을 짓게 하고 서로의 목표를 함께 살펴보게 하고 이를 달성하는 방법에 대해 브레인스토밍하게 한다.
전개	학습 목표 모니터링하기	• 피드백하면서 학습자가 학습 목표 달성하는 자신의 진보를 모니터링하게 하고 척도 등을 이용해서 자기 평가할 수 있게 한다. • 학습자가 지속적으로 학습 목표 달성을 기억하고 학습 목표 달성을 위한 노력을 견지하게 한다. • 학습자가 구체적인 학습 목표와 개인적 목표에 집중하는지를 확인시키는 질문을 주기적으로 한다. • 학습자가 스스로의 행동을 확인하여 잘해 온 사항을 간단히 적게 하고, 더 잘하기 위해 바꿀 필요한 행동에 대해서도 점검하고 때로는 설명하게 한다. • 학습 목표를 달성하는 데 들인 노력과 진보를 주기적으로 칭찬한다.
	새로운 지식 소개하기	• 학습자가 주제에 대해 이미 알고 있는 것을 확인하고 분명히 밝히도록 안내한다. • 학습자가 미리 주제에 대해 생각할 방법을 제공한다. • 학습자에게 알고 있는 것과 새로운 지식을 비교하게 요청한다. • 학습자가 단원에서 기술된 지식에 관해 노트를 계속하게 한다. • 학습자가 비언어적 방법으로 지식을 표현하게 하고 주기적으로 비언어적 표현을 공유하게 한다. • 학습자가 때때로 개인적으로 공부하고, 때로는 협동 모둠에서 활동하게 한다.

정리	학습 내용 연습하기, 복습하기 및 적용하기	• 학습자가 배운 것을 연습, 복습 및 적용하도록 숙제를 부과한다. • 반드시 숙제를 정확하게 해 왔는지에 대한 피드백을 명확하게 한다. • 가설을 생성하고 검증하는 장기 프로젝트에 학습자를 참여시킨다. • 학습자가 학습내용을 새롭게 이해하게 되면, 언어적 · 비언어적으로 학습내용에 대한 설명을 수정하게 한다.
	학습자가 목표를 얼마나 잘 달성했는지를 판단하게 하기	• 학습자에게 학습 목표별로 각자의 진보 상태를 평가하여 제공한다. • 학습자가 학습 목표별로 스스로 평가하게 하고 이를 교사의 평가와 비교하게 한다. • 학습자에게 학습내용에 관해 그리고 학습자로서 자신들에 관해 배운 것을 발표하게 한다.

※ 상세한 수업 단계별 전략과 예시는 원저를 참고 바람.
출처: Marzano, Pickering, & Pollock (2001), pp. 171-181.

교과별 교수 · 학습 전략의 예시를 들면 다음과 같다(www.teacherspayteachers.com; www.cultofpedagogy.com; Kramarski & Dudai, 2009; www.luminouslearning.com; 천세영 외, 2020: 156에서 재인용).

- 확장적으로 독서하도록 지도할 때 교사는 제목의 의미가 무엇인지, 과제 요구 사항이 무엇인지, 그리고 질문에 대한 답을 어떻게 찾을 것인지 계획을 세우도록 학습자에게 예시를 보여 준다.
- 수학 수업에서 학습자는 '큐 카드'를 이용하여 문제를 주의 깊게 분석하고, 필요한 계산 유형을 찾고, 계산 계획을 수립하고 실행한다.
- 과학 교수자는 답에서부터 시작하여 거꾸로 거슬러 올라가며, 학습자가 스스로 답이 맞는지 확인할 수 있는 방법을 보여 준다.
- 국어 교수자는 학생에게 비슷한 특성을 가진 단어를 그룹화하고 두 행으로 작성하여 정리하고 연습하는 과제를 부여한다.
- 지리 교수자는 학습자가 약어를 사용하여 사실을 기억할 수 있다고 설명한

다. 예를 들어, HOMES(Huron, Ontario, Michigan, Erie, Superior)라는 약어로 미국의 5대 호의 이름을 기억하게 하는 방법 등이다.

- 수학 교수자는 몸을 움직이며 소리 내어 연습하여 구구단을 외우는 방법을 학습자에게 보여 준다.
- 학습자가 짝을 지어 활동하고 주요 아이디어에 대해 서로 질문하도록 한다.
- 미술 교수자는 학습자가 미술 프로젝트를 할 때 도움이 필요함을 어떻게 알아챌 수 있는지, 그리고 이러한 경우에 무엇을 해야 하는지 설명한다.
- 역사 교수자는 본문을 읽는 동안 어떤 질문이 필요할지를 학습자에게 스스로 생각해 보라고 물어본다.
- 교수자는 '포스터'나 '큐 카드'를 사용하여 학습 전략 사용에 관해 학습자에게 상기시킨다([그림 3-1] 참조).

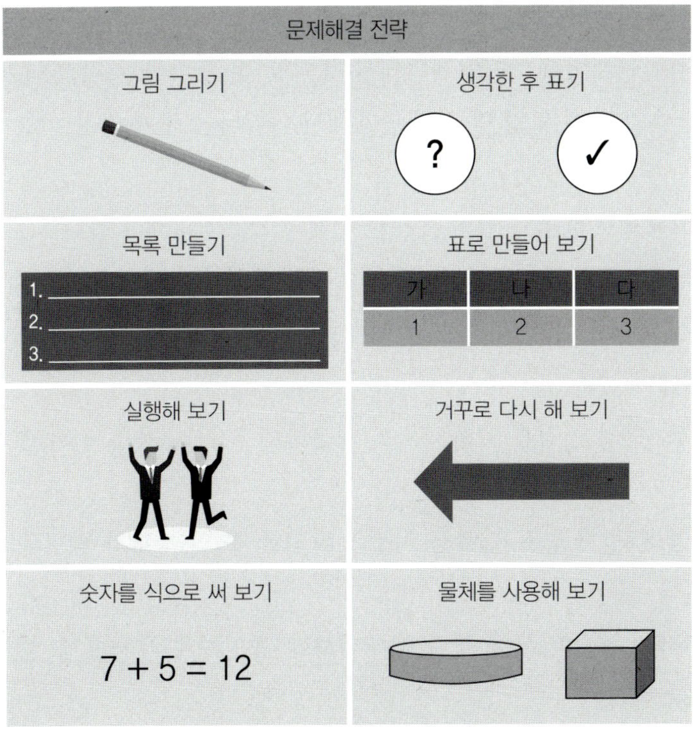

[그림 3-1] 학습 전략의 사용 예시

출처: University of Groningen (2018); 천세영 외(2020), p. 157에서 재인용.

03 수업 실연의 준비와 유의점

수업 실연에서 수업 계획은 목표를 명확히 설정하고, 교수 방법과 평가 방식을 체계적으로 정리하는 과정이다. 이 과정에서 학습자의 다양한 학습 스타일과 요구를 반영하여 수업 내용을 조정하고, 필요한 자료와 도구를 미리 준비하는 것이 중요하다. 또한 수업의 흐름을 구상하고 예상되는 문제 상황에 대비하는 방안을 마련하여 실제 수업에서 유연하게 대처할 수 있도록 한다. 이러한 준비는 수업을 원활하게 진행하고 예기치 못한 상황에 적절히 대응할 수 있는 능력을 높인다. 따라서 수업 실연에서의 수업 계획 설계는 예비 교사가 효과적인 교육을 제공하기 위한 필수적인 단계이다. 수업 계획에서 유의할 점은 다음과 같고, 〈표 3-5〉는 예비 교사가 수업할 때 도입 및 정리 단계에서 나타나는 문제 양상이다.

- **명확한 교육 목표 설정**: 수업의 목표를 구체적으로 정의해야 한다.
- **학습자의 특성 고려**: 학습자의 수준과 요구를 반영하여 계획을 수립해야 한다.
- **교수 방법 및 자료 선정**: 적절한 교수 방법과 자료를 선택하여 수업을 효과적으로 진행해야 한다.
- **시간 관리**: 수업 시간을 효율적으로 배분하여 모든 내용을 전달할 수 있도록 해야 한다.
- **평가 방법 계획**: 학습 목표 달성 여부를 확인할 수 있는 평가 방법을 미리 설정해야 한다.
- **유연성 유지**: 예상치 못한 상황에 대비하여 유연하게 대처할 수 있는 계획을 마련해야 한다.

<표 3-5> 예비 교사의 수업 시연 단계(과정)별 문제 양상

수업 단계	분석 범주	문제 양상
도입	학습 분위기 조성	• 교사 중심의 발화
	전시 학습 확인	• 교사 중심 전시 학습 확인 • 본 차시와 연계성 없는 전시 학습 확인 • 본시 학습에 비효율적인 전시 학습 확인
	수업 목표 제시	• 단순 지식을 유도하는 형태 구성 • 본시 학습 내용의 구체적인 제시 • 단순 흥미만을 고려한 매체(보조)자료 활용
마무리	수행의 평가	• 교수자 중심의 내용 점검 • 자기 및 동료평가 활동의 생략
	파지 및 전이 촉진	• 가정 학습 활동을 위한 활동지 활용 • 단원 또는 텍스트에 대한 단순 안내

출처: 고주환, 이상일(2021), p. 28.

수업 모형은 교육 목표에 맞춰 수업을 구성하는 체계적인 방법론으로, 다양한 교수・학습 전략을 포함한다. 일반적으로 사용되는 수업 모형에는 강의식, 탐구식, 협동 학습, 프로젝트 기반 학습 등이 있다. 각 모형은 학습자의 특성과 수업의 목적에 따라 선택되며, 효과적인 학습 경험을 제공하기 위해 적절히 조합하여 사용할 수 있다. 따라서 수업 모형의 선택은 교육적 목표를 달성하는 데 중요한 역할을 한다. 학습자의 수준과 수업의 특성에 맞는 모형을 선정하고, 필요에 따라 다양한 전략을 결합함으로써 학습 효과를 극대화할 수 있다.

수업 모형을 선택할 때는 먼저 교육 목표와 학습자의 학습 스타일을 고려해야 한다. 예를 들어, 학습자가 주도적으로 참여하고 문제해결 능력을 기르는 것이 목표라면 탐구식이나 협동학습 모형이 적합할 수 있다. 반면, 이론적인 내용을 전달하는 데 중점을 두고 있다면 강의식 모형이 유용할 것이다. 또한 수업 계획 단계에서 각 모형의 특성을 이해하고, 이를 바탕으로 수업 자료와 활동을 설계하여 적용하는 것이 중요하다. 따라서 적절한 수업 모형의 선택과 적용은 효과적인 교육을 위한 필수적인 요소이다.

수업 실연은 예비 교사와 새내기 교사가 교육 목표를 효과적으로 달성하기 위한 필수적인 준비 과정이다. 명확한 교육 목표 설정, 학습자 특성에 맞는 수업 계획 수립, 적절한 교수 방법과 평가 방식을 선택하는 것이 성공적인 수업 실연의 핵심이다. 특히 수업 모형을 적절히 선택하고 유연하게 적용하여 학습자에게 최적의 학습 경험을 제공할 수 있다. 이를 위해 예비 교사와 새내기 교사는 예상되는 문제 상황에 대비하고, 수업 흐름을 체계적으로 설계하며, 필요한 자료와 도구를 미리 준비해야 한다.

<표 3-6> 예비 교사 및 새내기 교사의 수업 실연 준비와 실행 절차

단계	설명
1. 교육 목표 설정	• 수업 목적을 명확히 정의 • 교육과정의 성취 기준 검토 및 학습자가 달성해야 할 구체적 학습 목표 설정 • 학습자의 수준과 요구를 반영하여 목표 조정
2. 학습자 특성 분석	• 학습자의 다양한 배경과 학습 스타일 파악 • 수업 내용을 학습자에게 적합하게 조정 • 학습자가 효과적으로 학습할 수 있는 환경 조성
3. 교수 방법 및 자료 선정	• 강의식, 탐구식, 협동학습 등 다양한 교수 방법 중 적합한 방법 선택 • 수업에 필요한 자료와 도구를 미리 준비
4. 시간 관리	• 수업 시간 내 모든 내용을 효율적으로 전달할 수 있도록 계획 • 시간 배분과 흐름을 조율하여 효과적인 수업 진행
5. 평가 방법 계획 및 유연성 유지	• 학습 목표 달성 여부를 확인할 수 있는 평가 방법 계획 • 예상하지 못한 상황에 대비할 수 있는 유연한 방안 마련

수업 실연 시 유의할 사항은 무엇인지를 확인하며 준비하는 반복적인 과정은 학습자에게 의미 있는 학습 기회를 제공하려는 교수자가 갖추어야 할 전문성을 키우는 출발점일 것이다. 〈표 3-7〉은 특히 임용을 준비하는 예비 교사로서 수업 실연을 계획하고 실행할 때, '수업 전반' 및 '도입' '전개' '정리' 단계에서 살펴야 할 예시 사항이다.

<표 3-7> 수업 실연의 계획과 실행과 관련한 확인 사항

수업 단계	실연의 내용 요소
수업 전반	가르치고자 하는 수업의 궁극적 목적을 드러내는가?
	성취 기준에 도달할 수 있는 학습 목표를 제시하는가?
	학습 주제는 성취 기준과 학습 목표를 달성하는 데 적절한가?
	학습 목표는 함양하려는 핵심 역량의 구현에 적절한가?
	'도입-전개-정리'의 과정이 잘 이어진 수업 설계인가?
	'도입-전개-정리'의 시간 배분은 학습 목표를 달성하는 데 적절한가?
	교수・학습의 분량은 한 차시 동안 다루기에 적절한가?
	교수・학습의 내용, 모형, 방법 및 단계별 전략은 학습 목표를 달성하는 데 적절한가?
	학습 내용, 학습 주제, 학습 목표 달성에 적합한 것은 교수자 중심, 학습자 중심, 또는 이 둘의 적절한 배합인가?
	교수 방법의 효과성과 내용 전달의 충실성은 어떠한가?
	학습자 활동 때 안전사고 예방 조처는 적절한가?
	교수 지도의 자신감 및 안정감은 어떠한가?
	의사소통과 비언어적 상호작용은 학습 활동과 관계 형성에 긍정적인가?
	교수 언어의 사용은 적절하고 명확한가?
	억양의 변화와 말의 속도는 적절한가?
	동작과 동선은 적절한가?
	눈에 거슬리는 행동 습관 또는 습관적인 상투어는 없는가?
	과도한 동작이나 어색한 억양의 사용은 없는가?
	교수자의 복장 및 태도가 학습자에게 긍정적인가?
	개별 학습자의 차이를 인정하고 조력하는가?
	학습자를 배려하고 골고루 기회를 부여하는가?
	학습자의 상호 협력을 촉진하는가?
	허용적 분위기 속에서 학습자는 주저함 없이 활발하게 발언하는가?

도입	질서 유지 등 안정적인 학습 분위기를 형성하는가?
	학습 목표에 대한 흥미, 호기심, 의욕을 불러일으킬 수 있는 학습자의 경험 및 실생활 등과 관련된 동기 유발인가?
	학습 목표를 명확하게 제시하는가?
	학습의 개요 및 과정을 간명하게 제시하는가?
	학습 목표 달성을 위한 세부 탐구 문제를 제시하는가?
	탐구 문제를 해결하는 다양한 방법 또는 방향을 분명하게 제시하는가?
	학습 목표 달성과 탐구 문제를 해결하는 데 학습자의 적극적인 반응 또는 참여를 이끄는가?
전개	학습 목표의 달성과 탐구 과제를 해결을 위한 매체와 자료의 활용은 적절한가?
	모둠 활동 때, 학생들 간 협력적 상호작용을 격려하는 전략은 적절한가?
	모둠 활동 때, 모둠 내의 수준별 활동을 위한 지원 전략이 적절하게 적용되는가?
	학생들의 확산적 사고를 촉진하는 발문은 적절한가?
	학생의 수준에 적절한 질문을 하는가?
	학습 목표 및 과제해결에 긴요한 질문을 하는가?
	질문과 발문 후, 생각하고 응답하는 데 필요한 시간적 여유를 두는가?
	질문과 발문의 응답 또는 반응에 대한 적절한 피드백과 보상은 적절한가?
	미진한 학생에 대한 개별적 지원이 이루어지는가?
	다른 학생들보다 일찍 과제를 해결한 학생에 대한 지원이 이루어지는가?
	학생들의 일상적 삶과 연계되는가?
	학습 단계별로 필요한 내용의 간략한 정리 및 피드백이 이루어지는가?
	과제해결 단계별로 필요한 형성 평가가 이루어지는가?
	수행 중인 과제에 대한 과정 중심의 피드백이 즉시적으로 이루어지는가?
정리	학습 목표 달성에 적합한 평가 방법이 적용되는가?
	수업을 통해 학생의 삶의 변화 및 성장에 영향을 미치는 피드백이 이루어지는가?
	본 수업과 연계된 차시 예고가 이루어지는가?

제4부 • 수업의 성찰

"평생 수업지도안을 쓴다고 하여도 훌륭한 스승이 되기 어렵지만 3년 동안 수업성찰을 쓰면 훌륭한 스승이 될 수 있다(양홍, 2014; 정일화, 2020: 214)." 수업관찰, 수업성찰, 수업나눔 등 수업의 개선점을 찾기 위해 사용되는 [부록]의 자료는 '수업관찰도구' '수업참관록' '수업성찰지' '수업나눔지'라는 명칭을 붙이며, 사용자가 임의로 서술 중심의 기술을 계량적 평가 척도로, 계량적 척도는 서술 중심의 기술 방식으로 바꾸기도 한다.

01 마이크로티칭

마이크로티칭(microteaching)은 짧은 시간 동안 소집단을 대상으로 한두 가지 수업 내용과 수업 기술을 적용한 약식의 수업을 녹화하여 가르치는 기량을 확인하고 개선해 나가는 방식이다. 마이크로티칭은 '수업계획-관찰-피드백-재계획-재관찰-피드백'의 과정을 거친다. 마이크로티칭은 경험이 풍부한 교사와 그렇지 않은 교사와의 동료장학과 자기분석(self-analysis)에 활용하기 좋다(주삼환, 2006: 93; 주삼환, 2009: 164). 최근에 마이크로티칭은 가상의 직접 연습 수업으로 이루어지기도 한다. 마이크로티칭의 관찰 및 피드백은 혼자서 다 맡거나 여럿이 영역을 분담할 수 있다. 예를 들면, 동기 유발, 교사의 발화 및 언어적 · 비언어적 의사소통, 교사와 학습자 또는 학습자 간 상호작용, 개별화 지도 측면 등으로 영역을 나누어서 할 수 있다. 예비 교사가 수업 전문성을 신장하기 위해서는 마이크로티칭을 통해 자기 성찰을 하거나 동료 및 전문가로부터 피드백을 받는 과정이 꼭 필요하다(강주현 2023; Beacher, 2011).

<표 4-1> 마이크로티칭 관찰 체크리스트

<table>
<tr><td rowspan="3">구분</td><td>교수자</td><td></td><td>장소</td><td></td><td>일시</td><td></td><td rowspan="2">주요 학습형태</td><td colspan="2" rowspan="2">강의</td><td colspan="3" rowspan="2">실습 · 실기</td><td rowspan="2">토론</td><td rowspan="2">기타</td></tr>
<tr><td>학습 주제</td><td colspan="5"></td></tr>
<tr><td colspan="7">문항</td><td>⑤</td><td>④</td><td>③</td><td>②</td><td>①</td><td colspan="2">의견</td></tr>
<tr><td rowspan="6">동기 부여</td><td colspan="7">학생들이 주의 집중하도록 하였는가?</td><td></td><td></td><td></td><td></td><td></td><td colspan="2"></td></tr>
<tr><td colspan="7">학생들의 관심을 끌었는가?</td><td></td><td></td><td></td><td></td><td></td><td colspan="2"></td></tr>
<tr><td colspan="7">학생들에게 본 학습이 왜 중요한지를 설명하였는가?</td><td></td><td></td><td></td><td></td><td></td><td colspan="2"></td></tr>
<tr><td colspan="7">학생들에게 본 수업이 그들과 어떤 관련이 있는지 설명하였는가?</td><td></td><td></td><td></td><td></td><td></td><td colspan="2"></td></tr>
<tr><td colspan="7">학생들에게 적절한 질문을 던졌는가?</td><td></td><td></td><td></td><td></td><td></td><td colspan="2"></td></tr>
<tr><td colspan="7">학생들의 활동이나 반응에 대하여 적절한 긍정적인 보상을 주었는가?</td><td></td><td></td><td></td><td></td><td></td><td colspan="2"></td></tr>
<tr><td rowspan="4">도입</td><td colspan="7">오늘 수업에 대한 목적을 제시하였는가?</td><td></td><td></td><td></td><td></td><td></td><td colspan="2"></td></tr>
<tr><td colspan="7">지난 시간에 배운 내용을 간단히 상기시켰는가?</td><td></td><td></td><td></td><td></td><td></td><td colspan="2"></td></tr>
<tr><td colspan="7">오늘 배울 내용 전반에 대하여 간단히 설명하였는가?</td><td></td><td></td><td></td><td></td><td></td><td colspan="2"></td></tr>
<tr><td colspan="7">흥미로운 도입 접근 방법을 수행하였는가?</td><td></td><td></td><td></td><td></td><td></td><td colspan="2"></td></tr>
<tr><td rowspan="7">전개</td><td colspan="7">개념이나 기술에 대하여 체계적인 방법으로 설명 또는 시연을 하도록 조직화되었는가?</td><td></td><td></td><td></td><td></td><td></td><td colspan="2"></td></tr>
<tr><td colspan="7">학생들의 적극적인 참여도가 높았는가?</td><td></td><td></td><td></td><td></td><td></td><td colspan="2"></td></tr>
<tr><td colspan="7">수업 내용과 관련된 예나 사실 등을 제시하였는가?</td><td></td><td></td><td></td><td></td><td></td><td colspan="2"></td></tr>
<tr><td colspan="7">여러 하위 주제 간의 연결의 전이가 매끄러웠는가?</td><td></td><td></td><td></td><td></td><td></td><td colspan="2"></td></tr>
<tr><td colspan="7">학생들의 학습 활동에 대한 관리를 잘하였는가?</td><td></td><td></td><td></td><td></td><td></td><td colspan="2"></td></tr>
<tr><td colspan="7">수업 내용이 오늘의 학습주제나 제목과 관련이 있었는가?</td><td></td><td></td><td></td><td></td><td></td><td colspan="2"></td></tr>
<tr><td colspan="7">수업 내용과 관련하여 교수자의 지식수준이 높았다고 생각하는가?</td><td></td><td></td><td></td><td></td><td></td><td colspan="2"></td></tr>
<tr><td rowspan="4">정리</td><td colspan="7">수업의 종료가 가까워졌다는 힌트나 신호를 보냈는가?</td><td></td><td></td><td></td><td></td><td></td><td colspan="2"></td></tr>
<tr><td colspan="7">오늘 배운 내용의 핵심 주제 및 요점을 재정리하였는가?</td><td></td><td></td><td></td><td></td><td></td><td colspan="2"></td></tr>
<tr><td colspan="7">수업 내용에 대한 학생들 수준을 평가하였는가?</td><td></td><td></td><td></td><td></td><td></td><td colspan="2"></td></tr>
<tr><td colspan="7">다음 차시 수업 내용에 대하여 언급하였는가?</td><td></td><td></td><td></td><td></td><td></td><td colspan="2"></td></tr>
<tr><td rowspan="2">표현 몸짓 진행</td><td colspan="7">학생들과 지속적으로 눈을 마주쳤는가?</td><td></td><td></td><td></td><td></td><td></td><td colspan="2"></td></tr>
<tr><td colspan="7">학생들의 이해나 기술 습득의 정도를 파악하면서 전개하였는가?</td><td></td><td></td><td></td><td></td><td></td><td colspan="2"></td></tr>
</table>

	의미 전달을 위하여 적절한 몸짓을 하였는가?						
	속도는 적절하였는가?						
	교수자의 목소리 크기는 적당하였는가?						
	교수자의 발음이 정확하였는가?						
	교수자의 억양이 적절하였는가?						
	교수자가 예정된 시간 내에 적절히 진행되었는가?						
매체	매체 사용에 능숙하였는가?						
	사용된 매체가 수업 내용과 적절하였는가?						
	매체의 질적 수준이 높았는가?						
	매체의 내용을 교수에 통합하는 기술이 적절하였는가?						
종합 의견	교수자에게 도움이 될 만한 사항을 적으십시오.						

※ ⑤ 매우 좋음 ④ 좋음 ③ 보통 ② 좋지 않음 ① 아주 좋지 않음

출처: 민혜리(2011); 주삼환, 신봉섭, 이석열, 정일화, 김용남(2023), p. 376 수정 후 재인용.

<표 4-2> 수업 촬영 및 마이크로티칭 자기 평가서

영역		세부 내용	평가
교수 운영 능력	도입	1. 학습자에게 배우고 싶은 욕구를 불러일으킨다.	⑤ ④ ③ ② ①
		2. 가르칠 개요를 설명한다.	⑤ ④ ③ ② ①
	전개 1 내용 명확성	3. 핵심적인 내용을 전달한다.	⑤ ④ ③ ② ①
		4. 중요한 지점을 잘 다룬다(중간 확인, 요약, 강조).	⑤ ④ ③ ② ①
		5. 교수 내용의 전개가 논리적이고 체계적이다.	⑤ ④ ③ ② ①
	전개 2 내용 흥미성	6. 교재가 보기 좋게 정리되어 있다.	⑤ ④ ③ ② ①
		7. 적절한 실제 사례를 제시한다.	⑤ ④ ③ ② ①
		8. 교육 보조 자료의 준비와 활용이 적절하다.	⑤ ④ ③ ② ①
	종료	9. 전체 과정을 적절하게 요약한다.	⑤ ④ ③ ② ①
		10. 강렬하게 마무리한다.	⑤ ④ ③ ② ①

내용 전달 능력	동작	11. 동작과 제스처가 자연스럽고 적절하다.	⑤ ④ ③ ② ①
		12. 시선의 배분이 적절하다.	⑤ ④ ③ ② ①
		13. 자세, 태도, 표정이 자연스럽다.	⑤ ④ ③ ② ①
		14. 복장이 단정하고 신뢰감을 준다.	⑤ ④ ③ ② ①
	음성	15. 발음이 명료하고 억양의 변화가 자연스럽다.	⑤ ④ ③ ② ①
		16. 말의 속도와 크기가 적절하다.	⑤ ④ ③ ② ①
		17. 성의, 열정, 자신감이 느껴진다.	⑤ ④ ③ ② ①
		18. 피해야 할 표현들을 사용하지 않는다.	⑤ ④ ③ ② ①
	종합	19. 전체적인 구성과 시간의 관리가 적절하다.	⑤ ④ ③ ② ①
		20. 전체적으로 자신감이 넘친다.	⑤ ④ ③ ② ①
종합 의견			

※ ⑤ 매우 우수 ④ 우수 ③ 보통 ② 개선 필요 ① 개선 시급

출처: 민혜리, 심미자, 윤희정(2012), pp. 229-230의 내용을 일부 수정.

<표 4-3> 마이크로티칭 평가 목록의 예시

내용	평가	비고
1. 교수 내용 도입의 적절성	⑤ ④ ③ ② ①	
2. 학생의 주의 집중 유지	⑤ ④ ③ ② ①	
3. 강의의 열의	⑤ ④ ③ ② ①	
4. 내용의 적합성	⑤ ④ ③ ② ①	
5. 교수방법의 적합성	⑤ ④ ③ ② ①	
6. 교수 및 자료의 활용도	⑤ ④ ③ ② ①	
7. 질문 예시의 적절성	⑤ ④ ③ ② ①	
8. 내용의 연결과 끝맺음	⑤ ④ ③ ② ①	
9. 기타	⑤ ④ ③ ② ①	

종합 의견:

※ ⑤ 매우 우수 ④ 우수 ③ 보통 ② 개선 필요 ① 개선 시급

출처: 이경희(2004), p. 131의 내용을 일부 수정.

02 플랜더스 언어 상호작용 분석

플랜더스(Flanders) 언어 상호작용 분석은 수업에서 교사와 학생 간 언어적 상호작용을 구조적으로 관찰하고 분석해서 교수법을 개선하는 데 유용하다. 교수자가 학습자와 효과적으로 의사소통하기 위해서는 언어적 특징이 중요한 요소가 된다. 예비 교사 시기나 교직에 입문한 초기에는 학습자와 원활한 언어 상호작용을 이루기 위해 깊이 있는 성찰과 꾸준한 연습이 필요하다. 예비 교사를 대상으로 한 플랜더스 분석에 따르면(강창숙, 2014), '강의'가 약 43%의 비중으로 가장 높고, 그다음으로 '침묵 및 혼란', 교사의 '질문'이었다. 교사의 지시적 발언의 비중은 약 46%, 비지시적은 약 25%였다. 언어 상호작용은 '교사가 질문–학생의 단순 응답–교사의 학생 아이디어를 수용 또는 칭찬'의 패턴으로, 교사의 강의나 수렴적 질문이 중심인 단방향의 의사소통으로 분석되었다. 이 도구는 [그림 4–1]의 양식에 교사의 발언과 학생의 발언을 지시적과 비지시적으로 나누어 매 3초마다 체크하여 수업이 지시적인지 비지시적인지를 분석한다(주삼환 외, 2023: 389).

<표 4-4> 플랜더스 언어 상호작용 분석 항목과 언어적 행동

항목			언어적 행동
교사의 발언	비지시적	① 감정의 수용	위협적이지 않은 방법으로 학생의 감정을 받아들이고 명백히 한다. 감정은 긍정적이거나 부정적일 수 있다. 학생의 감정을 예측하고 회상하는 것도 포함한다.
		② 칭찬, 격려	학생을 칭찬하거나 격려한다. 학생에게 창피를 주지 않고 긴장을 풀기 위한 농담도 포함한다. 고개를 끄덕이면서 "응~" "계속해."라고 말하는 행위를 포함한다.
		③ 학생의 아이디어를 수용하거나 사용	학생의 말을 인정하고 그것을 명백히 한다. 학생들이 말한 생각이나 의견을 도와주거나 개발하게 한다. 그러나 교사가 학생의 말을 기반으로 자기의 생각을 보충하는 행위는 ⑤항목으로 간주한다.
	중립	④ 질문	학생이 대답할 것을 기대하면서 교사의 아이디어에 기반을 두고 내용이나 절차에 대하여 질문한다.
	지시적	⑤ 강의	교사가 내용이나 절차에 대한 사실이나 의견을 말한다. 교사 자신의 아이디어를 표현하고 설명한다.
		⑥ 지시	학생이 복종하여 행동할 것을 요구하는 지시, 지휘, 명령을 한다. 학생에게 주의 집중이나 벌을 줄 의도로 특정 행동을 요구하는 교사의 언어이다.
		⑦ 학생을 비평하거나 교사의 권위를 정당화	학생의 좋지 못한 행동을 좋은 행동으로 바꾸기 위해서 교사가 비평적인 말을 한다. 학생의 대답을 독단적으로 정정한다. 교사가 자신의 행위를 정당화시키려고 설명하거나 교사의 극단적인 자기자랑도 포함된다.
학생의 발언		⑧ 단순 반응적 말	교사가 유도한 질문에 대해서 학생이 단순하게 답변한다. 학생의 아이디어를 표현할 자유가 제한된다. 교사가 정한 틀에 맞추어 학생의 설명을 유도하거나 이끌어 낸다.
		⑨ 주도적인 말	학생이 자발적으로 이야기하거나, 교사의 유도에 의한 반응이지만 교사의 질문에 대해서 학생이 여러 가지 생각이나 의견, 이유 등을 말하는 경우이다.
⑩ 침묵이나 혼란			관찰자가 교사와 학생 간의 의사소통을 이해할 수 없는 상황이다. 예를 들면, 잠깐 사이의 침묵, 머뭇거림, 정지 같은 시간이다.

※ 분석할 때, ④ '교사의 질문'은 중립으로 하고, ⑩ '침묵이나 혼란'은 별도로 계산함.

출처: Flanders (1970); 강창숙(2014), p. 71 재인용; 천세영 외(2020), p. 89; 주삼환 외(2023), pp. 389-390.

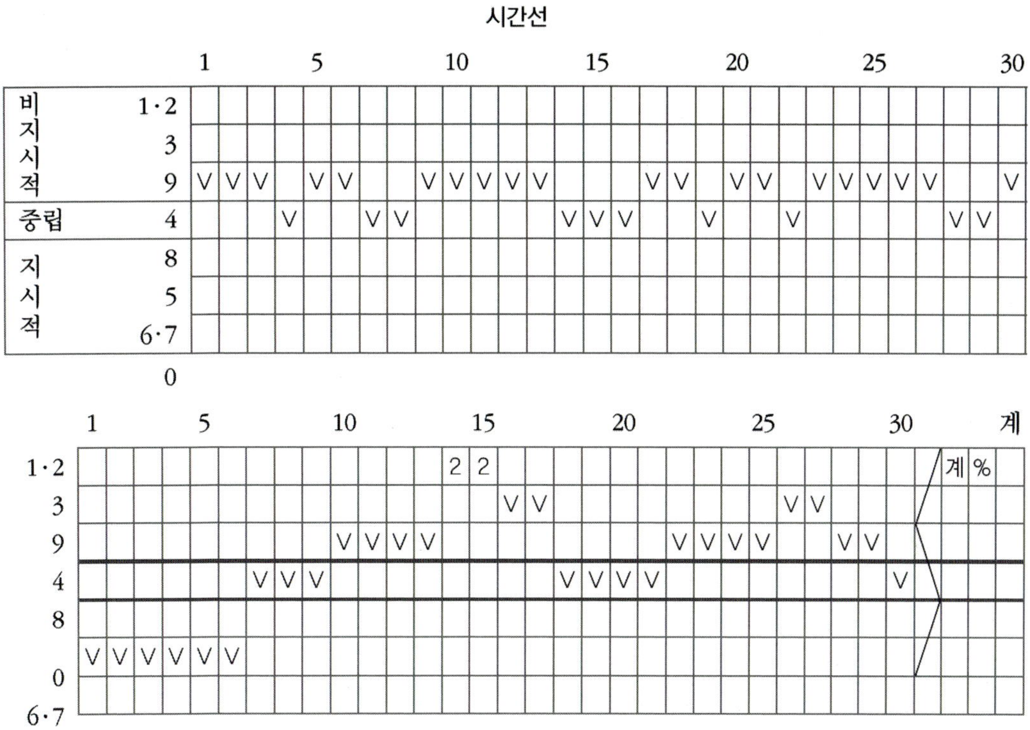

[그림 4-1] 플랜더스 언어 상호작용 분석의 예

출처: 주삼환 외(2023), p. 389.

03 ICALT 도구

아이칼트(International Comparative Analysis of Learning and Teaching: ICALT) 도구는 교사가 직면하는 수업 수행의 실질적인 측면을 다루는데, 교수 효과성에 관한 수많은 연구를 분석해서 네덜란드에서 개발하고 국제적으로도 검증되었다(Ofsted, 2018). '수업관찰 도구' '관찰자 성찰 도구' '수업 교사 성찰 도구' '수업 참여 학생 성찰 도구'로 이루어진 ICALT 도구는 교수 활동을 교직 관심 발달의 단계와 상관되게 개발되었다(Fuller, 1969; Fuller & Bown, 1975). 즉, ①~② 영역의 '생존 단계(Survival stage)'는 교수자로서 기본적인 역량을 교실에 적용하는 시기이다. ③~④ 영역의 '과업 단계(Task stage)'는 효과적인 수업 운영과 교수 방법에 대한 관심이 높아진다. ⑤~⑥ 영역의 '학생 중심 단계(Impact stage)'는 학습자 개개인의 성장에 대한 높은 관심으로, "학습자를 더 잘 지원하는 방법은 무엇일까?" "이 수업은 학습자의 삶에 어떤 영향을 미칠까?"와 같은 문제를 깊이 사고한다.

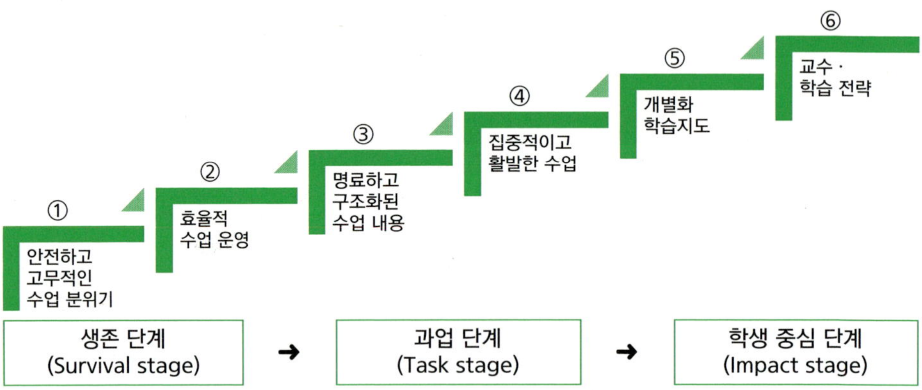

[그림 4-2] ICALT 도구의 교수 활동의 단계 구성

※ 우리나라의 연구에 따르면, ⑤와 ⑥은 초등과 중등이 적용의 단계에서 순서의 차이를 보임.

ICALT 도구는 관찰 가능한 교수 활동인 ①~⑥ 영역을 측정하는 32개 항목과 이를 측정하는 기본 예시인 114개의 좋은 실천 사례를 제시하고, 학생 활동인

⑦ 영역은 3개 항목과 10개의 좋은 실천 사례를 제시한다. 원칙적으로, 이 도구를 사용하려면 도구의 문항에 대한 이해 등 체계적인 관찰훈련이 요구된다. 이에 합당한 과정을 마치면 바람직하겠지만, 그렇지 않다고 하더라도 참고로 삼으면 더 나은 수업을 하는 데 도움이 될 것이다.

<표 4-5> ICALT 관찰자용 도구의 구성

영역	수업하는 교사는 ……		
	항목		좋은 실천 사례
1. 안전하고 고무적인 수업 분위기	1	학생의 말과 행동을 존중한다.	학생의 말을 중간에서 끊지 않는다.
			학생의 발표 및 의견을 경청한다.
			틀에 박힌 타입으로 단정 지어 말하지 않는다.
	2	분위기를 편안하게 유지한다.	학생에게 긍정적으로 이야기해 준다.
			유머를 사용하고 허용(권장)한다.
			학생이 실수할 수도 있다는 사실을 인정한다.
			모든 학생에 대한 공감을 보여 준다.
	3	학생의 자신감을 증진시킨다.	학생의 질문과 발표에 긍정적인 피드백을 한다.
			학생의 활동에 대해 칭찬을 한다.
			학생이 기여한 부분을 인정해 준다.
	4	상호 존중을 증진한다.	학생이 서로 경청하도록 격려한다.
			학생이 누군가를 놀릴 때 적절히 개입한다.
			학생 간 (문화) 차이 및 특성을 인정한다.
			학생 간 일체감을 갖도록 격려한다.
			모둠활동을 경험할 수 있도록 지원한다.
2. 효율적 수업 운영	5	수업이 질서 있게 진행되도록 노력한다.	학생이 질서 있게 교실에 들어오고 착석하게 한다.
			문제가 있을 때 적시에 적절히 관여한다.
			합의된 규정과 행동규칙을 준수하게 한다.
			수업이 끝날 때까지 모든 학생이 활동에 참여하게 한다.

			학생이 도움이 필요할 때, 무엇을 해야 할지 분명히 알려 주고, 언제 도움을 요청할지 명확히 설명한다.
			수업 중 과제가 끝난 다음 어떻게 해야 할지 정확히 알려 준다.
	6	학생이 적절한 방식으로 활동하고 있는지 확인한다.	학생이 자신이 수행해야 하는 과제를 이해했는지 확인한다.
			과제 수행 중 학생 간의 사회적 관계가 제대로 작동되도록 피드백을 제공한다.
	7	효과적으로 수업을 관리한다.	자료가 쓰일지 명확히 설명한다.
			수업자료를 사용할 준비가 잘 되어 있다.
			수업자료가 학생 수준과 발달 단계에 맞게 제공된다.
	8	수업 시간을 효율적으로 사용한다.	정시에 수업을 시작한다.
			수업의 시작, 중간, 끝 지점에 시간 낭비를 하지 않는다.
			불필요한 중단이 일어나지 않게 한다.
			학생이 기다리지 않게 한다.
3. 명료하고 구조화된 수업 내용	9	수업 내용을 명료하게 제시하고 설명한다.	사전 지식을 일깨운다.
			차근차근 단계를 밟아 가며 수업한다.
			학생이 이해할 수 있는 질문을 한다.
			때때로 수업 내용을 요약해 준다.
	10	학생에게 피드백을 제공한다.	대답이 맞고 틀린지 여부를 명확히 알려 준다.
			대답이 왜 맞고 틀린지 명확히 설명해 준다.
			학생이 대답에 이르는 방식에 대해 피드백을 해 준다.
	11	모든 학생이 수업에 참여하게 한다.	활발한 참여를 유도할 수 있는 학생 과제를 만든다.
			학생이 곰곰이 생각할 수 있는 질문을 한다.
			학생이 수업 내용을 잘 듣고 지속적으로 활동할 수 있게 한다.
			질문 후 생각할 시간을 허용한다.

			수업에 자발적으로 참여하지 않은 학생도 적극적으로 학습에 참여할 수 있게 유도한다.
	12	설명 단계에서 학생이 학습내용을 이해하는지 확인한다.	학생이 곰곰이 생각할 수 있는 질문을 한다.
			학생이 학습내용을 이해하고 있는지 주기적으로 확인한다.
	13	학생이 최선을 다하도록 격려한다.	최선을 다하는 학생을 칭찬한다.
			모든 학생이 최선을 다해야 한다는 것을 명확하게 한다.
			학생이 달성해야 할 것에 대해 긍정적인 기대감을 표현한다.
	14	잘 구조화된 방식으로 가르친다.	수업이 단계적으로 구성되고, 단계 간 전환이 잘 이루어진다.
			수업이 단순한 것에서 복잡한 것으로 진행되게 논리적으로 구성한다.
			활동과 과제는 가르치는 내용과 연관되어 있다.
			수업에서 타당한 다양한 발표, 설명, 통제 활동, 자유 활동 등을 제공한다.
4. 집중적이고 활발한 수업	15	학습자료 사용과 과제 해결 방법을 자세히 설명한다.	학생이 해야 할 일을 명확히 해 준다.
			수업의 목표와 과제가 서로 어떤 관계가 있는지를 설명한다.
			어떤 자료와 출처가 이용될 수 있는지를 명확하게 설명한다.
	16	학생의 능동적인 참여를 자극하는 학습 활동과 과제 양식을 제공한다.	다양한 대화와 토론 방법을 사용한다.
			의도된 (사전) 활동을 제공한다
			소집단으로 나누어 활동하게 한다.
			ICT를 활용한다.
			다양한 교수전략을 사용한다.
			다양한 과제를 제시한다.
			수업 자료를 다양화한다.
			일상생활에서 자료와 예를 가져온다.
			연결되는 질문을 한다.

	17	미진한 학생이 자신감을 갖도록 격려한다.	미진한 학생의 질문에 대해 긍정적인 피드백을 준다.
			미진한 학생에게 성취할 수 있다는 긍정적인 기대를 보여 준다.
			미진한 학생의 학습 활동에 대해 칭찬한다.
			미진한 학생이 기여한 바를 인정한다.
	18	해결 방법을 학생 스스로 생각하도록 격려한다.	해결할 수 있는 길을 보여 준다.
			문제해결과 참고 자료를 검색하는 전략을 가르친다.
			자료 활용과 참고 자료를 활용하는 방법을 가르친다.
			문제해결을 위한 체크리스트를 제공한다.
	19	학생이 반성적으로 생각하도록 자극을 주는 질문을 한다.	모든 학생이 질문에 대답할 기회를 가질 수 있게 충분히 기다린다.
			학생이 서로 질문하고 설명하도록 격려한다.
			학생이 자신의 전략의 다른 점(단계)에 대해 설명하게 한다.
			가르친 내용을 이해했는지 주기적으로 확인한다.
			학생의 반응과 반성적 사고를 촉진하는 질문을 한다.
			무엇에 대한 수업인지를 학생이 이해하였는지 주기적으로 확인한다.
	20	학생이 생각한 것을 말할 수 있도록 한다.	학생이 해결 방법에 대한 자신의 생각을 말할 수 있는 기회를 준다.
			학생이 해결 방법을 말로 표현하게 한다.
	21	학생과 상호작용을 하는 수업을 한다.	학생 간 상호작용을 활발하게 한다.
			교사와 학생 간 상호작용을 활발하게 한다.
	22	수업의 도입에서 학습 목표를 명시한다.	수업을 시작하면서 학습 목표를 알려 준다.
			과제 목표와 수업의 목표를 명료하게 해 준다.
5. 개별화 학습지도	23	학습 목표 도달 여부를 확인한다.	학습 목표에 도달하였는지 평가한다.
			학생의 수행을 평가한다.

영역	번호	지표	세부 행동
	24	미진한 학생을 위한 별도의 학습과 지도 시간을 제공한다.	미진한 학생에게 별도로 공부할 시간을 준다.
			미진한 학생 지도를 위한 별도의 시간을 마련한다.
			미진한 학생에게 별도의 연습/과제를 내준다.
			미진한 학생에게 사전 또는 사후 지도를 한다.
	25	개인차를 고려하여, 수업방식을 적절하게 조절한다.	잘하는 학생에게 별도의 과제를 내준다.
			소집단이나 개별 학생에게 추가 지도를 한다.
			보통 수준 학생에게만 맞춰 수업하지 않는다.
	26	개인차를 고려하여, 수업 내용을 적절하게 조절한다.	학생에 따라 과제수행의 시간과 양을 달리한다.
			과제를 완수할 시간을 융통성 있게 한다.
			일부 학생에게 추가적인 도움과 수단을 사용하도록 한다.
6. 교수 · 학습 전략	27	복잡한 문제를 단순화하는 방법을 학생에게 가르친다.	복잡한 문제를 어떻게 단순화하는지 가르친다.
			복잡한 문제를 쪼개서 더 단순하게 만드는 방법을 가르친다.
			복잡한 문제를 정리하게 가르친다.
	28	의도한 활동을 활용하도록 자극한다.	학습 지문을 전략적으로 이해하도록 주의를 기울인다.
			학생이 해결 방법을 문제 상황과 연결 짓게 한다.
			대안적 전략을 적용하도록 격려한다.
	29	학습 성과를 확인하도록 학생에게 가르친다.	결과를 유추하는 방법을 가르친다.
			결과를 예측하는 방법을 가르친다.
			어떻게 실제 상황과 결과를 연계하는지 가르친다.
	30	배운 것을 적용하도록 자극한다.	배운 것을 다른 학습 상황에 의도적으로 적용하게 자극한다.
			하나의 해결 방법이 다른 상황에서 어떻게 적용될 수 있을지 설명해 준다.
			이전에 풀어 본 문제와 연관 짓는다.

	31	학생이 비판적으로 생각하도록 북돋아 준다.	어떤 일이 발생한 배경을 설명하게 한다.
			학생의 의견을 묻는다.
			제시된 해결 방법이나 답에 대해 학생으로 하여금 곰곰이 생각하게 한다.
			학생 자신의 예를 제시하게 한다.
	32	학생에게 실행 전략을 성찰하게 한다.	학생이 적용한 전략의 다른 점(단계)을 설명하게 한다.
			가능한 (문제해결) 전략에 대해 명료하게 설명해 준다.
			여러 전략의 장단점을 확장하게 한다.
7. 학습자 참여	33	수업에 충실히 참여한다.	수업에 집중한다.
			대화나 토론에 능동적으로 참여한다.
			질문을 한다.
	34	흥미를 보인다.	수업이 진행될 때 열심히 듣는다.
			추가 질문을 하면서 흥미를 보인다.
	35	능동적인 수업태도를 갖는다.	추가 질문을 한다.
			책임감을 갖고 자신의 학습과정을 진행한다.
			독립적으로 학습한다.
			자기주도적으로 학습한다.
			시간을 효율적으로 쓴다.

출처: 천세영 외(2020), pp. 323-332.

ICALT 도구의 교수 활동에 해당하는 ①~⑥의 32개 항목은 〈표 4-5〉와 같이 위에서 아래로 내려가면서 난이도가 가중되는 위계를 가진다. [부록 1]의 ICALT 도구를 이용해서 수업을 스스로 성찰하거나 수업 나눔을 위한 관찰한 다음에 그 결과를 〈표 4-6〉의 양식에 옮겨서 표시하면, 근접발달영역(ZPD) 개념에 근거해서 개선이 필요한 지점을 찾을 수 있다(천세영, 2020; Van de Grift, Helms-Lorenz, & Maulana, 2014; Van de Grift, 2007).

<표 4-6> ICALT 도구로 측정한 수업 개선의 필요 영역의 예시

영역	항목	교사는……	①	②	③	④
수업 분위기	1	학생의 말과 행동을 존중한다.			×	
수업 내용	9	수업 내용을 명료하게 제시하고 설명한다.				×
수업 분위기	2	수업 분위기를 편안하게 유지한다.			×	
수업 분위기	3	학생의 자신감을 증진시킨다.				×
수업 내용	10	학생에게 피드백을 제공한다.			×	
수업 분위기	5	수업이 질서 있게 진행되도록 노력한다.			×	
수업 분위기	4	상호 존중을 증진한다.			×	
수업 운영	7	효과적으로 교실수업을 관리한다.				×
수업 내용	14	잘 구조화된 방식으로 가르친다.			×	
수업 활동	13	학생이 최선을 다하도록 격려한다.				×
수업 운영	8	수업 시간을 효율적으로 사용한다.			×	
수업 운영	6	학생이 적절한 방식으로 활동하고 있는지 확인한다.			×	
수업 활동	19	학생이 반성적으로 생각하도록 자극을 주는 질문을 한다.			×	
수업 활동	11	모든 학생이 수업에 참여하게 한다.			×	
수업 내용	22	수업의 도입에서 학습 목표를 명시한다.			×	
수업 활동	16	학생의 능동적인 참여를 자극하는 학습 활동과 과제 양식을 제공한다.		×		
수업 내용	15	학습 자료 사용과 과제해결 방법을 자세히 설명한다.	×			
학습 전략	18	해결방법을 학생 스스로 생각하도록 격려한다.			×	
수업 내용	12	설명 단계에서 학생이 학습내용을 이해하는지 확인한다.	×			
개별화 지도	17	미진한 학생이 자신감을 갖도록 격려한다.			×	
수업 활동	21	학생과 상호작용을 하는 수업을 한다.		×		
학습 전략	31	학생이 비판적으로 생각하도록 북돋아 준다.			×	
학습 전략	30	배운 것을 적용하도록 자극한다.	×			
학습 전략	20	학생이 생각한 것을 말할 수 있도록 한다.		×		
학습 전략	27	복잡한 문제를 단순화하는 방법을 학생에게 가르친다.	×			
개별화 지도	23	학습 목표 도달 여부를 확인한다.	×			

학습 전략	28	의도한 활동을 활용하도록 자극한다.	×			
학습 전략	29	학습성과를 확인하도록 학생에게 가르친다.	×			
개별화 지도	25	개인차를 고려하여, 수업방식을 적절하게 조절한다.		×		
학습 전략	32	학생에게 실행 전략을 성찰하게 한다.	×			
개별화 지도	24	미진한 학생을 위한 별도의 학습과 지도 시간을 제공한다.	×			
개별화 지도	26	개인차를 고려하여 수업 내용을 적절하게 조절한다.	×			

※ ① 매우 약하다 ② 약한 편이다 ③ 강한 편이다 ④ 매우 강하다

※ 항목은 난이도의 위계에 따라 제시됨.

출처: 천세영 외(2020), p. 208; University of Groningen (2017), p. 15.

제5부 · 교수·학습과정안

01

국어과

단원 안내

- 학년: 2학년
- 단원: 내 생각은 이래요
- 역량: 공동체 · 대인 관계 역량

활용 모형

- 가네의 9단계 교수 · 학습법

신규 및 저경력 교사를 위한 수업 가이드

- 2022 개정 교육과정의 국어과 교수 · 학습 원리 적용
- 구체적인 평가 설계 방법
- 신규 및 저경력 교사가 고려할 사항 안내
  학생참여 전략, 맞춤형 수업 설계 방법, 피드백 등

1. 수업의 목적

이 단원은 공동체 · 대인 관계 역량을 함양하기 위해 설계된 국어 2학년 2학기 7단원 '내 생각은 이래요'에 해당한다. 본 단원의 주요 목표는 글쓴이의 생각을 정확하게 파악하고, 이를 바탕으로 타인을 고려하여 자신의 생각을 말과 글로 표현하는 것이다. 이를 위해, 단원은 ① 글쓴이의 생각 파악하기, ② 자신의 생각을 글로 쓰기라는 두 개의 소단원으로 구성되며, 총 15차시의 수업으로 이루어진다. 본시 수업은 3~4차시에 해당하며, '글을 읽고 글쓴이의 생각을 파악하기'를 목표로 한다. 핵심 목표는 2학년 학생들이 글쓴이의 생각을 파악하는 방법을 익히고, 이를 읽기 활동에 적용하여 글쓴이의 생각을 명확하게 이해하는 것이다.

학생들은 본 차시를 통해 글쓴이의 생각을 파악하는 두 가지 방법을 학습하게 된다. ① 글의 제목을 통해 내용을 예측하는 방법, ② 본문에서 중심 생각을 찾아내는 방법이다. 이 과정에서 학생들은 글의 중심 생각, 글쓴이의 생각, 자신의 생각을 혼동할 가능성이 높다. 따라서 단계별 질문과 피드백을 제공하여 개념을 명확히 이해하도록 지도하며, 글을 읽고 글쓴이의 생각을 파악하는 데 필수적인 주요 개념을 익히도록 지원하고자 한다. 또한 다문화 학생이 많은 학급 환경을 고려하여, 한국어 사용 능력 수준이 다양한 학생들이 주요 개념을 쉽게 이해할 수 있도록 시각적 자료와 실생활 예시를 적극 활용할 예정이다.

특히 본 단원의 성취 기준에 도달할 수 있도록 읽기의 기초 역량을 체계적으로 익힐 수 있는 교수 전략을 적용한다. 이를 위해 가네의 교수 이론을 활용한 직접 교수 모형을 도입하여, 교사가 명확한 시범을 보이고, 학생들이 단계별로 따라할 수 있도록 지도하는 방식으로 수업을 구성할 계획이다. 이를 통해 학생들의 인지적 부담을 줄이고, 학습 내용을 체계적으로 습득할 수 있도록 지원하고자 한다.

2. 학생 실태 분석

본 수업이 이루어지는 학급은 다문화 학생의 비율이 전체 학생 수의 약 50% 이상을 차지하고 있으며, 다문화 학생의 한국어 의사소통 능력이 대부분 낮은 상황이다. 특히 다문화 학생 유형 중에서도 외국인 다문화 학생의 비율이 높아 본 단원의 핵심 역량인 공동체·대인관계 역량을 기르는 학습과 읽기 활동을 통한 개념 학습, 사회적 상호작용 중심의 교수·학습 원리를 반영한 국어과 수업 설계는 대부분의 교사들에게 많은 도전 과제를 제시한다.

언어와 학습, 사고와 언어는 밀접하게 연관되어 있기 때문에, 한국어가 유일한 학습 매개어로 진행되는 수업 환경에서 한국어 의사소통 능력이 낮은 다문화 학생을 학습에 효과적으로 참여시키는 것이 매우 어려운 실정이다. 특히 일상생활 적응을 위한 생활 한국어 교육과 사고력과 탐구력이 요구되는 학습 한국어 교육은 서로 다른 수준의 언어적 요구를 포함하고 있어, 교사는 학습자의 언어 수준을 고려한 적절한 지도 방안을 마련해야 한다.

다문화 밀집지역인 본 학급에서는 학습자 간 언어 수준의 격차가 크고, 한국어 능력에 따라 학습 참여도에 차이가 발생할 가능성이 높다. 이에 따라, 본 수업에서는 가네의 9단계 교수 절차를 활용한 직접 교수 모형을 적용하여 학습자의 이해를 돕고, 점진적인 학습 활동을 통해 학습 부담을 경감시키고자 한다. 시각 자료와 실생활 기반의 예시, 명확한 단계별 교수 전략을 활용하여 학생들이 학습 내용을 보다 효과적으로 습득할 수 있도록 지원할 계획이다.

2022 개정 교육과정의 국어과 교수·학습 원리와 함께 짝 활동 및 협력학습 전략을 병행하여 학습자 간 상호작용을 강화하고, 맞춤형 피드백과 점검을 통해 학생 개개인의 학습 진행 상황을 지속적으로 모니터링할 예정이다. 이를 통해, 학습자들이 글을 읽고 글쓴이의 생각을 파악하는 방법을 익히며, 자신의 생각을 효과적으로 표현할 수 있는 역량을 기를 수 있도록 지도할 계획이다.

3. 교육과정 분석

1) 국어과 역량 및 역량 요소 분석

<표 1> 국어과 역량 및 역량 요소 분석

국어과 역량	역량 요소	분석
공동체 · 대인 관계역량	공동체 책임감	이 단원에서는 전반적으로 '공동체 · 대인 관계 역량'이 반영되어 있다. 그 가운데에서 단원을 관통하는 역량 요소는 '공동체 책임감'이다. 자신의 생각을 말이나 글로 표현하는 것은 공동체 구성원과의 의사소통을 뜻한다. 이때 학습자는 자신의 생각을 표현하여 상대방에 대한 배려나 존중을 책임감 있게 실천할 수 있어야 한다.

2) 내용 영역과 성취 기준 분석

(1) 내용 체계

국어과 교수 · 학습 내용에는 듣기 · 말하기, 읽기, 쓰기, 문법, 문학, 매체 영역이 있다. 국어과 내용 체계의 범주는 국어과 하위 영역별로 구체화한 핵심 아이디어를 중심으로 〈표 2〉와 같이 '지식 · 이해' '과정 · 기능' '가치 · 태도'로 나누어 구성된다. 다음은 '읽기' 영역의 핵심 아이디어다.

- 읽기는 독자가 자신의 배경지식이나 경험을 활용하여 언어를 비롯한 다양한 기호나 매체로 표현된 글의 의미를 능동적으로 구성하는 행위이다.
- 독자는 다양한 상황 · 맥락 및 사회 · 문화적 맥락 속에서 자신의 읽기 목적을 달성하기 위하여 다양한 유형의 글을 읽는다.
- 독자는 읽기 과정을 점검 조정하며 읽기 과정에서 부딪히는 문제를 해결하기 위해 적절한 읽기 전략을 사용하여 글을 읽는다.
- 독자는 읽기 경험을 통해 읽기에 대한 긍정적 정서를 형성하고, 삶과 공동체의 문제해결을 위해 공동체 구성원과 함께 독서를 통해 소통함으로써 사회적 독서 문화를 만들어 간다.

<표 2> 국어과 내용 체계의 범주 및 요소(1~2학년)

범주		내용 요소
지식 · 이해	읽기 맥락	
	글의 유형	• 친숙한 화제의 글 • 설명 대상과 주제가 명시적인 글 • 생각이나 감정이 명시적으로 제시된 글
과정 · 기능	읽기의 기초	• 글자, 단어 읽기 • 문장, 짧은 글 소리 내어 읽기 • 알맞게 띄어 읽기
	내용 확인과 추론	• 글의 중심 내용 확인하기 • 인물의 마음이나 생각 짐작하기
	평가와 창의	• 인물과 자신의 마음이나 생각 비교하기
	점검과 조정	
가치 · 태도		• 읽기에 대한 흥미

(2) 성취 기준

2학년 2학기 7단원의 성취 기준은 듣기 · 말하기 영역 1개, 읽기 영역 1개, 쓰기 영역 1개의 성취 기준이 제시되어 있다. 본 차시와 관련된 읽기 영역의 성취 기준은 '글을 읽고 중심 내용을 확인한다.'로 되어 있다. 이에 따라 본 수업에서는 직접 교수 모형을 적용해 글쓴이의 생각을 파악하는 기초적인 방법을 익히는 데 중점을 두어 지도한다. 본 단원과 관련된 성취 기준을 살펴보면 〈표 3〉과 같다.

<표 3> 국어과 2학년 7단원 성취 기준

단원	성취 기준
7. 내 생각은 이래요	[2국01-04] 자신의 경험이나 생각을 바른 자세로 발표한다. [2국02-03] 글을 읽고 중심 내용을 확인한다. [2국03-04] 겪은 일을 표현하는 글을 자유롭게 쓰고, 쓴 글을 함께 읽고 생각이나 느낌을 나눈다.

(3) 분석

본 단원은 학생들이 자신의 생각을 말과 글로 표현하는 능력을 기르는 데 중점을 둔다. 이를 위해 본 차시에서는 글의 제목과 본문 속 중심 생각을 통해 글쓴이의 의도를 정확하게 파악하는 과정을 체계적으로 학습하게 된다. 이를 통해 자신의 생각과 글쓴이의 생각을 구분하고 자신의 생각을 글로 표현하는 기초적인 능력을 기르도록 한다.

3) 2022 개정 교육과정의 국어과 교수 · 학습 원리 적용

국어과 교육의 궁극적인 목표는 학생들의 국어 사용 능력을 향상하는 것이다. 따라서 국어과의 모든 교육 내용과 활동은 이 목표를 효과적으로 달성할 수 있도록 구성되어야 한다. 본 수업에서는 네 가지 교수 · 학습 원리를 적용하여 국어 사용 능력을 더욱 체계적으로 향상시키고자 한다.

<표 4> 국어과 교수 · 학습 원리 및 적용 방식

적용 원리	설명	본 수업에서의 적용 방식
목표 중심의 교수 · 학습 원리	학생들이 글쓴이의 생각을 파악하는 방법을 익히고, 이를 바탕으로 독해 능력을 기르는 것이 학습의 핵심 목표임	• 글의 제목과 중심 내용을 통해 글쓴이의 의도를 이해하는 활동을 중심으로 진행함 • 글의 중심 생각을 찾고, 이를 바탕으로 독해하는 과정을 명확히 제시함
학습자 중심의 교수 · 학습 원리	학습자의 배경지식과 경험을 반영하여 학습의 흥미를 높이고 참여도를 강화함	• 학생들이 스스로 제목을 보고 내용을 예측하도록 유도함 • 학생의 실생활과 연계된 예시글을 활용한 친숙한 학습 환경 조성을 통해 글쓴이의 의도를 분석하는 경험을 제공함
과정 중심의 교수 · 학습 원리	글쓴이의 생각을 파악하는 과정 자체를 세분화하여 지도하고, 단계별 연습을 제공함	• 글을 읽는 방법(제목 확인 → 중심 내용 찾기)을 단계별로 지도하고, 직접교수 모형을 활용하여 구체적으로 시범을 보임 • 자기 평가 및 성찰 기회를 제공하여 학습 과정에 대한 자기 점검을 유도함 • 연습 과정에서 점진적 피드백을 제공하여 학습자의 사고 과정을 촉진함

사회적 상호작용 중심의 교수 · 학습 원리	짝 활동 및 전체 토의를 통해 학습자 간 상호작용을 강화하여 학습 효과를 높임	• 학생들이 짝과 함께 글의 중심 내용을 정리하고 공유하는 협력 학습을 실시함 • 다양한 의견을 나누며 글쓴이의 생각과 자신의 생각을 구별하는 활동을 수행함

4) 단원의 계열 및 단원 내 차시별 연계성

본 단원의 학습 구조는 '개념 이해(이전 차시) → 방법 익히기(본 차시) → 적용 및 확장(다음 차시)'의 점진적 과정으로 설계되어 있다. 본 차시는 이전 차시에서 단원의 주요 학습 내용을 탐색하고 자신의 생각을 표현하는 경험을 쌓은 후, 본격적으로 글을 읽고 글쓴이의 생각을 파악하는 과정으로 연결된다. 제목을 보고 글쓴이의 생각을 예측하고, 중심 생각을 찾는 활동을 중심으로 학습하며, 이를 통해 글쓴이의 생각을 파악하는 전략을 익힌다. 다음 차시에서는 이러한 전략을 확인하고 실제 적용하는 과정을 통해 글쓴이의 생각을 더욱 정확하게 파악하는 연습을 진행한다.

- **이전에 배운 내용:** 주변의 사물을 설명하는 글쓰기(2-2, 3단원)
- **이 단원에서 배울 내용:** 자신의 생각을 말과 글로 표현하기
- **다음에 배울 내용:** 사실과 의견을 구분하고 쓰기에 자신감 가지기(3-1, 6단원)

<표 5> 단원 내 차시별 연계성

차시	주요 학습 내용	학습 목표
이전 차시	• 단원에서 배울 내용 살피기 • 자신의 생각을 표현해 본 경험 나누기	• 단원의 주요 학습 내용을 살펴보고 자신의 생각을 말과 글로 표현할 수 있음
현재 차시 (본 차시)	• 글을 읽고 글의 내용 파악하기 • 글을 읽고 글쓴이의 생각을 파악하는 방법 알기 • 글을 읽고 글쓴이의 생각을 파악하기	• 글을 읽고 글쓴이의 생각을 파악할 수 있음
다음 차시	• 글쓴이의 생각에 대한 자신의 생각을 발표하기	• 글쓴이의 생각에 대한 자신의 생각을 발표할 수 있음

<표 6> 본 단원의 학습 목표 체계

<table>
<tr><th>대단원명</th><th>단원 관련 성취 기준</th><th>단원 학습 요소</th><th>단원 학습 목표</th><th colspan="2">차시 학습 목표</th><th>국어활동 학습요소</th><th>국어 자료의 예</th></tr>
<tr><td rowspan="8">7. 내생각은 이래요
공동체 대인 관계 역량 (공동체 책임감)</td><td rowspan="2">듣기 · 말하기
[2국01-04] 자신의 경험이나 생각을 바른 자세로 발표한다.</td><td rowspan="2">• 집중하기
• 경험과 배경지식 활용하기
• 바르고 고운말로 표현하기
• 바른 자세로 말하기</td><td rowspan="8">자신의 생각을 말과 글로 표현하기</td><td>준비</td><td>1~2. 배울 내용을 살펴볼 수 있다.</td><td rowspan="8">실력 키우기</td><td rowspan="8">• 발표
• 생각이나 감정이 명시적으로 제시된 글
• 겪은 일을 표현하는 글</td></tr>
<tr><td rowspan="2">1. 글쓴이의 생각 파악하기</td><td>〈본시 수업안〉
3~4. 글을 읽고 글쓴이의 생각을 파악할 수 있다.</td></tr>
<tr><td rowspan="3">읽기
[2국02-03] 글을 읽고 중심 내용을 확인 한다.</td><td rowspan="3">• 글의 중심 내용 확인하기
• 인물의 마음이나 생각 짐작하기
• 인물과 자신의 마음이나 생각 비교하기</td><td>5~6. 글쓴이의 생각에 대한 자신의 생각을 발표할 수 있다.</td></tr>
<tr><td rowspan="2">2. 자신의 생각을 글로 쓰기</td><td>7~9. 자신의 생각을 글로 표현할 수 있다.</td></tr>
<tr><td>10. 친구들이 쓴 글에 대한 자신의 생각을 쓸 수 있다.</td></tr>
<tr><td rowspan="3">쓰기
[2국03-04] 겪은 일을 표현하는 글을 자유롭게 쓰고, 쓴 글을 함께 읽고 생각이나 느낌을 나눈다.</td><td rowspan="3">• 일상을 소재로 내용 생성하기
• 자유롭게 발표하기
• 쓴 글을 읽고 함께 반응하기</td><td rowspan="3">실천</td><td>11~13. 배운 내용을 실천할 수 있다.</td></tr>
<tr><td>〈활동 주제〉 이야기 속 인물 되어 보기</td></tr>
<tr><td>14~15. 배운 내용을 마무리 할 수 있다.</td></tr>
</table>

5) 본 차시의 역할 및 수업의 중요성

본 차시는 학습자가 글쓴이의 의도를 정확하게 파악하는 방법을 익히는 첫 번째 단계에 해당한다. 특히 2학년 학습자에게 처음으로 글쓴이의 생각을 체계적으로 파악하고 적용하는 기회를 제공하는 중요한 학습과정이다. 또한 다문화 학습자가 많은 학급 환경을 고려하여 한국어 사용이 익숙하지 않은 학습자도 쉽게 이해할 수 있도록 시각 자료와 실생활 예시를 적극 활용한다. 짝 활동과 협력 학습을 통해 학습자가 서로의 생각을 나누며 학습할 수 있는 환경을 조성한다. 수업 중 학습자가 글의 중심 생각, 글쓴이의 생각, 자신의 생각 등을 혼동하지 않도록 지속적인 피드백을 제공한다.

결과적으로, 학습자는 글쓴이의 생각, 다른 친구들의 생각에 대한 자신의 생각을 말이나 글로 표현하며 사회적 상호 작용을 경험한다. 이 과정에서 자신의 생각을 표현할 때 그것의 태도와 내용이 모두 중요함을 학습하게 된다. 또한, 이 단원에서는 공동체의 문제를 주로 다룸으로써 학습자가 이를 해결하기 위해 서로를 배려하고 존중하며 서로의 생각을 나누는 과정에서 공동체 구성원으로서의 책임감과 공동체 대인관계 역량을 기를 수 있도록 한다.

4. 수업 설계 개요

1) 교수 · 학습 모형 선정 배경

본 수업은 가네의 아홉 가지 교수 활동을 기반으로 설계되었다. 가네의 수업 모형은 학습자의 내적 학습과정을 촉진하기 위해 아홉 가지 수업 상황을 단계별로 제시하여 체계적인 수업 진행을 가능하게 하는 효과적인 접근 방식이다. 수업 구조화를 위한 유용한 지침을 제공한다는 점에서 본 수업에서도 이를 적용하여 보다 체계적이고 효과적인 학습 경험을 설계하고자 하였다.

본 차시의 핵심 목표는 학생들이 글쓴이의 생각을 파악하는 방법을 익히고, 이를 바탕으로 다양한 생각을 존중하며 자신의 의견을 표현하는 능력을 기르는 것이다. 이를 위해 가네의 교수 활동 모형을 적용하여 학습자의 사고 과정을 단계적으로 촉진하고, 각 단계에 맞는 명확한 교수 · 학습 절차를 제공하고자 한다.

특히 다문화 학생이 많은 학급 환경을 고려할 때, 학생들의 한국어 이해도를 높이고 학습 참여를 유도하기 위해서는 점진적이고 구조적인 학습 접근이 필요하다. 가네의 교수 활동 모형은 다문화 학생들이 학습 목표를 명확히 인식하고 개념을 체계적으로 습득할 수 있도록 지원하는 데도 효과적이다.

결론적으로, 가네의 교수 활동 모형을 활용한 직접 교수 방식은 글쓴이의 생각을 파악하는 방법을 명확하게 설명하고, 점진적인 연습과 피드백을 통해 학생들의 이해를 효과적으로 도울 수 있을 것이다.

2) 학습 목표 및 평가 기준

본 수업의 학습 목표는 '글을 읽고 글쓴이의 생각을 파악하는 방법을 이해하고, 이를 적용하여 글쓴이의 의도를 정확하게 찾아낼 수 있다.'이다. 이에 대한 평가 기준은 다음과 같다.

- 글쓴이의 생각을 파악하는 방법을 알 수 있다.
- 글의 제목과 중심 생각을 통해 글쓴이의 생각을 파악할 수 있다.
- 글을 읽을 때 글쓴이의 생각을 파악하는 태도를 기른다.

3) 교수 · 학습 설계의 방향 및 학습 활동의 흐름

본 수업을 위한 네 가지 교수 · 학습 설계의 주요 방향은 다음과 같고, 가네의 교수 이론을 활용한 단계별 학습 활동의 흐름을 정리하면 〈표 7〉과 같다.

- **목표 중심**: 글쓴이의 생각을 파악하는 능력 함양에 중점을 두고 수업을 구성한다.
- **학습자 중심**: 학습자의 다양한 배경지식과 경험을 수업에 반영하여 참여도를 높인다.
- **과정 중심**: 단계별 활동을 통해 학습과정을 중시하고, 지속적인 피드백을 제공한다.
- **사회적 상호작용 중심**: 짝 활동, 그룹 활동 등을 통해 협력적 학습 환경을 조성한다.

<표 7> 학습 활동 흐름도

단계	활동 요소	설명
도입	• 주의 집중 • 학습 목표 제시 • 선수 학습 회상	–흥미로운 이야기나 영상을 통해 학습 동기를 유발한다. –본 차시 학습 목표를 명확하게 전달한다. –이전에 배운 내용을 간단히 복습한다.
전개	• 학습 내용 제시 • 학습 안내 제공 • 연습 및 수행 유도	–글쓴이의 생각을 파악하는 방법을 설명한다. –예시를 통해 방법을 구체적으로 보여준다. –학생들이 직접 글을 읽고 글쓴이의 생각을 찾아보는 활동을 한다.
정리	• 피드백 제공 • 수행 평가 • 파지 및 전이 촉진	–학생들의 활동 결과에 대해 피드백을 준다. –학습 목표 달성 여부를 평가한다. –배운 내용을 일상생활이나 다른 학습에 어떻게 적용할 수 있는지 논의한다.

5. 본시 교수 · 학습과정안

가네의 아홉 가지 교수 활동을 기반으로 한 본시의 교수 · 학습과정안을 구체적으로 제시하면 〈표 8〉, 〈표 9〉, 〈표 10〉과 같다. 각 단계별로 학습 요소, 소요 시간, 교수 · 학습 활동, 자료 및 유의점을 포함하여 설계하였다.

- **다문화 학습자 배려:** 학급의 50% 이상이 다문화 학습자이므로, 시각적 자료와 쉬운 언어를 사용하여 수업을 진행한다.
- **적극적 참여 유도:** 짝 활동과 개별 발표를 통해 모든 학습자가 수업에 참여하도록 한다.
- **긍정적 피드백:** 학습자의 자신감을 높이기 위해 긍정적이고 구체적인 피드백을 제공한다.

<표 8> 도입

단계	학습 요소	시간	교수 · 학습 활동	자료 및 유의점
주의 집중	흥미 유발	3분	–반려견 에티켓 관련 영상을 시청하여 학생들의 관심을 유도한다.	–영상 자료 준비(동기 유발 자료 참고) –다문화 학생의 이해를 돕기 위해 자막 또는 쉬운 언어 사용한다.
학습 목표 제시	목표 확인	2분	–오늘의 학습 목표를 소개하고, 글쓴이의 생각을 파악하는 방법을 배우는 것임을 설명한다. "글을 읽고 글쓴이의 생각을 파악하는 방법을 알아봅시다."	–학습 목표를 시각적으로 제시하기 –학생들이 목표를 명확히 이해했는지 확인한다.
선수 학습의 회상 자극	배경 지식 활성화	5분	–이전 시간에 배운 '7 단원에서 공부할 내용'을 간단히 복습한다. "지난 시간에 7 단원을 통해 우리가 공부할 내용이 무엇인지 알아보았습니다. 기억나나요?" –간단한 질문을 통해 학생들의 기억을 상기시키고 본 시 공부할 문제해결이 단원 학습 목표 도달과 관련 있음을 알게 한다.	–전시 학습 내용과 연계하여 자연스럽게 진행하기 –다문화 학생들의 다양한 배경을 고려하여 발언 기회를 제공한다.

<표 9> 전개

단계	학습 요소	시간	교수 · 학습 활동	자료 및 유의점
학습 자료 제시	개념 학습 –설명하기 –시범 보이기	20분	–글쓴이의 생각을 파악하는 방법으로 제목을 보고 짐작하기, 글에서 중심 생각 찾기를 설명한다. –글의 내용 파악하기 1) 제목을 보고 짐작하기 2) 글에서 중심 생각 찾기 –각 방법에 대한 예시를 제공한다.	–교과서의 글 ㉯ 자료를 활용하여 시범 보이기 –다문화 학생들을 위해 쉬운 언어로 설명한다.
학습 안내 제공	예제 분석 –질문하기 –확인하기	15분	–'반려견을 사랑한다면' 글의 제목과 글 ㉰의 내용을 함께 분석하며 글쓴이의 생각을 파악하는 연습을 한다. –짝 활동을 통해 서로의 생각을 공유한다.	–교과서의 글 ㉰ 자료 활용하기 –짝 활동 시 다문화 학생들이 참여할 수 있도록 지원한다.
연습 및 수행 유도	개별 활동 –적용하기	25분	–학생들 각자가 글을 읽고, 제목과 중심 생각을 찾아 글쓴이의 생각을 파악하는 활동을 한다. –글 ㉱, ㉲를 읽고 중심 생각 찾기 –학생들이 글쓴이의 생각을 파악하여 발표하도록 한다. –발표 후, 다른 학생들과 피드백을 주고 받는다. –글 ㉯, ㉰, ㉱, ㉲의 중심 생각을 종합해 글쓴이의 생각 파악하기	–교과서의 글 ㉱, ㉲ 자료 활용하기 –발표 시 긍정적인 피드백을 통해 자신감을 북돋운다. –글의 제목과 중심 생각을 한눈에 볼 수 있는 시각 자료 제시하기 –다문화 학생들의 언어 수준을 고려한 자료를 제공한다.

<표 10> 정리

단계	학습 요소	시간	교수 · 학습 활동	자료 및 유의점
피드백 제공	평가 및 피드백	3분	-학생들의 발표 내용에 대해 교사가 종합적인 피드백을 제공한다. -잘한 점과 개선할 점을 구체적으로 언급한다.	-피드백 시 긍정적인 언어 사용하기 -다문화 학생들의 노력과 참여를 특별히 칭찬한다.
수행 평가	학습 내용 정리	5분	-오늘 배운 내용을 간단히 정리하고, 학습 목표 달성 여부를 확인한다. "오늘 우리는 글쓴이의 생각을 파악하는 방법을 배웠습니다. 이제 글을 읽을 때 제목과 중심 생각을 잘 살펴보세요."	-학생들의 이해도를 확인하기 위한 간단한 질문 활용하기
파지 및 전이 촉진	실생활 적용	2분	-글쓴이의 생각을 파악하며 글을 읽으면 좋은 점을 이야기 나눈다. -다음 시간에는 자신의 생각을 글로 표현하는 방법을 배울 것임을 안내한다.	-일상생활에서 글을 읽을 때 글쓴이의 생각을 파악하는 읽기 습관을 기르도록 한다. -다음 수업에 대한 기대감을 높인다.

6. 평가 설계

본 수업의 평가 목표는 글을 읽고 글쓴이의 생각을 파악하는 방법을 이해하며, 이를 적용하여 글쓴이의 생각을 정확하게 파악하는 능력의 확인이다. 이를 위한 평가 방식 및 평가 요소별 기준과 평가 방법은 〈표 11〉, 〈표 12〉와 같다.

<표 11> 평가 방식 및 평가 요소별 기준

	영역	평가 방식	평가 주체
평가 유형 및 방법 예시	□듣기·말하기 ■읽기 □쓰기 □문법 □문학 □매체	■서술·논술 ■구술·발표 □토의·토론 ■관찰 □프로젝트 □실험·실습 □포트폴리오 □보고서 □기타	■교사 평가 ■자기 평가 ■동료 평가
평가 관련 성취 기준	[2국02-03] 글을 읽고 중심 내용을 확인한다.		

<표 12> 평가 방법

평가 요소	평가 기준
글을 읽고 글쓴이의 생각을 파악하는 방법 알기	• 글의 제목을 보고 글의 내용을 예측할 수 있다. • 글을 읽고 각 문단의 중심 생각을 찾아낼 수 있다.
글을 읽고 중심 생각 파악하기	• 각 문단의 핵심 문장을 정확하게 찾을 수 있다. • 중심 생각을 전체 맥락과 연결하여 이해할 수 있다.
글을 읽고 글쓴이의 생각 파악하기	• 글의 제목과 내용을 바탕으로 주제를 명확하게 파악할 수 있다. • 중심 생각을 분석하여 글쓴이의 생각을 논리적으로 설명할 수 있다.

평가 도구로서 루브릭은 학습 성과를 명확하고 일관되게 평가하는 데 유용하다. 〈표 13〉은 '글쓴이의 생각 파악하기' 수업에 적용할 수 있는 평가 루브릭이고, 〈표 14〉는 이와 관련한 활용 방안이다. 평가 시 유의할 사항은 다음과 같다.

- 평가 전에 평가 기준과 기대 사항을 학습자에게 명확하게 전달하여 평가의 투명성과 공정성을 유지한다.
- 루브릭을 활용하여 평가 기준을 객관적이고 구체적으로 제시하고, 평가자의 주관성을 최소화한다.
- 평가 후에는 구체적이고 건설적인 피드백을 제공하여 학습자가 자신의 강점과 개선점을 인식하고 발전할 수 있도록 한다.

- 학습자가 피드백을 적극적으로 활용할 수 있도록 평가 결과에 대한 자기 성찰 및 학습 개선 계획을 세우도록 유도한다.
- 학습자의 다양한 역량을 공정하게 평가하기 위해 형성 평가, 수행 평가, 자기 평가 등 다양한 평가 방법을 병행한다.
- 개별 과제, 협력 학습, 발표 등 학습 상황에 맞는 다양한 평가 방식을 활용하여 학습자의 특성을 고려한 평가를 실시한다.

<표 13> 평가 루브릭

평가 방법		평가 내용	활용 도구	목적 및 유의점
수행 평가	체크 리스트/ 구술 · 발표	• 글쓴이의 생각을 파악하는 방법 이해도 점검 • 학습 진행 중 학습자의 이해도 파악	• 퀴즈 • 간단한 서술형 질문 • 토의 참여도 체크	• 즉각적인 피드백 제공으로 학습자의 개념 이해를 지원 • 학생들이 학습 중 어려움을 겪는 부분을 파악하여 보충 지도
	토의 · 토론/ 포트 폴리오	• 글을 읽고 글쓴이의 생각을 파악하는 능력 측정 • 실제 글 분석 및 적용 여부 평가	• 글 분석 보고서 작성 • 프레젠테이션 • 토론 참여 • 교과서 205쪽 개별 학생 결과물(글 ㉣, ㉤)	• 학생들이 배운 내용을 실제 글 분석 활동에 적용하도록 유도 • 사고력과 논리적 설명 능력을 평가하는 데 중점
자기 평가 및 상호 평가		• 학습자가 자신의 학습 과정과 결과를 평가 • 동료의 의견을 경청하고 피드백 제공	• 루브릭 활용 • 자기 성찰 질문지 • 피어 리뷰(peer review)	• 자기 성찰을 통해 학습 동기를 강화하고, 협업 및 피드백 능력을 함양 • 평가의 객관성을 유지할 수 있도록 명확한 기준 제공

<표 14> 루브릭 활용 방안

평가 요소	우수(3점)	보통(2점)	노력(1점)
중심 생각 파악	글의 중심 생각을 정확하고 명확하게 파악하여 설명함	글의 중심 생각을 대체로 파악하였으나 일부 부정확하거나 불명확한 부분이 있음	글의 중심 생각을 제대로 파악하지 못하거나 설명이 부족함
근거 제시	글에서 중심 생각을 뒷받침하는 근거를 적절하게 찾아 제시함	근거를 제시하였으나 일부는 부적절하거나 부족함	근거를 거의 제시하지 않았거나 부적절함
표현의 명료성	자신의 생각을 논리적이고 명확하게 표현함	자신의 생각을 표현하였으나 논리적 흐름이나 명확성에서 일부 부족함	자신의 생각을 명확하게 표현하지 못함
참여도	수업 활동에 적극적으로 참여하고 동료와의 상호작용이 활발함	수업 활동에 참여하였으나 소극적이거나 동료와의 상호작용이 부족함	수업 활동에 거의 참여하지 않거나 방해가 됨

7. 수업 운영 시 유의할 점

- **수업 목표의 명확화:** 수업을 시작하기 전에 학습 목표를 명확하게 설정하고, 이를 학습자에게 분명히 전달하여 수업의 방향성을 공유한다. 학습자가 학습 목표를 쉽게 이해하고, 수업 중 자신의 학습과정을 스스로 점검할 수 있도록 '학습 목표 차트' 및 학습자가 학습해야 할 주요 개념을 정리한 '핵심 개념 카드' 등 시각적 자료를 활용한다. 학습자가 직접 '핵심 개념 카드'를 만들어 학습한 내용을 정리하고 복습하는 데 활용할 수 있다.

<표 15> 핵심 개념 카드의 예시(앞뒷면)

글쓴이의 생각을 파악하는 방법
1. 제목을 보고 짐작하기 2. 글에서 중심 생각 찾기

1. 제목을 보고 짐작하기 • 제목은 글쓴이의 주된 생각을 나타냅니다. • 제목을 통해 글의 주제를 예측해 보세요. 2. 글에서 중심 생각 찾기 • 각 문단의 중심 문장을 찾아보세요. • 중심 문장들을 연결하면 글쓴이의 전체 생각을 파악할 수 있습니다.

- **수업 계획 및 준비의 철저**: 교수 · 학습과정안을 상세하게 작성하고, 예상되는 질문이나 상황에 대비한 대안을 마련한다. 학습자의 학습 반응을 예측하고, 즉각적인 피드백을 제공할 수 있도록 다양한 질문 유형을 준비한다.
- **학습자 이해도 파악**: 학습자의 배경 지식과 학습 수준을 사전에 파악하여 수업 내용과 방법을 조정한다. "이전에 이와 관련된 경험이 있나요? 같은 사전 질문을 통해 학습자의 학습 주제에 대해 가지고 있는 사전 개념과 이해도를 진단한다.
- **학습자 배려**: 학습자의 개인차, 즉 학습 속도, 언어 및 문화적 배경을 고려하여 그림, 다국어 설명, 보조 교재 등 시각적 자료를 활용하고, 쉬운 문장으로 핵심 개념을 설명하는 등 이해를 돕는 전략을 사용한다. 다문화 학습자의 경우에는 다국어 용어 카드 등을 제공하여 개념 이해를 돕는다. 협력학습을 통해 학습자가 또래와 함께 학습하며 의미를 구성할 수 있도록 지원한다.
- **학습자 주도성 강화**: 학습자가 단순히 교사의 설명을 듣는 것을 넘어, 스스로 학습 목표를 설정하고, 자신의 학습과정을 점검하며 반성적으로 사고할 수 있도록 유도한다. 질문 중심 수업을 통해 학습자가 능동적으로 사고하고, 스스로 탐구할 기회를 제공한다. "오늘 배운 내용을 스스로 정리해 볼까요?" 같은 질문으로 자기 점검 기회를 부여한다.

- **깊이 있는 학습을 위한 개념 기반 수업 설계:** 개념 중심의 깊이 있는 학습을 위해 핵심 아이디어를 중심으로 수업을 설계한다. 핵심 개념과 관련된 '핵심 질문(essential question)'을 수업의 출발점으로 삼아, 학습자가 깊이 있는 탐구를 할 수 있도록 유도한다. 개념 기반 학습을 위해 단편적인 지식 습득을 넘어, 개념 간의 관계를 탐색하고 확장하는 과정을 강조한다.
- **삶과 연계된 학습 설계:** 학습자가 학습 내용을 실생활과 연결하여 의미를 찾을 수 있도록 한다. 예를 들어, "오늘 배운 글쓴이의 생각을 파악하는 방법을 실제 생활에서 언제 활용할 수 있을까요?"와 같은 질문을 통해 학습의 실용성을 강조한다. 현실과 연결된 문제 상황을 제시하여, 학습자가 배운 내용을 실제 경험과 연계하여 적용할 기회를 제공한다.
- **핵심 질문의 활용:** 핵심 질문은 개념 기반 수업에서 학습자의 깊이 있는 사고를 유도하는 중요한 도구이다. 발문이라고 일컫는 좋은 핵심 질문은 정답이 하나로 정해져 있지 않으며, 학습자의 사고를 확장시키는 역할을 한다. "글쓴이의 생각을 파악하는 것은 왜 중요할까요?" "글을 읽을 때 제목과 중심 생각은 어떻게 연관될까요?"와 같은 핵심 질문을 사전에 준비하고, 수업 상황에 맞게 적용하고 변용한다.
- **질문 유형의 다양화:** "이 글쓴이가 이런 생각을 하게 된 이유는 무엇일까요?" 같은 개방형 질문, 즉 발문은 학습자의 창의적 사고를 촉진한다. "이 글과 우리가 이전에 읽은 글의 차이점은 무엇인가요?" 같은 비교 질문은 다양한 시각의 탐색을 자극한다. "글쓴이가 직접적으로 말하지 않았지만, 우리가 유추할 수 있는 생각은 무엇인가요?" 같은 추론 질문은 학습자의 사고 확장한다.
- **질문의 활용 및 적용:** 핵심 질문을 수업 도입부에 명확하게 제시하여 학습자의 탐구 방향을 설정해 준다. 학습자가 질문에 대해 충분히 고민하고 사고할 수 있도록 기다리는 시간을 제공한다. 학습자의 응답을 심화시키기 위해 "왜 그렇게 생각하나요?" "그 근거를 말해 볼까요?" 등의 추가 '발문'을 활용한다. 학습자가 직접 질문을 만들어 보는 활동을 포함하여, 학습자의 질문 생성 능력을 키운다.
- **학습자의 참여 유도:** 영상, 이미지, 실물 자료 등 다양한 멀티미디어 자료를 활용하여 학습자의 관심을 끌고 참여를 유도한다. 짝 활동, 그룹 활동, 토의 등

협동학습을 통해 학습자가 적극적으로 참여할 수 있는 환경을 조성한다. 학습자가 자유롭게 질문하고 자신의 의견을 표현할 수 있도록 격려하여 수업에 활기를 불어넣는다.

- **학습 속도에 따른 맞춤형 지원**: 학습자의 학습 진행 상황을 지속적으로 모니터링하고, 각자의 수준에 맞는 개별화된 피드백을 제공한다. 이해가 느린 학습자에게는 추가 설명이나 보충 자료를, 빠르게 이해하는 학습자에게는 심화 학습 자료를 제공한다. 학습이 빠른 학습자와 느린 학습자를 짝지어 서로 도울 수 있도록 하여 상호 학습을 촉진한다.
- **적절한 피드백 제공**: 학습자의 학습을 촉진하고 자신감을 높이기 위해서는 긍정적이고 구체적인 피드백을 제공하는 것이 중요하다. "네가 글의 제목을 통해 주제를 정확하게 파악한 점이 인상적이었어. 아주 잘했어!" "각 문단의 중심 생각을 잘 찾아냈구나. 뛰어난 분석력이구나!"와 같은 긍정적 피드백, "중심 문장을 찾는 데 조금 어려움이 있었던 것 같아. 다음에는 문단의 첫 문장이나 마지막 문장을 주의 깊게 읽어보면 도움이 될 거야." "글쓴이의 생각과 자신의 생각을 비교할 때, 조금 더 구체적인 예시를 들어주면 좋을 것 같아."와 같은 건설적 피드백, "처음에는 어려웠겠지만, 포기하지 않고 끝까지 노력한 모습이 정말 멋졌단다!" "네가 한 노력은 분명히 네 실력을 키우는 데 큰 도움이 될 거야!"와 같은 격려의 피드백을 사용한다.
- **수업 중 예상되는 어려움 및 해결 방안**: 다양한 활동과 자료를 활용하여 수업의 단조로움을 피하고, 학습자의 관심을 지속적으로 유발한다. 시각적 자료와 몸짓, 표정 등을 활용하여 언어 등 이해가 부족한 학습자를 돕고, 중요한 내용은 반복하여 설명한다. 각 활동에 대한 시간을 사전에 계획하고, 수업 진행 중 시간 관리를 철저히 하여 사전에 계획한 학습 활동이 제외되지 않도록 유의한다.

02

사회과

단원 안내

- 학년: 6학년
- 단원: 여러 나라의 자연과 문화
- 역량: 정보 활용 능력, 의사소통 및 협업 능력

활용 모형

- 협동학습모형

신규 및 저경력 교사를 위한 수업 가이드

- 2022 개정 교육과정 사회과의 내용 체제에 따른 단원 학습 설계
- 학생 조사에 기반한 학습 활동 구성과 학생 주도형 수업
- 에듀테크를 활용한 토의 · 토론 학습 설계
- 본시 학습 영역과 연계한 실태 분석

1. 단원의 개관

본 단원에서는 세계 여러 대륙과 나라들의 지리적 특성에 대한 이해를 바탕으로 지구촌 시대를 맞아 조망할 수 있는 능력을 배양하고, 삶의 다양한 방식을 존중하며, 나아가 인류애를 실천하는 태도를 기르는 것을 목적으로 한다. 이를 위해 다양한 자료를 활용해 세계 주요 대륙과 나라에 대한 기초적인 지리 정보를 탐색하고, 기후나 관습 등 인간 생활에 영향을 미치는 여러 자연적인 요인과 인문적인 요인을 탐구하며, 이웃 나라는 물론 우리와 밀접한 관련이 있는 나라들이 지니는 다양한 환경적 특성과 상호 의존 관계를 탐구한다. 이를 바탕으로 하여 세계에 대한 올바른 이해를 도모하고 세계 시민으로서 지녀야 할 지구촌적 시각과 태도를 함양하는 데 주안점을 둔다.

우리나라와 지리적으로 멀리 떨어져 있으나 밀접한 관련을 맺고 있는 나라와 그 이유에 대해 탐구해 볼 수 있도록 우리나라와 관계 깊은 나라와의 교류 알아보기, 다른 나라와의 관계를 소개하는 신문 만들기 활동으로 구성하였다. 우리나라와 관계 깊은 나라와의 교류 알아보기에서는 다양한 영상 자료와 탐구학습지를 활용하여 어떤 이유로 우리나라와 관계 깊은 나라가 되었는지 정리할 수 있도록 계획하였다. 다른 나라와의 관계를 소개하는 신문 만들기 활동에서는 종이 형태의 신문보다는 협업의 장점을 극대화하고, 생생한 자료를 담기 위해 스마트 패드를 활용하여 전자책 형태의 신문을 만들어 보는 활동으로 재구성하였다.

이 단원에서 가장 중요하게 다루어야 할 사회과 교과 역량은 '정보 활용 능력'과 '의사소통 및 협업 능력'이다. 세계 공동체의 구성원으로서 세계의 다양한 삶의 모습과 우리나라와 가까운 나라들을 이해하며 존중하는 태도를 기르고 여러 조사 및 탐색 활동을 통해 다양한 영역의 지식과 정보를 처리하고 활용시키는 능력을 향상시키고자 한다.

2. 단원의 내용 체계

내용	범주	핵심 아이디어	내용 요소	
지리 인식	위치와 영역	• 지표상에 분포하는 모든 사건과 현상은 절대적 · 상대적 위치와 다양한 규모의 영역을 차지한다.	지식 · 이해	• 우리나라의 위치와 영토 • 세계 여러 국가의 위치와 영토
			과정 · 기능	• 생활환경을 분류하고 조사하기
			가치 · 태도	• 자신의 생활공간에서 일어나는 일에 대한 관심
	장소와 지역	• 장소는 다른 장소와 차별되는 자연적 · 인문적 성격을 지니며, 특정 장소에 따른 공간감은 개인이나 집단에 따라 다양하다. • 지표 세계는 장소적 성격의 동질성, 기능적 상호 관련성, 지역민의 인지 등의 측면에서 다양하게 구분되며, 이렇게 구분된 지역은 고유한 지역성이 나타난다.	지식 · 이해	• 세계 대륙과 대양
			과정 · 기능	• 지역의 정보를 수집하고 비교하기
			가치 · 태도	• 삶의 터전으로서의 국토의 위치와 영역에 대한 관심
	공간 분석	• 지도를 비롯한 다양한 공간 자료와 도구를 통한 지리 정보 수집은 장소와 지역의 여러 현상과 사건을 분석하고 해석하며 추론하는 데 필수적이다.	지식 · 이해	• 공간 자료와 도구 • 세계 지도와 지구본
			과정 · 기능	• (디지털) 지도 및 지구본을 활용하여 지역 및 국가의 위치와 정보 확인하기
			가치 · 태도	• 세계 여러 국가에 대한 편견 없는 관심과 호기심
자연환경과 인간생활	기후 환경	• 지표상에는 다양한 기후 특성이 나타나며, 기후환경은 특정 지역의 생활양식에 중요하게 작용한다.	지식 · 이해	• 세계의 기후
			과정 · 기능	• 자료를 바탕으로 다양한 자연환경과 생활모습 조사하기
			가치 · 태도	• 자연환경에 대한 감수성
인문환경과 인간생활	문화	• 장소와 지역에 따라 다양한 문화가 형성되고, 문화는 여러 요인에 의해 변동된다.	지식 · 이해	• 세계의 인구 분포와 특징
			과정 · 기능	• 도시의 특징과 관련지어 도시 문제를 파악하고 해결 방안 탐구하기
			가치 · 태도	• 세계 여러 국가의 인구 특징에 대한 관심

3. 성취 기준

성취 기준
[6사09-01] 세계를 표현하는 다양한 공간 자료의 특징을 이해하고, 지구본과 세계지도에서 위치를 표현하는 방법을 익힌다.
[6사09-02] 세계 주요 대륙과 대양을 파악하고, 우리나라 및 세계 여러 국가의 위치와 영토의 특징을 이해한다.
[6사10-01] 세계의 여러 지역의 지형 경관을 살펴보고, 이를 통해 다양한 삶의 모습을 이해한다.
[6사10-02] 세계의 다양한 기후를 알아보고 기후 환경과 인간생활 간의 관계를 탐구한다.

4. 단원의 계열

선수 학습	본 학습	후속 학습
[4사05-01] 우리 지역을 표현한 다양한 종류의 지도를 찾아보고, 지도의 요소를 이해한다. • 지도의 요소 이해하기 • 일상생활에서 지도 이용하기 [4사05-02] 지도에서 우리 지역의 위치를 파악하고, 우리 지역의 지리 정보를 탐색한다. • 시 · 도 단위의 행정구역 파악하기 • 지역의 지리 정보를 다른 지역과 비교하여 지역이 지닌 특징 이해하기 [4사10-01] 여러 지역의 자연환경과 인문환경의 특징을 살펴보고, 환경의 이용과 개발에 따른 변화를 탐구한다. • 자연환경과 인문환경 알아보기 • 개발로 인한 긍정적 · 부정적 변화 모습 파악하기 [4사10-02] 사례에서 도시의 인구, 교통, 산업 등의 특징을 탐구하고, 도시에서의 삶의 모습을 이해한다. • 도시의 경관, 인구, 교통, 산업, 생활방식의 특징 이해하기 • 도시 생활의 좋은 점과 문제점 파악하기	[6사09-01] 세계를 표현하는 다양한 공간 자료의 특징을 이해하고, 지구본과 세계지도에서 위치를 표현하는 방법을 익힌다. • 다양한 공간 자료의 특성 이해하기 • 경도 · 위도의 의미 이해하기 • 위치를 표현하는 방법 익히기 [6사09-02] 세계 주요 대륙과 대양을 파악하고, 우리나라 및 세계 여러 국가의 위치와 영토의 특징을 이해한다. • 위치가 갖는 중요성 인식하기 • 세계의 대륙과 대양의 위치 파악하기 [6사10-01] 세계의 여러 지역의 지형 경관을 살펴보고, 이를 통해 다양한 삶의 모습을 이해한다. • 세계적으로 유명한 경관의 특징과 사람들의 생활 모습 • 우리와 다른 지역의 생활 모습 비교하기 • 다양한 삶의 모습 이해하기 [6사10-02] 세계의 다양한 기후를 알아보고 기후환경과 인간생활 간의 관계를 탐구한다. • 세계 주요 기후의 분포 파악하기 • 다른 기후환경에 적응하여 살아가는 사람들의 생활방식	[9사(지리)01-01] 세계 여러 지역의 특성을 해당 지역의 위치와 자연 · 인문 환경을 고려하여 추론한다. • 세계 여러 지역의 차이와 다양성 인식하기 • 지역의 다양성 이해하기 [9사(지리)01-02] 다양한 스케일에서 지역의 서로 연계되어 있음을 공간적 상호작용의 사례를 통해 파악한다. • 세계 여러 지역의 상호 연계성과 상호 의존성 인식하기 • 다른 지역과의 접근성과 관계성, 위치성과 연결성 이해하기 • 지리 인식의 중요성 인지하기 [9사(지리)01-03] 세계의 변화가 지역에 영향을 미치고 지역의 변화가 세계에 미치는 사례를 조사한다. • 세계화로 인한 변화 알아보기 • 지역의 변화가 세계에 미치는 영향 탐구하기 • 세계 여러 지역의 역동성 인식하기

5. 단원의 목표

영역	학습 목표
지식 · 이해	• 세계 지도, 지구본, 디지털 영상 지도의 특징을 설명한다. • 세계의 여러 대륙과 대양의 위치와 범위를 설명한다. • 각 대륙에 속한 나라의 위치와 범위를 설명한다. • 세계 여러 나라의 면적과 모양을 설명한다. • 세계 주요 기후의 특징과 분포를 설명한다. • 기후에 따른 사람들의 생활 모습을 설명한다. • 세계 여러 나라 사람들의 생활 모습이 다르게 나타나는 까닭을 설명한다. • 이웃 나라 및 우리나라와 관계 깊은 나라의 자연환경과 인문환경을 설명한다. • 우리나라와 세계 여러 나라의 교류 모습을 설명한다. • 우리나라와 관계 깊은 나라의 교류 모습을 설명한다.
과정 · 기능	• 각 대륙에 위치한 나라들을 백지도 위에 표현할 수 있다. • 세계 지도, 지구본, 디지털 영상 지도를 활용해 여러 대륙과 대양, 나라의 특징을 조사할 수 있다. • 세계 여러 나라의 영토 면적을 비교할 수 있다. • 세계의 다양한 기후의 특성을 비교할 수 있다. • 환경에 따라 달라지는 세계 여러 나라 사람들의 생활 모습을 조사할 수 있다. • 우리나라와 이웃 나라의 생활 모습을 비교할 수 있다. • 우리나라와 관계 깊은 나라의 자연환경과 인문환경을 조사할 수 있다. • 우리나라와 관계 깊은 나라의 교류 모습을 조사할 수 있다.
가치 · 태도	• 세계 주요 대륙과 대양의 위치와 범위를 적극적으로 탐색하려는 태도를 기른다. • 세계 지도, 지구본, 디지털 영상 지도를 실제 생활에 활용하는 태도를 기른다. • 세계 여러 나라의 다양한 생활 모습을 이해하고 존중하는 태도를 기른다. • 이웃 나라의 문화를 이해하고 존중하는 태도를 기른다. • 이웃 나라와 함께 문제를 해결하기 위해 협력하는 태도를 기른다. • 우리나라와 다른 나라 간 교류가 활발히 이루어지는 이유를 적극적으로 탐색하려는 태도를 기른다.

6. 단원 지도 계획 및 과정 중심 평가 계획

차시	학습 내용	교과 역량	과정 · 기능	과정 중심 평가 계획
1	단원 학습 내용 예상하기	정보 활용 능력	인식하기	관찰(참여 태도)
2~3	세계 지도, 지구본, 디지털 영상 지도의 특징 알아보기	정보 활용 능력	지도읽기 비교하기	서술형(특징 비교하기)
4	세계의 여러 대륙과 대양 알아보기	정보 활용 능력	지도읽기 해석하기	구술(대륙과 대양의 위치와 범위 설명하기)
5	각 대륙에 속한 나라 살펴보기	정보 활용 능력	표현하기	동료 평가(지형도 만들기)
6~7	세계 여러 나라의 면적과 모양 살펴보기	정보 활용 능력	지도읽기 비교하기	보고서(나라의 면적과 모양 보고서)
8	세계 지도, 지구본, 디지털 영상 지도를 활용하여 세계 여러 나라 소개해 보기	정보 활용 능력	활용하기	동료 평가(나라 소개하기)
9	세계의 다양한 기후 알아보기	정보 활용 능력	도출하기	서술형(기후 설명하기)
10~11	기후에 따른 사람들의 생활 모습 살펴보기	정보 활용 능력	도출하기	구술(기후와 생활 모습 관계 설명하기)
12	세계 여러 나라 사람들의 다양한 생활 모습 살펴보기	정보 활용 능력	분석하기	보고서(분석 보고서)
13~14	환경에 따라 달라지는 세계 여러 나라 사람들의 생활 모습 조사해 보기	정보 활용 능력	구성하기 설명하기	보고서(조사 보고서)
15	세계 여러 나라 사람들의 생활 모습을 이해하고 존중하는 태도 알아보기	의사소통 및 협업 능력	공감하기	자기 평가(자기 평가하기)
16	이웃 나라의 자연환경과 인문환경 알아보기	정보 활용 능력	수집하기 분석하기	보고서(분석 보고서)
17	우리나라와 이웃 나라 사람들의 생활 모습 비교해 보기	정보 활용 능력	탐구하기 비교하기	자기 평가(자기 평가하기)
18	우리나라와 이웃 나라의 교류 모습 살펴보기	문제해결 능력 및 의사결정 능력	분석하기 의사결정하기	동료 평가(모의 정상 회의)

19	우리나라와 관계 깊은 나라의 자연환경과 인문 환경 알아보기	정보 활용 능력	탐구하기 비교하기	산출물(나라 가이드북)
20 (본시)	우리나라와 다른 나라가 교류하는 까닭 알아보기	정보 활용 능력 의사소통 및 협업 능력	설명하기	산출물(신문 만들기)
21	우리나라와 세계 여러 나라의 교류 모습 살펴보기	정보 활용 능력	파악하기	구술(상호 의존 관계 설명하기)
22~23	단원 학습 내용 정리 및 사고력 학습	정보 활용 능력	설명하기 활용하기	보고서(정리 보고서)

7. 본시 교수 · 학습의 실제

1) 교수 · 학습 개요

<table>
<tr><td>단원</td><td>1. 여러 나라의 자연과 문화</td><td>차시</td><td>20/23</td><td>학습 모형</td><td>협동학습모형</td></tr>
<tr><td colspan="3">핵심역량</td><td colspan="3">교과역량</td></tr>
<tr><td colspan="3">의사소통 역량</td><td colspan="3">정보 활용 능력</td></tr>
<tr><td>성취 기준</td><td colspan="5">[6사09-02] 세계 주요 대륙과 대양을 파악하고, 우리나라 및 세계 여러 국가의 위치와 영토의 특징을 이해한다.</td></tr>
<tr><td>학습 목표</td><td colspan="5">우리나라와 다른 나라가 교류하는 까닭을 알아볼 수 있다.</td></tr>
<tr><td rowspan="2">교수 · 학습 자료</td><td>교사</td><td colspan="4">사진 자료(각 나라의 모습), 그림 자료(한국에 온 사람들), 영상 자료(교류 현장 뉴스), 신문 예시 자료</td></tr>
<tr><td>학생</td><td colspan="4">탐구 활동지, 스마트 패드, 에듀테크(책 만들기)</td></tr>
<tr><td>수업 주안점</td><td colspan="5">본 차시는 우리나라와 지리적으로 이웃하고 있지는 않지만 밀접한 관계를 맺으며 교류하는 국가들의 지리 정보를 탐구하고 교류의 현황을 신문으로 나타내어 관계의 필요성을 이해하는 것을 목표로 한다. 이를 위해 이전 차시에서 조사한 이웃하고 있지 않지만 밀접한 관계를 맺는 나라와 해당 나라의 지리적 정보를 활용하여 교류 현황과 필요성을 조사하고 신문 자료로 만들어 공유하며 교류의 필요성을 학생 주도적으로 탐구하여 이해하도록 돕는다.
이를 위해 [활동1]에서는 우리나라의 특징과 비교하며 다른 나라의 자연환경과 인문환경을 살펴보고 우리나라와의 교류 내용을 알아본다. 이때 조사한 결과를 바탕으로 우리나라와 다른 나라의 관계가 상호 보완하는 유기적인 관계임을 생각해 볼 수 있도록 한다.
[활동2]에서는 우리나라와 다른 나라의 관계를 소개하는 신문을 만든다. 이때 [활동1]에서 조사한 내용과 함께 우리나라와 다른 나라가 교류를 주고받는 까닭에 대한 자신의 생각을 포함하도록 하여 자료를 통한 학습 목표와의 관계성을 높인다.
[활동3]에서는 작성한 자료를 발표하며 공유하는 시간을 갖는다. 학생들의 발표의 과정에 적극적인 청자로 참여할 수 있도록 경청과 공감의 학습 분위기를 조성하고, 각 모둠에서 조사하여 발표하는 나라의 환경적 특징을 이해하여 서로 도움을 주고 받기 때문에 나라 간의 교류가 이루어짐을 탐구할 수 있도록 한다.
본시 학습을 통하여 학생들은 우리나라와 다른 나라가 밀접한 관계를 맺고 있음을 이해하고 그 까닭을 환경적 차이에서 기인함을 탐구할 수 있을 것이다. 이러한 일련의 탐구의 과정에서 자료를 수집 · 분석 · 분류 · 조직하며 정보 활용 능력을 기르고, 공유의 과정에서 이에 대한 정보를 공유하고 토의하며 의사소통 역량을 신장할 수 있을 것으로 기대한다.</td></tr>
</table>

2) 교수 · 학습과정

단계	학습내용 (학습 집단)	교수 · 학습 활동	시간 (분)	자료(•), 유의점(*) 평가
과제 제시	전시학습 상기 (전체) 동기 유발 (전체)	ㅇ전시학습을 상기하도록 한다. • 지난 시간에 배운 내용 떠올리기 –지난 시간에 조사한 나라들을 살펴봅시다. –그림을 보고 어느 나라인지 맞춰 봅시다. ㅇ각국 사람들이 한국에 온 이유가 담긴 그림 자료를 보며 공부할 문제를 생각하게 한다. • 공부할 문제 생각해 보기 –그림 속 사람들이 무엇을 하고 있나요? (우리나라에서 물건을 나르고 있습니다./공연을 즐기고 있습니다./관광을 하고 있습니다. 등) –그림에서 각국 사람들이 한국에 온 까닭은 무엇입니까? (모국과 한국의 자연환경이 달라서 한국에 왔습니다./모국과 한국의 인문환경이 달라서 한국에 왔습니다.)	4	• 사진 자료(각 나라의 모습), 그림 자료(한국에 온 사람들)
	공부할 문제 확인 (전체)	ㅇ동기 유발과 관련하여 공부할 문제를 알아보게 한다. • 이번 시간에 공부할 문제 알아보기 우리나라와 다른 나라가 교류하는 까닭 알아보기		*학생 스스로 공부할 문제를 찾을 수 있도록 유도한다.
	학습 안내 (전체)	ㅇ학습할 순서를 안내한다. **학습 활동 순서** [활동1] 다른 나라와 교류하는 모습 살펴보기 [활동2] 다른 나라와의 관계를 소개하는 신문 만들기 [활동3] 조사 결과 발표하기		
계획 수립	우리나라와 다른 나라의 교류 내용 알아보기 (모둠)	**[활동1] 다른 나라와 교류하는 모습 살펴보기** ㅇ우리나라와 다른 나라 간의 교류 내용을 알아보도록 한다. • 우리나라와 다른 나라의 교류 알아보기 –자료를 보고 우리나라와 다른 나라 사이에 이루어지는 교류 현황을 살펴봅시다.	8	• 영상 자료(교류 현장 뉴스), 탐구 활동지

		–우리나라가 칠레와 FTA를 맺은 이유는 무엇입니까? (서로 주로 생산하는 것이 다르기 때문입니다./서로 기술이 다르기 때문입니다. 등) –우리나라 대통령이 말하는 사우디아라비아와의 특별한 우호와 상생의 협력 관계가 무엇입니까? (사우디아라비아는 우리나라의 제1의 원유 공급국이자 제1위 해외건설 수주국이고 중동 내 최대 교역국입니다.) –우리나라와 오스트레일리아의 교류가 각자의 나라에 좋은 점은 무엇입니까? (호주는 석탄, 철광석, 천연가스 등 세계적인 매장량이 많기 때문입니다./우리나라는 자원이 없어 에너지를 수입에 의존하기 때문입니다. 등) –교류를 하는 까닭은 무엇일까요? (나라마다 자연환경이 다르기 때문입니다./나라마다 인문환경이 다르기 때문입니다. 등)		**관찰법** 우리나라와 다른 나라의 자연환경과 인문환경 비교하기 *자료 속 교류를 우리나라와의 관계성과 연결짓도록 한다.
협동 학습 활동	자료 정리하기 (모둠) 소개하는 신문 만들기 (모둠)	**[활동2] 다른 나라와의 관계를 소개하는 신문 만들기** ○조사한 자료를 정리하도록 한다. • 우리나라와 다른 나라의 교류를 조사한 자료 정리하기 –조사한 자료 중에 어떤 자료를 활용하면 좋을까요? (나라별로 차이점을 생각해서 자료를 정합니다./교류하는 것들을 비교하는 자료를 찾습니다. 등) ○우리나라와 다른 나라의 관계를 소개하는 신문을 만들도록 한다. • 우리나라와 다른 나라의 관계를 소개하는 신문 만들기 –우리나라와 다른 나라의 관계를 소개하는 신문을 책 만들기 앱을 사용하여 만들어 보겠습니다. –기사를 작성할 때에 어떤 점을 주의해야 할까요? (정확한 내용을 적습니다./출처를 기록합니다./그림 등의 자료를 적절하게 배치합니다. 등) **〈기사에 포함되어야 할 내용〉** 1. 다른 나라의 자연환경과 인문 환경 2. 우리나라와 다른 나라가 교류를 주고받는 내용 3. 우리나라와 다른 나라가 교류를 주고받는 까닭에 대한 모둠의 생각	15	• 신문 예시 자료, 스마트 패드, 에듀테크(책 만들기) **관찰법** 신문 만들기 활동에 적극적으로 참여하기 **산출물** 우리나라와 다른 나라 간의 교류가 활발히 이루어지는 까닭 설명하기 *[활동1]에서 살펴본 내용과 연관지어 조사한 자료를 분석할 수 있도록 한다.

		〈역할 분담〉 1. 더 조사할 것이 있으면 조사하고 정리하는 역할 2. 모둠원의 생각을 묻고 정리하는 역할 3. 조사한 내용을 쓰는 역할 4. 사진을 찾아서 첨부하고 배치하는 역할		
결과 정리 및 발표	모둠별로 제작한 신문 발표하기 (전체)	[활동3] 조사 결과 발표하기 ○ 모둠별로 제작한 신문을 발표하게 한다. • 작성한 신문 기사를 발표하기 –신문 기사 내용을 발표하여 봅시다. –발표를 한 모둠에게 궁금한 점이 있으면 질문해 봅시다. (미국은 왜 한 나라 안에서 다양한 지형과 기후가 나타납니까?/국토의 면적이 넓기 때문입니다. 등) –발표를 한 모둠에 칭찬할 점이 있나요? (우리나라와 다른 나라가 교류를 주고받는 까닭이 논리적으로 작성되었습니다./글과 사진을 적절하게 배치하였습니다. 등)	10	*교류를 주고받는 까닭을 중점으로 발표하도록 한다.
평가 및 반성	정리하기 (전체) 차시 예고 (전체)	○ 학습한 내용을 정리하도록 한다. • 학습한 내용 정리하고 결론 내리기 –우리나라와 다른 나라 간의 교류가 활발하게 이루어지는 까닭은 무엇인가요? (나라마다 환경이 달라 서로 필요한 도움을 주고받을 수 있기 때문입니다.) ○ 다음 시간에 공부할 내용을 안내한다. • 다음 시간에 공부할 내용 알아보기 우리나라와 세계 여러 나라의 교류 모습 살펴보기	3	*환경과 교류의 상관관계를 바탕으로 대답할 수 있도록 유도한다.

3) 판서 계획

1. 여러 나라의 자연과 문화

<공부할 문제>
우리나라와 다른 나라가 교류하는 까닭 알아보기

[활동1] 다른 나라와 교류하는 모습 살펴보기
[활동2] 다른 나라와의 관계를 소개하는 신문 만들기
[활동3] 조사 결과 발표하기

<우리나라와 다른 나라가 교류하는 까닭>
나라마다 환경이 달라 서로 도움을 주고받을 수 있기 때문이다.

<기사에 포함되어야 할 내용>
1. 다른 나라의 자연환경과 인문환경
2. 우리나라와 다른 나라가 교류를 주고받는 내용
3. 우리나라와 다른 나라가 교류를 주고받는 까닭에 대한 자신의 생각

4) 과정 중심 평가 계획

(1) 평가 내용 및 기준

평가 영역	평가 내용	평가 준거	평가 척도	평가 시기	평가 방법
지식·이해	우리나라와 다른 나라 간의 교류가 활발히 이루어지는 까닭 설명하기	우리나라와 다른 나라 간의 교류가 활발히 이루어지는 까닭을 구체적인 예를 들어 상세히 설명한다.	상	[활동3]	산출물
		우리나라와 다른 나라 간의 교류가 활발히 이루어지는 까닭을 예를 들어 설명한다.	중		
		우리나라와 다른 나라 간의 교류가 활발히 이루어지는 까닭을 설명한다.	하		
과정·기능	우리나라와 다른 나라의 자연환경과 인문환경 비교하기	우리나라와 다른 나라의 자연환경과 인문환경을 구체적이고 유기적으로 비교할 수 있다.	상	[활동1]	관찰법
		우리나라와 다른 나라의 자연환경과 인문환경을 예를 들어 비교할 수 있다.	중		
		우리나라와 다른 나라의 자연환경과 인문환경을 비교할 수 있다.	하		
가치·태도	신문 만들기 활동에 참여하기	다른 모둠원을 도우며 신문 만들기 활동에 적극적으로 참여한다.	상	[활동2]	관찰법
		신문 만들기 활동에 적극적으로 참여한다.	중		
		신문 만들기 활동에 참여한다.	하		

(2) 평가의 유의점

본 차시의 평가는 우리나라와 다른 나라의 자연환경과 인문 환경을 비교하고 우리나라와 다른 나라 간의 교류가 활발히 이루어지는 까닭을 설명하는 데 중점을 두고 있다.

지식 · 이해 영역의 평가는 [활동3]에서 우리나라와 다른 나라 간의 교류가 활발히 이루어지는 까닭을 설명하도록 한다. 우리나라와 다른 나라의 환경을 비교하고 우리나라와 다른 나라가 교류를 주고받는 내용을 조사하여 신문을 작성하는 과정에서 나라마다 환경이 달라 서로 도움을 주고받을 수 있다는 결론에 다다를 수 있도록 한다.

과정 · 기능 영역의 평가는 [활동1]에서 우리나라와 다른 나라의 자연환경과 인문 환경을 비교하도록 한다. 전 차시에서 다른 나라의 자연환경과 인문환경을 조사한 것을 토대로 우리나라의 환경과 연결 지을 수 있는지를 중점으로 본다.

가치 · 태도 영역의 평가는 신문 만들기 활동에 적극적으로 참여하는가에 대해 평가하며, 단순히 활동에의 참여 정도만을 평가하는 것이 아니라 자연현상과 사회현상을 관련짓고 관계를 파악하는 사회과 탐구 능력이 신장될 수 있도록 지도한다.

본 평가를 통하여 학생들은 다양한 정보와 자료를 수집 · 분석 · 분류 · 조직하여 사회현상의 의미를 효과적으로 전달할 수 있는 능력인 정보 활용 능력을 증진할 수 있을 것이다.

8. 실태 분석

※ 다음을 잘 읽고, 물음에 답하세요.

1. 평소 사회과 수업에 대해 어떻게 생각합니까?

① 매우 기다려진다. ② 기다려진다. ③ 보통이다.
④ 관심이 적다. ⑤ 매우 관심이 적다.

2. 사회 교과 시간에 어떤 집단으로 학습을 하는 것이 가장 도움이 된다고 생각합니까?

① 개별 활동 ② 짝 활동 ③ 모둠 활동 ④ 전체 활동

3. 사회 학습을 할 때에 가장 효과적인 학습 방법은 무엇입니까?

① 교사의 설명을 듣는 학습
② 친구들과 스마트 기기를 이용해서 조사해 보는 학습
③ 동영상이나 사진 등 시청각적 자료를 활용하는 학습
④ 보고서를 통해 발표하는 학습
⑤ 기타( )

4. 우리 나라의 자연환경과 인문환경의 특징을 각각 두 가지씩 쓰세요.

자연환경	1. 2.
인문환경	1. 2.

6. 다음 여러 나라 중 우리나라와 관계 깊은 나라라고 생각되는 나라를 두 개만 적어 주세요.

미국	인도	프랑스	태국	몽골
이탈리아	호주 (오스트레일리아)	필리핀	브라질	이집트
캐나다	아프가니스탄	수단	사우디아라비아	칠레
베트남	영국	아이티	독일	멕시코

6-1. 왜 이 나라들이 우리나라와 관계가 깊다고 생각합니까?

7. 이전에 신문을 만들어 본 경험이 있습니까?

① 네　② 아니요

8. 스마트 패드로 활용해 본 앱을 모두 선택해 보세요.

① 오토드로우　② 파워포인트　③ 캔바(미리캔버스)
④ 스크래치　⑤ 앤트리
⑥ 기타(　　　　　　　　　　)

9. 수업 지표

구분	항목	세부 항목
교수 · 학습 과정안	① 교수 · 학습과정안	• 교과지식 및 학습자의 특성, 수업모형에 대한 이해를 바탕으로 한 수업 방법과 전략 활용하기 • 교사학습공동체와의 공동설계 협의 또는 컨설팅 받기
교사의 활동	② 과제 제시의 명료성	• 도입 단계에서 수업목표를 명확하게 제시하기 • 본 수업 내용과 지난 수업 내용을 관련 지어 제시하기 • 학습내용, 과제의 윤곽을 명쾌하게 설명하기 • 수업 중 핵심적인 내용 요약하기 • 금번 시간과 다음 시간 내용을 관련지어 제시하기
	③ 수업 과정 및 형태	• 교과, 교재의 특성에 맞는 수업과정 모형 적용하기 • 교과, 교재의 특성에 맞는 수업형태 적용하기
	④ 교사의 발문	• 재생적 발문보다 추론, 적용적 발문 적용하기 • 목적이 뚜렷하고 명료한 발문하기 • 학년수준, 개인차를 고려한 발문하기 • 발문 후에 학생들이 답변을 생각할 여유 주기 • 어려운 발문은 힌트를 주어 격려하거나 보조 질문하기
	⑤ 교수 용어	• 듣기 거북할 정도로 쓸데없는 말 사용하지 않기 • 지나치게 빠르거나 느린 어조 피하기 • 음성의 고저는 학습의 강조점에 따라 다양하게 조절하기 • 명확하고 알아듣기 쉬운 용어 사용하기
	⑥ 학습 동기 부여	• 발문, 매체 활용, 기타 방법으로 학습의 흥미 자극하기 • 학생의 아이디어에 대한 칭찬, 격려 또는 활용하기 • 유머 발휘하기 • 학생 발표에 대한 진지한 관심 갖기 • 학습에 호기심 유도하기
	⑦ 학생과의 관계 형성 및 유지	• 학생과의 라포(rapport) 형성하기 • 공정성 유지하기 • 수업에서의 열성감 보이기 • 세심한 배려하기 • 학생의 인격 존중하기 • 학습자 간의 방해 행동 관리하기 • 가능한 한 여러 학생과 눈 마주침하기 • 용모 단정히 하기

<table>
<tr><th>구분</th><th>항목</th><th>세부 항목</th></tr>
<tr><td rowspan="4">교사의 활동</td><td>⑧ 교사의 기능 발휘</td><td>• 학생이 수업에 도전감 갖도록 유도하기
• 피드백 정보를 기술적으로 활용하기
• 다수의 발표 기회 제공하기
• 수업의 난이도 조절하기
• 학생의 주의 집중을 위해 질문 활용하기
• 학생의 당황함, 지루함, 호기심 등을 주의 깊게 관찰하고 대처하기
• 학생 질문에 만족스러운 답변하기</td></tr>
<tr><td>⑨ 수업 매체 활용</td><td>• 준비된 자료를 능숙하게 조작하기
• 학습에 흥미, 관심, 동기 부여토록 조작하기
• 적당한 시간, 장소, 방법의 원리에 입각하여 활용하기
• 학습 효과에 도움주기</td></tr>
<tr><td>⑩ 정리하기</td><td>• 내용을 명확하게 요약하기
• 문자, 도해, 구조 등을 활용하는 구조화된 판서하기
• 학생의 발언 정리하기
• 시기, 위치, 방법이 계획적이고 학습에 자극이 되게 하기
• 알맞은 크기, 인쇄체 글씨 쓰기</td></tr>
<tr><td>⑪ 학습 준비</td><td>• 학습과 관련한 과제(숙제) 해결 상태 확인하기
• 학생이 필요한 자료 준비 상태 확인하기</td></tr>
<tr><td rowspan="3">학생 활동</td><td>⑫ 학습 의욕 및 참여</td><td>• 토의 활동에 고무되어 참여하기
• 학습 활동에 몰입하기
• 발표에 다수 참여하기
• 자주적이고 활기찬 분위기</td></tr>
<tr><td>⑬ 학생 발언</td><td>• 단순 재생적 답변보다 추론, 적용적 답변하기
• 교사의 발문에 대해 생각을 하고 나서 대답하기
• 남의 얘기 듣고 바른 대답하기</td></tr>
<tr><td>⑭ 공책 정리</td><td>• 자기 스스로 필요에 의해 정리하기
• 자기의 생각을 나타낼 수 있는 정리하기
• 바른 내용 정리하기</td></tr>
</table>

※ 이 지표는 공주교육대학교의 수업실기 능력 평가 지표를 바탕으로 하여 작성함.

03

수학과

단원 안내

- 학년: 5학년
- 단원: 소수의 곱셈
- 역량: 문제해결, 추론, 의사소통

활용 모형

- 원리 탐구 수업 모형

신규 및 저경력 교사를 위한 수업 가이드

- 2022 개정 교육과정의 수학과 교수 · 학습 원리 적용
- '수학화' 탐구 수업을 위한 수업 설계
- 효과적인 수학적 논의를 위한 구조화 및 지도 전략

1. 수업의 출발점

1) 수학 수업도 지식을 스스로 구성할 수는 없을까

지난 몇 년간 배움 중심 수업을 나름대로 실천하면서 배움은 '자기의 생각을 만드는 과정'이며, 그 과정이 곧 지식이 구성되는 과정이라는 생각을 갖게 되었다. 그리고 자신의 생각을 만드는 과정 속에서 학생들이 만들어 내는 지식이 교사인 내가 알려 주려고 했던 지식과 별다른 차이가 없음을, 오히려 보다 더 질 높은 지식을 구성해 냄을 알게 되었다. 이와 같은 사실을 깨닫게 된 후로는 모든 학생이 수업 속에서 자기의 생각을 갖게 하고, 다른 학생들과 생각을 나누며, 그 생각을 발전시키는 수업, 즉 학생들을 지식의 구성 과정에 참여시키는 수업을 실천하게 되었다. 이러한 수업 실천을 통해 알게 된 것이 있다면 학생들은 자신의 생각을 만드는 과정으로서의 배움을 좋아한다는 것이다.

그러나 수학 수업만큼은 이와 같은 지식의 구성 과정에 학생들을 참여시키기 어려웠다. 수학과는 흔히 공식이라고 불리는 표준적 알고리즘이 확고해서 절차대로 문제를 푸는 수업에 학생도, 교사도 익숙해져 있기 때문이다.

2) 프로이덴탈의 '수학화' 탐구수업을 만나다

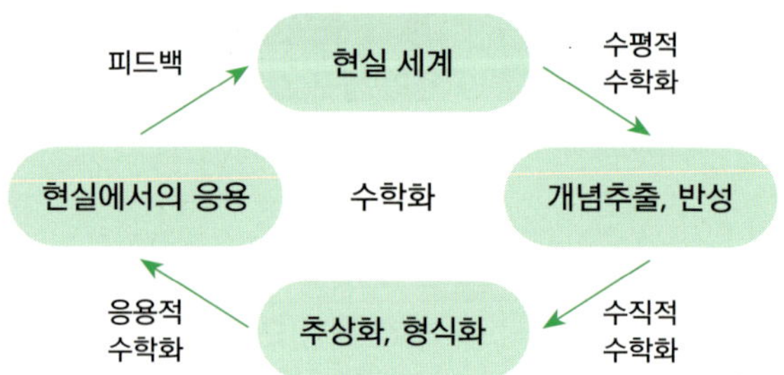

수업에서의 수학화 과정

출처: 류성림 외(2024), p. 135.

프로이텐탈(Freudenthal)은 수학을 인간의 활동으로 본다. 그는 인간 활동으로서의 수학의 가장 본질적인 특성이 '수학화'이며, 학생들도 이와 같은 '수학화'를 경험해야 한다고 주장하였다. 역사적으로 '수학화'는 실생활 문제해결을 위한 방법을 찾는 데서 시작되었고, 그 방법들이 새로운 맥락이 되어 형식화 · 추상화되는 과정을 통해 이루어졌다. 따라서 학생들도 실제적 맥락 문제를 해결해 나가는 과정 속에서 비형식적인 수학적 방법을 발견하고 이를 점진적으로 형식적인 수학으로 발전시켜 나가는 과정, 즉 '수학화'를 거쳐야 한다고 본 것이다. 프로이덴탈이 말한 '수학화'의 과정이 수학적 지식이 구성되는 과정이며, 이 과정에 학생들이 주체가 되어 참여한다면, 수학과에서도 자기의 생각을 만들어 가는 과정으로서의 배움을 실천할 수 있을 것이다.

3) '수학화' 탐구의 과정에 모든 학생이 참여하려면

'수학화' 과정에 학생들이 주체가 되어 참여하려면 실제적 맥락 문제제시와 더불어 문제해결 과정에서 학생들의 협력적으로 상호작용할 수 있도록 구조화시킬 필요가 있다. 실제적 맥락 문제란 학생들에게 의미있고 구체적이며, 학생들이 상식에 의해 수학적인 의미를 창출할 수 있고, 다양한 해결 방법이 있는 문제를 의미한다. 실제적 맥락 문제에서 학생들은 상식이나 기존의 수학적 개념, 수학적 지식을 활용하여 문제를 '혼자' 해결하도록 한다. 자신이 해결한 방법을 '모둠' 친구들과 나누고, 다시 '학급 전체'와 상호작용하는 과정을 거쳐 보다 나은 해결책을 모색하게 된다. 점진적으로 안내되는 실제적 맥락의 문제를 해결하는 과정에서 학생들은 한 단계씩 수준 높은 문제해결 방법을 적용하고, 상호작용하면서, 표준적 알고리즘을 발견하는 과정을 체득하게 된다. 이와 같은 '수학화'를 경험하는 과정에서 학생들은 수학의 가치를 느끼고 수학적 지식의 구성과정에 참여하는 즐거움을 느낄 수 있을 것이다.

2. 단원의 이해

1) 교육과정 살펴보기

영역	수와 연산
핵심 아이디어	• 사물의 양은 자연수, 분수, 소수 등으로 표현되며, 수는 자연수에서 정수, 유리수, 실수로 확장된다.

<table>
<tr><td></td><td colspan="3">• 사칙 계산은 자연수에 대해 정의되며 정수, 유리수, 실수의 사칙 계산으로 확장되고 이때 연산의 성질이 일관되게 성립한다.
• 수와 사칙 계산은 수학 학습의 기본이 되며, 실생활 문제를 포함한 다양한 문제를 해결하는 데 유용하게 활용된다.</td></tr>
<tr><td rowspan="2">내용 요소</td><td>지식 · 이해</td><td>과정 · 기능</td><td>가치 · 태도</td></tr>
<tr><td>소수의 곱셈과 나눗셈</td><td>• 자연수, 분수, 소수 등 수 관련 개념과 원리를 탐구하기
• 사칙 계산의 의미와 계산 원리를 탐구하고 계산하기
• 수 감각과 연산 감각 기르기
• 연산 사이의 관계, 분수와 소수의 관계를 탐구하기
• 자연수, 분수, 소수 사칙 계산을 실생활 및 타 교과와 연결하여 문제 해결하기</td><td>• 자연수, 분수, 소수의 필요성 인식
• 사칙 계산, 어림의 유용성 인식
• 수와 연산 관련 문제 해결에서 비판적으로 사고하는 태도</td></tr>
<tr><td>성취 기준</td><td colspan="3">7 소수의 곱셈과 나눗셈
[6수01-13] 소수의 곱셈의 계산 원리를 탐구하고 그 계산을 할 수 있다.</td></tr>
</table>

2) 관련 단원

(1) 단원의 개관

단원명	4. 소수의 나눗셈
단원의 개관	소수는 십진법의 전개 방법과 같기 때문에 실생활에서 흔히 접할 수 있다. 이 단원에서는 이전에 학습한 자연수의 곱셈, 분수의 곱셈과의 관련성을 바탕으로 소수의 곱셈 계산 원리를 탐구하는 데 목적이 있다. 이 단원의 학습에 앞서 학생들은 분수와 소수의 관계, 소수의 덧셈과 뺄셈, 분수의 곱셈을 학습하였다. 소수의 개념과 이전에 학습한 내용을 바탕으로 학생들은 시각적 모델, 소수배, 단위 소수, 비례 관계, 분수의 곱셈으로 바꾸어 계산하기, 자연수의 곱셈과 같은 계산 알고리즘 적용 등 다양한 전략을 활용하여 소수의 곱셈 원리를 스스로 탐구하도록 하였다. 또 탐구한 계산 원리를 바탕으로 계산을 형식화하며 이를 통하여 소수의 곱셈을 능숙하게 계산할 수 있도록 하였다. 단원 전체에 걸쳐 일상생활에서 소수의 곱셈과 관련한 문제 상황을 이해하고 스스로 곱셈의 결과를 구하는 방법을 탐구하고, 각각의 방법을 비교하면서 형식적인 방법으로 다가갈 수 있도록 해야 한다.

(2) 단원의 계열

선수 학습	본 학습	후속 학습
• 분수와 소수의 관계 알아보기(3-1, 6. 분수와 소수) • 소수의 덧셈과 뺄셈 계산하기(4-2, 3. 소수의 덧셈과 뺄셈) • 분수의 곱셈 계산하기(5-2, 2. 분수의 곱셈)	• (소수)×(자연수)의 계산 원리를 이해하고 계산하기 • (자연수)×(소수)의 계산 원리를 이해하고 계산하기 • (소수)×(소수)의 계산 원리를 이해하고 계산하기 • 소수의 곱셈에서 곱의 소수점 위치 변화의 원리 이해하고 계산하기	• 소수의 나눗셈 계산하기(6-1, 3. 소수의 나눗셈, 6-2, 2. 소수의 나눗셈)

(3) 단원의 목표

내용	• (소수)×(자연수)의 계산 원리를 탐구하여 계산할 수 있다. • (자연수)×(소수)의 계산 원리를 탐구하여 계산할 수 있다. • (소수)×(소수)의 계산 원리를 탐구하여 계산할 수 있다. • 곱의 소수점 위치 변화의 원리를 이해하여 계산할 수 있다. • 소수의 곱셈을 활용하여 문제를 해결할 수 있다.
교과 역량	• 그림, 수직선, 분수의 곱셈, 자연수의 곱셈 등의 다양한 전략을 활용하여 소수의 곱셈 계산 원리를 탐구할 수 있다(연결, 추론, 문제해결). • 소수의 곱셈 계산 방법을 탐구하고 계산 방법을 설명할 수 있다(연결, 추론, 의사소통). • 곱의 소수점 위치 변화를 추론할 수 있다(연결, 추론, 의사소통). • 소수의 곱셈의 계산 원리를 탐구하는 과정에서 수학적 문제해결에 대한 흥미를 가질 수 있다(연결, 추론, 문제해결, 정보 처리). • 일상생활에서 소수의 곱셈이 이용되는 경우를 통해 수학의 유용성을 깨닫고 수학에 흥미를 가질 수 있다(연결, 정보 처리, 문제해결).

(4) 단원의 지도 계획

차시	학습 주제 및 세부 내용
1	• 소수에 대해 알아보기, 출발점 행동 고르기
2~3	• (소수)×(자연수)를 곱셈의 상황에 맞게 해결하기
4(본시)	• (자연수)×(순소수)의 의미를 이해하고 다양한 방법으로 해결하기
5	• (자연수)×(혼소수)를 다양하게 해결하고 계산 원리 찾기

6~7	• (소수)×(소수)를 여러 가지 방법으로 해결하기
8	• 곱의 소수점의 위치가 달라지는 규칙을 찾고 소수의 곱셈 원리 이해하기
9	• 소수의 곱셈 연산 연습하기
10	• 생활 속에서 소수의 곱셈 상황을 찾아 문제해결하기
11	• 얼마나 알고 있는지 평가하기, 나의 학습 돌아보기

(5) 단원 지도상의 유의사항

- 실생활에서 접할 수 있는 상황을 제시하여 소수의 곱셈이 필요한 상황을 이해할 수 있게 한다.
- 소수의 곱셈을 계산하기 전에 여러 가지 방법으로 곱셈 결과를 어림해 보도록 하여 소수의 곱셈에서의 수 감각을 기르게 한다.
- 시각적 모델, 소수배, 단위 소수, 비례 관계, 분수의 곱셈으로 바꾸어 계산하기, 자연수의 곱셈과 같은 계산 알고리즘 적용 등을 활용하여 소수의 곱셈 원리를 탐구하도록 한 뒤, 자신의 문제해결 과정을 논리적으로 설명하고, 다른 친구의 문제해결 과정과 비교하는 기회를 제공한다.
- 소수의 곱셈의 계산 원리를 탐구하는 과정에서 문제해결 전략 비교하기, 주어진 문제에서 필요없는 정보나 부족한 정보 찾기, 조건을 바꾸어 새로운 문제 만들기, 문제해결 과정의 타당성 검토하기 등을 통하여 문제해결 역량을 기르게 한다.
- 계산 원리를 탐구하여 이해할 수 있는 수준에서의 소수의 곱셈을 다루고, 계산이 복잡한 경우 계산기를 사용할 수 있게 한다.
- 소수의 곱셈의 표준적 알고리즘은 비교적 쉽다. 비교적 쉬운 알고리즘 때문에 오히려 소수의 곱의 의미는 무시된 채 기능적인 계산만 반복하지 않도록 유의한다.
- 소수의 곱셈에서 계산 결과를 어림할 필요가 있는 상황, 정확한 계산 대신에 어림셈으로 비교가 가능한 상황 등 어림셈이 필요한 여러 가지 실생활 상황을 제시하여 어림셈의 필요성과 유용성을 알게 한다.

(6) 단원의 평가 계획

영역	평가 내용	관련 차시	평가 방법
내용	(소수)×(자연수)의 계산 원리를 탐구하여 계산할 수 있는가?	2~3차시	지필, 구술
	(자연수)×(소수)의 계산 원리를 탐구하여 계산할 수 있는가?	4~5차시	지필, 관찰, 구술
	(소수)×(소수)의 계산 원리를 탐구하여 계산할 수 있는가?	6~7차시	지필, 관찰, 구술
	곱의 소수점 위치 변화의 원리를 이해하여 계산할 수 있는가?	8차시	관찰, 구술
	소수의 곱셈을 활용하여 문제를 해결할 수 있는가?	10~11차시	관찰, 지필
교과 역량	그림, 수직선, 분수의 곱셈, 자연수의 곱셈 등의 다양한 전략을 활용하여 소수의 곱셈 계산 원리를 탐구할 수 있는가?(연결, 추론)	2~7차시	관찰, 구술
	소수의 곱셈의 계산 원리를 탐구하고, 계산 방법을 설명할 수 있는가?(연결, 추론, 의사소통)	2~7차시	관찰, 구술
	소수에 10, 100, 1000을 곱하는 경우와 자연수에 0.1, 0.01, 0.001을 곱하는 경우 곱의 소수점 위치 변화를 추론할 수 있는가?(연결, 추론, 의사소통)	8차시	관찰, 구술
	수학적 문제해결에 흥미를 갖고 소수의 곱셈의 계산 원리를 탐구하는가?(문제해결, 추론, 의사소통, 연결)	2~8차시	관찰, 자기 평가, 동료 평가
	일상생활에서 소수의 곱셈이 이용되는 경우를 통해 수학의 유용성을 깨닫고 수학에 흥미를 가질 수 있는가?(문제해결, 추론, 의사소통, 연결, 정보 처리)	2~11차시	자기 평가, 동료 평가

3) 함께할 학생들의 모습

(1) 일반 실태

학급 구성 및 모둠 구성	• 본 학급은 남학생 12명, 여학생 12명, 총 24명으로 구성되어 있으며, 1명의 학생이 수학과 학습지원 대상 학생, 1명의 학생이 특수교육 대상 학생임 • 남학생 2명과 여학생 2명이 한 모둠으로 구성되어 6개의 모둠이 있으며, 모둠별로 학습 능력이 상 1명, 중 2명, 하 1명으로 구성되어 있지만 개별 학생의 특수성(학습지원 대상 학생, 관계의 어려움 등) 때문에 고르지는 않음 • 학급 구성원들간 관계가 좋은 편이며, 한 두명의 학생을 제외하고는 개별활동보다는 짝활동이나 모둠활동을 선호하는 편임
토의 · 토론학습 참여도	• 다른 교과에 비해 수학과를 선호하는 편이며, '수학화' 탐구학습에 대한 긍정적인 경험으로 수학적 토의 · 토론에 흥미가 높음 • 수업 시간에 자기의 생각을 드러내며 적극적으로 참여하는 학생이 11명 정도(45.8%) 있고, 7명(29.2%)은 적극적이지는 않으나 자신의 생각을 갖고 토의 · 토론에 참여함. 6명(25%)의 학생이 토의 · 토론에 잘 참여하지 않는데, 스스로 생각만들기를 어려워하는 학생이 4명, 참여의자가 부족한 학생이 2명 있음. 스스로 생각만들기를 어려워하는 학생의 경우 수학과 학습에 어려움을 겪고 있으므로 이들을 배려하는 수업이 필요함

(2) 본시 관련 실태 조사($n=24$)

조사 내용	응답 내용	응답결과	실태 분석 및 지도 대책
선행 학습 유무 (설문)	예	20명	소수의 곱셈을 배워서 알고리즘을 알고 있는 학생이 대부분이므로 이 학생들에게는 두 가지 이상의 방법으로 풀기를 통해 다양한 생각을 유도하고, 알고리즘의 경우 왜 그렇게 되는지 증명해 보도록 함
	아니오	4명	
소수의 의미를 알고, 소수의 자리수의 개념을 알고 있는가?(관찰)	상	8명	소수를 소수점이 있는 수 정도로 인식하고 있으며, 소수에 대한 이해가 낮아 '수'로 받아들이기보다는 연산의 의미로만 받아들임. 소수를 '수'가 아닌 연산의 의미로만 생각하고 있으므로 일
	중	11명	

	하	5명	상생활에서 소수의 곱셈 상황을 도입하고 어림하게 하는 활동 등을 통해 소수를 '수'로 인식할 수 있도록 함
소수를 분수로 바꾸고, 분수를 소수로 바꾸는 방법을 알고 있는가? (지필 평가)	상	13명	대부분의 학생들이 0.1이 1/10임을 알고 이를 변환할 수 있으며 0.01이 1/100임을 알고 있으나 분모를 100으로 만드는 과정을 어려워하는 학생이 11명 정도임. 분수의 곱셈 연산과 관련된 문제로 본시 학습에는 어려움이 없을 것으로 예상되지만 별도의 지도는 필요함
	중	7명	
	하	4명	

4) '수학화' 탐구 수업을 위하여

(1) 수업 설계의 주안점

'소수의 곱셈'의 알고리즘은 비교적 쉽다. 비교적 쉬운 알고리즘 때문에 오히려 소수의 곱의 의미는 무시된 채 계산만 반복하는 우를 종종 범한다. 따라서 소수의 곱셈의 의미를 파악하고 학생들이 스스로 알고리즘을 찾아가는 수업을 하기 위해서는 단원 전체에 걸쳐 학생들이 소수의 곱셈 상황에서 스스로 곱셈의 결과를 구하는 방법을 탐구하고, 이를 비형식적인 방법으로 해결하도록 기회를 많이 제공하고, 각각의 방법을 비교하면서 형식적인 방법으로 가깝게 다가갈 수 있도록 단원을 구성하였다.

본 차시에서는 '문제 상황 제시 단계'에서 학생들이 실제 생활에 접하게 되는 소수의 곱셈 상황을 스토리텔링으로 제시하여 학생들이 소수의 곱셈 상황을 연산이 아닌 문제 상황으로 인식하도록 하고 문제해결에 대한 의지를 갖게 한다. 이와 같은 문제 상황의 제시는 느린 학습자에게는 자신이 이해한 대로 문제해결을 시도하도록 하고, 선행 학습으로 빠른 학습자에게는 계산이 아닌 곱셈의 의미를 생각하며 문제를 해결할 수 있도록 함으로써 모든 학생이 학습에 참여할 수 있도록 한다.

'수학적 원리의 필요성 인식 단계'에서는 제시된 문제 상황을 이전에 배운 수학적 개념(동수누가로서의 곱셈, 분수의 또 다른 표현으로서의 소수, 소수의 크기 변화 등)을 활용하여 학생들이 스스로 탐구하도록 하고, 자신이 해결한 방법을 모둠이나 학급 전체에서 설명함으로써 스스로의 사고 과정을 표현하고 점검하는 기회를 제공하고자 하였다. 학생들이 스스로 찾은 여러 가지 방법을 서로 비교해 보는 과정을 통해 각각의 장단점을 파악할 수 있을 것이다. 이 과정에서는 혼자 생각하고, 모둠에서 나누고, 학급 전체에서 공유하는 시간을 구조화시킴으로써 모든 학생이 자신의 생각을 갖고 다른 친구들의 생각과 교류하는 시간을 가질 수 있도록 하였다.

'수학적 원리의 형식화 단계'에서는 아직 단원의 알고리즘을 찾기 전의 단계이므로 다양한 해결법 중에서 학생 스스로 좋은 방법을 선택하여 해결하도록 하고, 좋은 방법을 선택하여 해결하는 과정 자체가 형식화로 가는 과정임을 인식하게 한다. 또 이 과정에서 학생들이 선택한 방법을 교사가 관찰함으로써 다음 차시에서 형식화로 이어지게 하는 연결점을 교사는 발견할 수 있을 것이다.

소수 곱셈의 알고리즘이 한 번에 만들어질 수는 없겠지만 '(소수)×(자연수)' '(자연수)×(소수)' '(소수)×(소수)'로 학습되는 일련의 과정을 통해, 수학적 개념을 연결하여 우리들만의 알고리즘을 만들고, 이렇게 만들어진 수학적 원리를 이용하여 문제를 풀어보고, 실제의 알고리즘과 비교해 봄으로써 학생들이 스스로 수학적 원리를 찾는 힘을 지지하는 수업을 만들어 보고자 한다.

(2) 본시 교수 · 학습과정안

일시	20○○. ○○. ○○.(○) ○교시	대상	5-○반	장소	교실	지도교사	○○○
단원	4. 소수의 곱셈	차시	4/11	교과서	88-89쪽(○○출판)		
주제	(자연수)×(소수)의 의미를 이해하고 해결하기						
성취 기준	[6수01-13] 소수의 곱셈의 계산 원리를 탐구하고 그 계산을 할 수 있다.						
학습 목표	(자연수) × (소수)의 의미를 이해하고 다양한 방법으로 해결할 수 있다.						
교과역량	추론, 문제해결, 의사소통				수업모형	원리탐구학습모형	

<table>
<tr><th>단계</th><th>활동 과정</th><th>교수 · 학습 활동</th><th>시간
(분)</th><th>비고
(㉶자료, 유유의점, 평평가)</th></tr>
<tr><td>문제
상황
제시</td><td>문제 제시

학습
문제 파악

활동 안내</td><td>▣ 문제 상황 제시
• 일상생활 속 (자연수)×(소수)의 상황을 문제로 제시하기

○○이가 쿠키를 만들려고 합니다. 2kg의 밀가루를 샀는데, 요리책에는 2kg의 0.6만 사용해야 한다고 합니다. ○○에게 필요한 밀가루의 양은 얼마일까요?

▣ 어림하기
• 문제 상황에서 알고자 하는 것이 무엇인지 알기
• 문제 상황의 값이 얼마일지 어림하고 그 이유 말하기

〈예상〉
• 소수는 1보다 작은 수니까 2보다 작아질 것이다.
• 2의 반은 1인데, 0.6은 0.5보다 크니까 1보다는 클 것이다.

▣ 학습문제 알아보기

(자연수)×(소수)의 의미를 이해하고
다양한 방법으로 해결해 봅시다.

▣ 학습 활동 안내하기
【활동1】 (자연수) × (소수)를 해결하고 설명하기
【활동2】 (자연수) × (소수)의 다양한 해결방법 비교하기
【활동3】 (자연수) × (소수)의 계산 원리 찾기</td><td>5</td><td>유 상황 속에서 문제를 제시하여 바로 알고리즘으로 들어가지 않도록 함

유 어림을 통해 학생들이 소수의 감각을 익힐 수 있도록 함</td></tr>
</table>

수학적 원리의 필요성 인식	여러 가지 방법으로 해결하기	【활동1】 (자연수) × (소수)를 해결하고 설명하기 ▣ **(자연수) × (소수)를 혼자 해결하기** • 혼자 생각하며 (자연수) × (소수)를 두 가지 이상의 방법으로 해결하기 〈예상〉 ① 그림으로 해결하기 ② 수직선으로 해결하기 ③ 수를 분해하여 해결하기 (2×0.6=1×0.6+1×0.6=0.6+0.6=1.2) ④ 자연수×소수를 소수×자연수로 바꿔서 해결하기 (→ 소수의 의미를 생각하며 재해결 제안) ⑤ 분수로 바꿔서 해결하기 ⑥ 소수배로 해결하기 ⑦ 10배 ⇄ 1/10배로 해결하기 ▣ **(자연수) × (소수)의 해결 방법 설명하기** • 돌아가며 모둠원들에게 자신이 찾은 방법 설명하기 • 서로 궁금한 것 묻고 답하기 • 같은 방법은 겹쳐서, 새로운 방법은 나란히 분류하며 우리 모둠의 해결 방법 정리하기	13	㉶문제 상황 PPT ㉶개인별 화이트보드, 마카(필요한 학생에게는 수블록) (유)처음에는 혼자 생각할 수 있는 시간을 주고 해결방법을 찾지 못한 친구는 교실을 돌며 친구의 해결방법을 둘러볼 수 있는 기회를 제공함 (유)순회 지도를 통해 어려움을 겪고 있는 학생들을 돕고, 학생들이 해결하는 방법을 확인하여 발표시킬 학생을 미리 선정해 둠 [평]해결 방법을 스스로 찾는지, 자신이 찾은 해결 방법을 설명할 수 있는지 평가함
	여러 가지 해결 방법 비교하기	【활동2】 (자연수) × (소수)의 다양한 해결방법 비교하기 ▣ **(자연수) × (소수)의 해결방법 공유하기** • 모둠에서 찾은 (자연수) × (소수)의 해결방법을 학급에서 공유하기 • 궁금한 것 묻고 답하기 • 서로의 방법 비교하며 장점과 단점 찾기	10	(유)발표를 '그림 → 수직선 → 조작 가능한 수식 → 소수의 곱셈' 순서로 계열화시킴으로써 추상적 사고로 갈 수 있도록 안내함 (유)질의 응답과정 중에서 교사는 유의미한 수학적 질문과 응답을 초점화함

수학적 원리의 형식화	보다 나은 해결 방법 찾기	【활동3】 (자연수) × (소수)의 계산 원리 찾기 ▣ **학급에서 찾은 방법으로 새로운 문제 풀기** • 학급에서 찾은 여러 가지 방법 중 하나를 골라 (자연수)× (소수)의 새로운 문제 풀기 ▣ **(자연수)×(소수)의 계산 방법 토의하기** • 자신이 어떤 방법으로 풀었는지, 왜 그 방법으로 풀었는지 이야기 나누기 • 학급 전체가 어떤 방법으로 풀었는지, 그 방법의 좋은 점은 무엇인지 이야기 나누기	7	㉶문제 상황 PPT, 학습지 평 새로운 문제를 풀 수 있는지 평가함 유 형식화를 시도하지 말고 학생들이 주로 선택한 방법의 장점을 이야기 나누며 알고리즘이 보다 효율적인 방법을 찾는 과정임을 인지할 수 있도록 지도함
	학습 내용 정리	▣ **수업 마무리하기** • (자연수)×(소수)의 계산원리 설명하기 • 수업을 하면서 알게된 점, 생각하거나 느낀 점 나누기 ▣ **과제 제시 및 차시 예고** • 오늘 배운 원리 공책에 정리하기 • (소수)×(소수)의 상황 찾아보기	5	유 '같은 생각 같이 앉기'로 모든 학생이 자신의 생각을 표현하게 함

(3) 판서 계획

단원명: 4. 소수의 곱셈

학습문제: (자연수) × (소수)의 의미를 이해하고 다양한 방법으로 해결해 봅시다.

그림 모델 ➡ 수직선 모델 ➡ 분수의 곱셈 이용 ➡ 소수배 이용 ➡ 10배 ⇄ 1/10배

※ 모둠별 토의 결과를 구체적 모형에서 추상적 사고로 계열화 하여 배치

(4) 본시 평가 계획

성취 기준	평가 내용	구분	성취 수준	평가 시기	평가 방법
[6수01-13] 소수의 곱셈의 계산 원리를 탐구하고 그 계산을 할 수 있다.	(자연수)×(소수)를 해결하기	상	• (자연수)×(소수)의 계산 원리를 올바르게 이해하여 계산을 하고, 자신이 찾은 방법을 설명할 수 있다.	수업중	관찰 평가 및 학습결과물
		중	• (자연수)×(소수)를 계산 원리를 이해하여 계산을 할 수 있다.		
		하	• (자연수)×(소수)를 선생님이나 친구들의 설명을 듣고 계산할 수 있다.		
	수학적 토의 · 토론에 참여하기	상	• 자신이 찾은 해결 방법과 친구들이 찾은 해결방법을 비교하며 보다 나은 해결방법을 찾을 수 있다.		
		중	• 자신이 찾은 해결방법과 친구들이 찾은 해결방법을 비교할 수 있다.		
		하	• 친구들의 설명을 들으면서 자신에게 적절한 방법을 찾을 수 있다.		

(5) 학생 성장을 돕는 피드백

수준	피드백 내용
심화	• 다양한 해결 방법 및 추상적 방법으로 문제를 해결해 볼 수 있도록 촉진함 • 알고 있는 것을 연결시키고, 비교하여 새로운 것을 찾아내는 힘을 지지함 • 학습을 어려워하는 친구들을 도울 수 있는 기회를 제공함
보충	• 구체물을 주어 생각해 보도록 유도함 • 경우에 따라서는 직접 교수하고, 이를 자신의 말로 다시 설명해 볼 수 있도록 함

04

과학과

단원 안내

- 학년: 6학년
- 단원: 전기의 이용
- 역량: 협력적 소통, 과학적 탐구, 문제해결 능력

활용 모형

- 탐구 중심 교수 · 학습법, 순환 학습 확장 모형(5E 모형)

신규 및 저경력 교사를 위한 수업 가이드

- 2022 개정 교육과정의 과학과 교수 · 학습 원리 적용
- 과제 분석과 평가 설계 방법
- 주제 관련 과학적 오 · 난개념 지도 전략
- 신규 및 저경력 교사가 고려할 사항 안내

1. 주제의 탐색

1) 교육과정 및 교사 · 학생 입장의 주제 개관

이 주제는 3~4학년군 과학 '(9) 자석의 이용'에서 발전하여 전기의 작용과 관련한 간단한 전기 회로와 전자석에 대하여 학습한다. 중학교 1~3학년군 '(15) 전기와 자기'에서 전기 회로와 자기장 개념을 도입하기 때문에 이 주제에서는 전기와 관련된 개념을 정성적으로 이해하도록 한다. 2022 개정 교육과정에서 '전기 회로'와 '자기장'을 통합하여 이해하는 주제로 다른 주제에 비하여 내용이 많다. 따라서 관련 내용을 모두 깊이 있게 다루는 것보다는 학생들이 핵심 개념을 정성적으로 이해하는 데 초점을 맞추어 구성한다.

전지, 전구, 전선을 연결하여 전구에 불을 켜는 활동을 통하여 전구에 불이 켜지는 조건을 탐구하도록 한다. 그리고 전지의 연결 방법에 따른 전구의 밝기 비교, 빨간색 발광 다이오드를 사용하여 전류가 흐르는 방향에 대한 학습으로 전류를 정성적으로 이해하도록 한다. 또 전류가 흐르는 전선 주위에 있는 나침반 바늘의 움직임을 관찰하면서 전류가 흐르는 전선 주위에서는 자석의 성질이 나타난다는 것을 알고 이를 응용하여 간단한 전자석을 만들어 보도록 한다. 이 전자석을 이용하여 전기와 자기가 서로 관련이 있음을 정성적으로 이해하고 일상생활에서 전자석을 이용한 전기 기구를 찾고 새로운 발명품을 설계하도록 한다. 가정, 학교, 사회에서 전기를 이용하는 실태를 조사하고 발표하는 활동을 통하여 전기 절약과 전기 안전에 대한 의식을 높일 수 있도록 한다.

전기 회로에서 전구에 불이 켜지는 조건을 알고 전지의 연결 방법에 따른 전구의 밝기 비교, 전류의 이해, 전기 절약과 전기를 안전하게 사용하는 방법을 익힌다. 또 전류가 흐르는 전선 주위에 있는 나침반 바늘의 움직임을 관찰하여 전류가 흐르는 전선은 자석의 성질이 나타남을 알고 이를 이용하여 전자석을 만들며, 일상생활에서 전자석을 이용한 예를 찾고 새로운 쓰임새를 고안하도록 한다.

2) 주제 내용의 체계

계열	선수 학습	본 주제 학습	후속 학습
주제	과학(4과09-자석의 이용)	과학(6과15-전기의 이용)	중1~3학년군 (9과14-전기와 자기)
성취 기준	**[4과09-01]** 자석과 여러 가지 물체를 가까이했을 때 나타나는 현상을 관찰하고, 자석과 자석에 붙는 물체 사이에 작용하는 힘의 특징을 말할 수 있다. **[4과09-02]** 자석과 자석을 가까이했을 때 나타나는 현상을 관찰하여 그 특징을 자석의 극과 관련지어 설명할 수 있다. **[4과09-03]** 자석을 이용하여 일상생활을 편리하게 하는 장치를 설계할 수 있다.	**[6과15-01]** 전지와 전구, 전선을 연결하여 전구에 불을 켜 보고, 불이 켜지는 전기 회로의 특징을 말할 수 있다. **[6과15-02]** 전지 한 개를 연결한 전기 회로와 전지 두 개를 직렬연결한 전기 회로의 특징을 비교할 수 있다. **[6과15-03]** 전자석을 만들어 전자석의 성질을 탐색하고 전자석이 사용되는 예를 조사할 수 있다. **[6과15-04]** 전기를 효율적이고 안전하게 사용하는 방법을 조사하여 실천 계획을 세우고 일상생활에서 실천할 수 있다.	**[9과14-01]** 마찰 전기, 정전기 유도 현상을 관찰하고, 이를 전기력과 원자 모형을 이용하여 설명할 수 있다. **[9과14-02]** 전기 회로에서 전류를 모형으로 설명하고, 실험을 통해 저항, 전류, 전압 사이의 관계를 이끌어낼 수 있다. **[9과14-03]** 저항의 직렬연결과 병렬연결의 특징을 비교하고, 일상생활에서 전기 에너지가 다양한 형태의 에너지로 전환됨을 소비 전력과 관련지어 설명할 수 있다. **[9과14-04]** 자기장 안에 놓인 전류가 흐르는 코일이 받는 힘의 특성을 추리하고, 전동기 등 일상생활에서 활용한 예를 찾을 수 있다.

3) 주제 학습의 목표

(1) 지식 · 이해

- 전지, 전구, 전선을 연결하여 전구에 불이 켜지는 조건을 말할 수 있다.
- 전기 회로에서 전류가 흐르는 방향을 말할 수 있다.
- 전류가 흐르는 전선 주위에 자석의 성질이 나타남을 설명할 수 있다.

(2) 과정 · 기능

- 전지, 전구, 전선을 연결하여 전구에 불을 켤 수 있다.
- 전지의 연결 방법에 따른 전구의 밝기를 비교할 수 있다.
- 전선에 전류가 흐를 때에 전선 주위에서 나타나는 현상을 이용하여 전자석을 만들 수 있다.

(3) 가치 · 태도

- 일상생활에서 전자석을 이용한 전기 기구에 대하여 흥미와 호기심을 가진다.
- 전기 절약과 전기 안전의 필요성을 인식하고 일상생활에서 이를 습관화하려는 태도를 가진다.

4) 주제의 지도 내용

단계	차시	학습 활동 및 내용	탐구과정 요소	유의점
재미있는 과학	1/10	• 전기박사에 여러 가지 물체를 연결하는 놀이를 통하여 전기의 작용과 관련된 현상에 흥미와 호기심 갖기 • 전기박사를 이용하여 전기가 흐르는 물체와 전기가 흐르지 않는 물체로 분류하기		• 전기박사를 만들기 위한 준비물을 학생들에게 안내하거나 준비하여 학생 개인별로 전기박사를 직접 만들고 여러 가지 물체를 연결해 보는 기회를 제공하도록 한다.
과학 탐구	2/10	• 도체와 부도체를 구별하여 말하기 • 전지, 전구, 전선을 연결하여 전구에 불을 켜고, 전구에 불이 켜지는 조건 말하기 • 전구에 불이 켜지는 전기 회로 꾸미기	관찰 분류 추리 예상	• 전구 끼우개와 전지 끼우개는 사용하지 않으며, 전선은 양 끝의 피복을 벗긴 전선을 사용하도록 한다.
	3/10 〈본시〉	• 전지를 직렬로 연결하여 전구에 불 켜기 • 전지의 연결 방법에 따른 전구의 밝기 비교하기	관찰 분류 추리 예상	• 전지는 새 것을 사용하도록 한다.
	4/10	• 전기 회로에서 전류가 흐르는 방향 말하기 • 전기 회로에서 전류가 흐르는 방향을 화살표로 표시하기	관찰 추리 예상	• 전류가 전지의 극에서 나와 극으로 흐른다는 것을 실험을 통해 알 수 있도록 한다.
	5/10	• 전류가 흐르는 전선 주위에서 자석의 성질이 나타남을 설명하기 • 전류의 방향이 바뀔 때 나침반 바늘의 방향이 바뀌는 것을 관찰하기	관찰 추리 예상	• 자기장이란 개념 대신에 자석의 성질이라는 용어를 사용하도록 한다.

	6~7/10	• 전자석을 만들고, 전자석의 성질 설명하기 • 일상생활에서 전자석을 이용한 예 말하기	관찰 추리 예상	• 실험이 끝나면 전자석에서 전선을 풀어 보관하도록 한다.
	8/10	• 전기를 절약하는 방법을 조사하여 발표하기 • 전기를 안전하게 이용하는 방법 조사하여 발표하기	의사소통	• 전기를 절약하는 방법과 전기 안전 교육이 학생들에게 생활화되고 습관화될 수 있도록 한다.
과학 더하기	9/10	• 전자석의 원리를 이용하여 발명품 설계하기		• 전자석과 관련된 여러 가지 사진이나 작동 모습이 담긴 동영상을 보여 주도록 한다.
과학생각 모음	10/10	• 전기의 작용에 대한 개념 정리하기		

5) 주제 관련 실태 분석

(1) 학급의 일반적 실태

강점 Strength
- 교사를 신뢰하고 잘 따름
- 또래 집단에게 무척 인정받고 싶어 함
- 특기 및 취미 신장 활동 등 관심 분야에 대한 참여도가 높음
- 학교 행사 활동에 흥미를 갖고 참여함

기회 Opportunity
- 디지털융합인재교육 연구학교로 지정
- 학부모의 학교에 대한 관심이 매우 높음
- 멘토링 연계 학습지원대상학생 지도 체계가 잘 구축되어 있음

약점 Weakness
- 개념 중심 교과 학습을 어려워함
- 발표하는 것을 귀찮아하고 틀릴 것에 대한 부담감을 갖고 있음
- 또래 집단 문화 형성이 국한적으로 이루어져 있음

위협 Threat
- 학력 관련 사교육에 대한 의존도가 높음
- 학교 주변의 문화 및 편의시설이 열악함
- 학생들의 가정환경 및 학력의 양극화가 심함

학급의 일반적 실태 분석 결과 주제 학습에 반영할 점

- 학습지원 대상 학생을 학습멘토링 및 어깨짝 멘토링 등 학습과정 속 도움과 개인별 맞춤지도가 이루어질 수 있도록 짝학습 활동을 강화하도록 함
- 실험 중심 수업과 과학 중심 융합교육으로 체계적이고 흥미로운 과학과 교수 · 학습이 이루어지도록 함
- 짝학습 활동을 기본으로 협동학습, 거꾸로학습, 토의 · 토론 학습 등의 다양한 교수 · 학습 방법을 적용하여 흥미로운 배움 중심 학생 참여 수업으로 과학적 사고력 및 표현력, 학습 참여도를 높이도록 함

(2) 주제 학습 관련 실태

<table>
<tr><th colspan="2">항목</th><th>설문 내용</th><th colspan="2">응답 수
(명)</th><th>분석 결과</th></tr>
<tr><td rowspan="9">영역별 실태</td><td rowspan="3">지식 · 이해</td><td rowspan="3">• 생활에서 전기 현상과 관련된 사례에 관심을 가지는가?</td><td>상</td><td>15</td><td rowspan="9">• 생활에서의 전기현상에 대한 기본적인 지식을 잘 이해하고 관심이 있는 편임
• 대부분 짝 토의 활동을 잘 이해하고 참여하고 있으나, 토의 활동에 어려움이 있는 학생이 5명 있음
• 전기의 발전과 활용되는 예를 잘 찾고 흥미 있게 참여하는 편이나, 소극적인 학생이 5명 있음</td></tr>
<tr><td>중</td><td>7</td></tr>
<tr><td>하</td><td>1</td></tr>
<tr><td rowspan="3">과정 · 기능</td><td rowspan="3">• 탐구한 내용을 주제에 맞게 짝 및 모둠 토의를 할 수 있는가?</td><td>상</td><td>12</td></tr>
<tr><td>중</td><td>6</td></tr>
<tr><td>하</td><td>5</td></tr>
<tr><td rowspan="3">가치 · 태도</td><td rowspan="3">• 생활 속 전기의 발전과 활용되는 예를 찾아보고, 학습에 흥미를 갖고 능동적으로 참여하는가?</td><td>상</td><td>11</td></tr>
<tr><td>중</td><td>7</td></tr>
<tr><td>하</td><td>5</td></tr>
<tr><td colspan="2" rowspan="6">선수 학습 내용 실태</td><td rowspan="3">• 자석과 자석 사이에 작용하는 힘에 대해 설명할 수 있는가?</td><td>상</td><td>18</td><td rowspan="6">• 자석과 자석 사이에 작용하는 힘에 대한 학습이 잘 이루어져 있음
• 생활에서 자석이 이용되는 예를 세 가지 이상 찾을 수 있는 학생이 14명이지만, 예를 말하지 못하는 학생도 2명 있음</td></tr>
<tr><td>중</td><td>4</td></tr>
<tr><td>하</td><td>1</td></tr>
<tr><td rowspan="3">• 생활에서 자석을 이용하는 예를 찾을 수 있는가?</td><td>상</td><td>14</td></tr>
<tr><td>중</td><td>7</td></tr>
<tr><td>하</td><td>2</td></tr>
</table>

<table>
<tr><td rowspan="6">선행 학습 내용 실태</td><td rowspan="3">• 전구에 불이 들어오는 전기 회로를 찾을 수 있는가?</td><td>상</td><td>10</td><td rowspan="6">• 불이 들어오는 전기 회로를 대부분의 학생이 잘 찾음
• 대부분의 학생이 도체와 부도체에 대해 잘 알고 있으며, 그 특징도 설명함</td></tr>
<tr><td>중</td><td>8</td></tr>
<tr><td>하</td><td>5</td></tr>
<tr><td rowspan="3">• 전기가 흐르는 도체와 전기가 흐르지 않는 부도체를 구별할 수 있는가?</td><td>상</td><td>15</td></tr>
<tr><td>중</td><td>5</td></tr>
<tr><td>하</td><td>3</td></tr>
</table>

주제 학습 관련 실태 분석 결과 주제 학습에 반영할 점

- 전기와 관련된 생활 속의 다양한 예를 찾아보고 짝 토의 활동으로 친구들과의 사고 교류 및 공유가 활발히 일어날 수 있는 기회를 수업시간에 제공하도록 함
- 선수 학습의 내용을 상기하여 친구들과 교류하고 새로운 것을 찾아볼 수 있는 토의 및 발표의 시간을 확보하도록 함
- 2022 개정 교육과정 전기 회로에 대한 기초적인 학습 내용을 이해하고 있어 주제 관련 실생활 심화 내용으로 교육과정 내용을 재구성하여 지도하도록 함

6) 주제 관련 오개념과 난개념

(1) 주제 관련 오개념

- 전류는 열린회로에서도 흐른다.
- 전지가 클수록 전구의 밝기가 밝다.
- 전류는 전구로 모아져야 흐른다.
- 도선이 길면 전기가 늦게 전달된다.
- 전류가 전선을 왕복하며 흐른다.
- 전원 없이도 스위치만 켜면 불이 켜진다.
- 전류는 전선에 머물러 있다.
- 전지에 가까운 쪽 전구가 더 밝다.

(2) 주제 관련 난개념

- 단락회로에 대한 이해

- 직렬연결과 병렬연결에서 전류가 흐르는 길 찾기
- 연결하는 방법에 따라 전구의 밝기 비교하기

(3) 주제 관련 오개념과 난개념 지도 전략

- 미로통과 놀이를 통해 전류는 닫힌회로에서만 흐른다는 것을 직접 경험할 수 있도록 지도 한다.
- 전기 회로를 사용하여 전기가 통하는 물체와 통하지 않는 물체를 구별할 수 있도록 지도한다.
- 전지의 연결 방법에 따라 전구의 밝기가 다름을 실험을 통해 비교할 수 있도록 지도한다. 본 개념은 난 개념으로 구체적 실험 활동을 통해 이해하도록 지도한다.

7) 수업자의 주제 지도 방향

- 활동적인 배움을 위하여 전지와 전구를 전선으로 연결하여 전구에 불이 켜지는 조건을 찾아보고, '전류'라는 용어를 도입하여 전구에 불이 켜지는 경우에는 전기 회로에 전류가 흐르고 있음을 알게 한다. 이러한 학습과정을 통하여 전기에 관한 기본 개념을 이해하고 탐구 능력의 발달에 초점을 맞추어 지도한다.
- 협동적인 배움을 위하여 '전지, 전선, 전구 등을 연결하여 전구에 불 켜기' 활동을 하여 전기 회로를 올바로 연결하는 방법을 알게 한다. 또 전기 회로에 불이 켜질지를 예측하고 확인해 보는 활동을 통하여 불이 안 켜지는 경우 그 이유를 찾아내며, 잘못 연결한 회로는 바르게 수정하는 활동도 포함하도록 한다.
- 표현적인 배움을 위하여 '전구와 전구를 여러 가지 방법으로 연결하여 불 켜기' 활동 및 '전기를 안전하고 바르게 사용하는 방법을 조사하여 토의하기' 활동을 통해 일상생활에서 전기를 잘못 이용할 때의 위험에 대해 인식하여 전기를 안전하고 바르게 사용할 수 있도록 지도한다.

8) 주제의 평가

(1) 지식 · 이해

- 전지, 전구, 전선을 연결하여 전구에 불이 켜지는 조건을 말할 수 있는가?
- 전기 회로에서 전류가 흐르는 방향을 말할 수 있는가?
- 전류가 흐르는 전선 주위에 자석의 성질이 나타남을 설명할 수 있는가?

(2) 과정 · 기능

- 전지, 전구, 전선을 연결하여 전구에 불을 켤 수 있는가?
- 전지의 연결 방법에 따른 전구의 밝기를 비교할 수 있는가?
- 전선에 전류가 흐를 때에 전선 주위에서 나타나는 현상을 이용하여 전자석을 만들 수 있는가?

(3) 가치 · 태도

- 일상생활에서 전자석을 이용한 전기 기구에 대하여 흥미와 호기심을 갖는가?
- 전기 절약과 전기 안전의 필요성을 인식하고 일상생활에서 이를 습관하려는 태도를 갖는가?

9) 주제 지도상 유의점

- 탐구 학습의 형태로 이루어지기 때문에 실험을 통한 현상을 발견하고 이해할 수 있는 학생들의 탐구 시간을 충분히 제공하도록 한다.
- 전기 회로에 전구나 발광 다이오드와 같이 저항의 역할을 하는 부품을 연결하지 않고 전지 양극을 전선으로 연결하면 전류가 많이 흐르게 되어 전지가 빨리 소모된다.
- 전기 회로에서 전구의 밝기를 관찰할 때 예상한 밝기와 다르게 나타나는 경우가 있다. 이것은 전지의 내부 저항에 의하여 전류의 세기가 달라졌기 때문이다. 내부 저항에 의한 효과를 줄이기 위하여 가능한 한 새 전지를 사용하거나 병렬연결이라도 전구를 많이 연결하지 않는 것이 바람직하다.

- 전기 회로의 각 부품을 연결할 때 접촉부가 녹이 슬거나 잘 닿지 않으면 저항이 커져 전구에 불이 켜지지 않거나 밝기가 약해질 수 있으므로 전지, 집게전선, 전구, 스위치 등을 잘 보관하고, 사용 전에 양호도를 점검한다.
- 발광 다이오드는 2.0V 이상의 전압에서 불이 켜지므로 반드시 전지 2개를 직렬 연결하여 실험하도록 한다.
- 주제의 실험 활동은 2명 이상 모둠 활동으로 전개하는 것이 효과적이다.
- 전구는 전류계를 이용하여 저항을 미리 확인하고 동일한 것으로 준비해서 실험해야 전구의 밝기를 바르게 비교할 수 있다.

2. 본 차시 수업의 탐색

1) 본 차시 관련 성취 기준

[6과15-02] 전지 한 개를 연결한 전기 회로와 전지 두 개를 직렬연결한 전기 회로의 특징을 비교할 수 있다.

2) 본 차시의 과제 분석

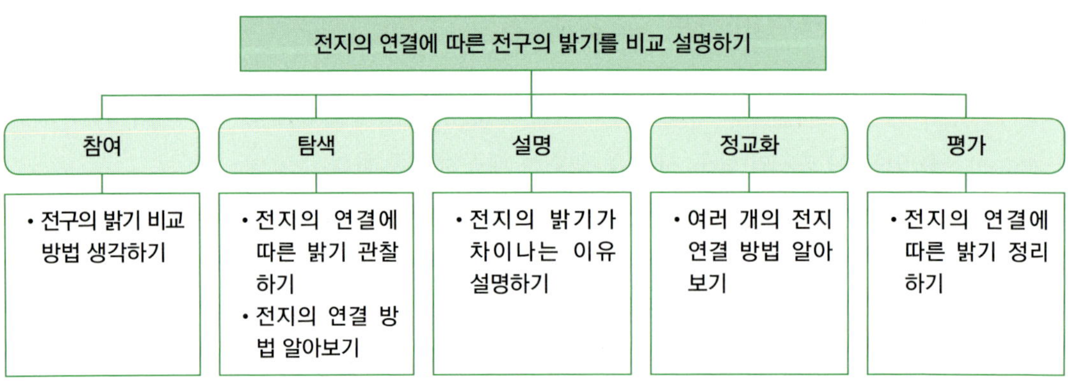

3) 본 차시 주제 적용 교수 · 학습 모형 탐색

(1) 순환 학습 모형

순환 학습 모형은 탐색, 개념 도입, 개념 적용의 세 단계를 순환적으로 거치면서 학습하게 한다. 탐색 단계에서는 학생들이 탐색을 통하여 규칙성을 발견하거나 인지적 갈등을 경험할 수 있다. 개념 도입 단계에서는 교사가 규칙성을 나타내는 용어나 개념을 소개하고, 학생은 그 용어나 개념을 규칙성에 연결함으로써 실질적으로 개념을 획득하게 한다. 개념 적용 단계에서는 학생이 새로운 상황에서 그 개념을 적용할 수 있는 사례와 적용할 수 없는 사례를 찾게 하여 습득한 개념을 심화하고 확장하게 한다.

(2) 순환 학습 확장 모형(5E 모형)

순환 학습 모형의 '탐색 → 개념 도입 → 개념 적용'을 기본으로 하여 '참여(engagement) → 탐색(exploration) → 설명(explanation) → 정교화(elaboration) → 평가(evaluation)'라는 다섯 단계 모형으로 개선한 것이다.

- **참여**
  - 학습 내용과 관련된 질문이나 학생들의 선행 지식으로는 잘 설명되지 않는 현상 등을 제시하여 학생들의 관심과 흥미를 수업에 끌어들인다.
  - 주어진 질문이나 선행 지식 등에 대하여 학생들이 생각하여 보고 자신의 생각을 말하여 보게 할 수 있다.
- **탐색**
  - 학생들은 개인이나 모둠으로 문제를 설정하고, 그에 대한 가설을 제시한 다음에 데이터를 수집 · 정리 · 해석 · 분석 · 평가하는 과정을 통하여 검증한다.
  - 주어진 문제에 대한 답이나 해결책에 대한 대안을 토의한다.
  - 교사는 내용을 직접적으로 설명하거나 학생들의 토의를 일방적으로 이끌어서는 안 된다.

- 설명
  - 학생들은 문제에 대한 자신이나 자신의 모둠의 해답, 가설 검증 등을 증거를 가지고 설명한다.
  - 교사는 학생들의 설명과 질문이 끝나면 관련된 이론, 개념, 법칙 등을 정의하거나 설명한다.
- 정교화
  - 수업 결과를 유사하거나 새로운 상황에 적용한다.
  - 학습한 내용에 대한 결론을 도출한다.
- 평가
  - 학습한 기능과 지식을 평가한다.
  - 후속 학습 내용과 관련된 질문을 한다.

(3) 순환 학습 확장 모형의 적용 시 유의점

- 도입 단계인 탐색 단계에서 학생들에게 친근하고 흥미로우며 인지적 갈등을 효과적으로 일으킬 수 있는 간단한 실험을 구안하여 제공한다.
- 탐색 단계에서 제시되는 학습 자료는 학생들에게 너무 익숙하거나 지나치게 생소하면 탐색의 적극성이 떨어질 수 있다.
- 학생들의 선 개념이나 사고 유형에 의하여 학생들이 쉽게 동화할 수 없는 학습 상황에서는 학생들에게 간단한 시범 실험이나 자료를 제시한 뒤에 토론 활동 등을 통하여 인지적 갈등을 유발한다.
- 개념 적용 단계에서 학생들의 수준을 고려하여 보충 학습이 필요한 학생에게 설명하거나 구체적 경험을 제공한다.
- 5E 모형을 사용할 경우에 학습 주제에 따라 한두 차시 이상이 소요될 수도 있다.

4) 본 차시 관련 학생 실태 분석

(1) 본 차시 학습 관련 출발점 진단 및 분석

<table>
<tr><th>항목</th><th>설문 내용</th><th colspan="2">응답 수 (명)</th><th>분석 결과</th></tr>
<tr><td rowspan="6">선수 학습 내용 실태</td><td rowspan="3">• 전구에 불이 켜지는 조건을 설명할 수 있는가?</td><td>상</td><td>15</td><td rowspan="6">• 전구에 불이 켜지기 위해서는 닫힌 전기 회로를 꾸며야 함을 잘 이해하고 있음
• 대부분의 학생이 전구에 불이 켜지는 전기 회로는 전기가 흐르는 물체로 연결되어 있음을 잘 설명함</td></tr>
<tr><td>중</td><td>7</td></tr>
<tr><td>하</td><td>1</td></tr>
<tr><td rowspan="3">• 전구에 불이 켜지는 전기 회로의 특징을 말할 수 있는가?</td><td>상</td><td>12</td></tr>
<tr><td>중</td><td>7</td></tr>
<tr><td>하</td><td>4</td></tr>
<tr><td rowspan="6">선행 학습 내용 실태</td><td rowspan="3">• 전지의 연결 방법을 말할 수 있는가?</td><td>상</td><td>10</td><td rowspan="6">• 대부분의 학생이 전지의 직렬 연결 방법을 잘 알고 있음
• 대부분의 학생이 전지의 연결 방법에 따라 빛의 밝기가 달라짐을 예상하여 말함</td></tr>
<tr><td>중</td><td>9</td></tr>
<tr><td>하</td><td>4</td></tr>
<tr><td rowspan="3">• 전지의 연결 방법에 따라 빛의 밝기를 예상하여 말할 수 있는가?</td><td>상</td><td>10</td></tr>
<tr><td>중</td><td>9</td></tr>
<tr><td>하</td><td>4</td></tr>
</table>

5) 본 차시 관련 수업자 지도 전략

전기는 우리 생활과 매우 밀접한 내용이다. 학생들은 생활 속에서 자주 접하는 것, 자기 삶과 배움이 연결될 때 학습에 빠져들게 되고, 쉽게 이해한다고 하였다. 또한 학생들이 좋아하는 수업 유형을 적용하여 수업을 적용하고자 한다. 학생들의 창의성을 함양하기 위해서 국가수준 교육과정을 유연하게 해석하여, '전기'와 관련된 주제를 재구성하고, 학생들이 좋아하는 과학 교수 · 학습 방법인 기초탐구 과정을 활용해서 생활 속의 창의적인 문제해결 능력 및 과학에 대한 정의적인 능력을 신장시키고자 한다. 그리고 과학적이고 생활 속의 문제해결 능력을 신장시키기 위해 전기와 우리 생활과의 관계를 연결시켜 수업 내내 학생들이 수업에 흥미를 갖고 수업에 임하도록 도와주고자 한다.

(1) 실태 분석에 따른 학습 집단 조직

과학실에서의 좌석 배치는 학생들의 지식적인 부분과 정의적인 측면에서의 분석을 통하여 남녀 학생을 혼합하고, 이질집단 소그룹으로 구성한다. 교사가 과학 시간에 관찰 · 평가한 내용과 지식과 탐구적인 영역을 평가한 내용을 토대로 하여 구성한다. 남학생들과 여학생들을 학업 성취도와 평소 수업 태도를 고려하여 의도적인 수업 모둠을 구성하여 조직한다.

탐구 과정 활동을 중시하는 과학과 실험에서 가장 적절하다고 판단되는 기본 4인의 모둠으로 구성하고, 각각의 모둠에는 모둠의 장 학생을 배치하여 학생들의 탐구 활동 및 언어적 상호작용 및 협동학습이 원활히 진행될 수 있도록 좌석을 배치한다.

칠판	TV(영상기기)

	〈6모둠〉 3명		〈5모둠〉 4명		〈4모둠〉 4명
◎ 정○○		○ 정○○	△ 이○○	◎ 조○○	○ 김○○
○ 김○○	◎ 최○○	○ 유○○	◎ 안○○	◎ 이○○	◎ 조○○

	〈3모둠〉 4명		〈2모둠〉 4명		〈1모둠〉 4명
○ 장○○	△ 김○○	○ 전○○	△ 김○○	◎ 임○○	◎ 정○○
◎ 이○○	○ 이○○	◎ 안○○	○ 심○○	○ 지○○	△ 이○○

범례	◎	○	△
	상	중	하

(2) 수업 단계별 전략

전지의 연결 방법에 따른 밝기 비교하기

참여	탐색	설명	정교화	평가
• 전기를 연결하여 활용하는 생활 속 상황을 동영상으로 제시하기	• 여러 개의 전지를 연결하여 밝기를 직접 관찰 탐구하고 탐구 결과 기록하기	• 전지의 연결에 따른 밝기 차이를 어깨짝과 토의하고 설명하기	• 전지의 연결을 달리하여 실생활에 활용되는 경우를 찾고 모둠별로 별자리판 만들어 보기	• 전지의 연결에 따른 밝기 차이에 관한 문제를 만들어 보고 어깨짝에게 문제 내기

(3) 투입 자료 전략

구분 단계	투입 자료	자료 사진	자료의 특징 및 활용 전략
참여	크리스마스 트리		• 실물 크리스마스트리를 제시하여 학생들에게 생활 속에서 활용되고 있는 전기 회로에 대한 호기심을 유발함
탐색 및 설명	전기 회로 꾸미기 자료	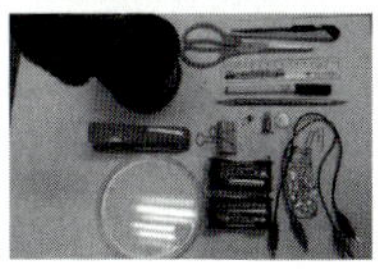	• 전지의 연결 순서를 달리하여 전기 회로를 직접 꾸며 보는 실험을 함으로써 예상, 관찰, 분류와 추리를 해 보는 수업 자료
정교화	별자리판 만들기 자료	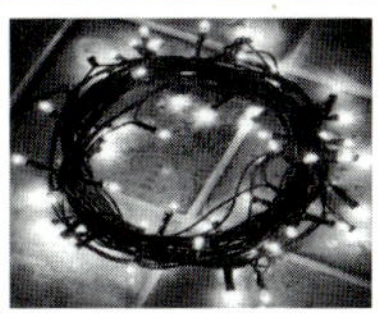	• 생활에서 활용되는 전지의 연결으로 별자리판을 만들어 보도록 함으로써 전지의 연결에 따른 빛의 밝기를 심화할 수 있는 자료
평가	형성 평가지	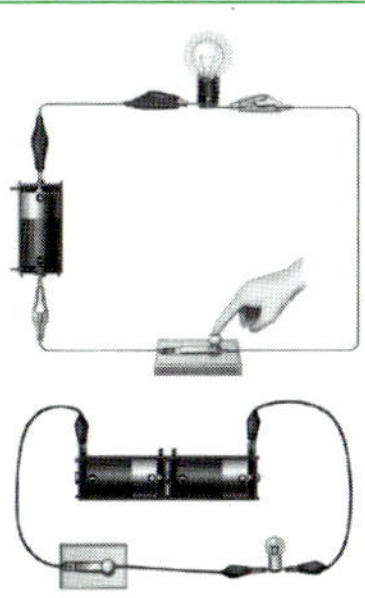	• 수업시간에 배운 내용을 잘 기억하고 있는지 확인해 보는 간단한 형성 평가지

3. 본 차시 수업의 실제

1) 교수 · 학습 개요

일 시	202○. 10. ○○. (화) 4교시	대 상	6학년 ○반(남11,여12)	지도교사	○○○
주제(차시)	4. 전기의 이용(3/10)	소요시간	40분	장 소	과학실
학습 목표	전지의 연결에 따라 밝기를 비교할 수 있다.				

<table>
<tr><td rowspan="3">수업 전략</td><td>학습 모형</td><td colspan="3">순환학습 확장모형(5E 모형)</td></tr>
<tr><td>학습 집단</td><td colspan="3">전체 활동 → 모둠 활동 → 전체 활동</td></tr>
<tr><td>중심 활동</td><td colspan="3">• 전지의 연결에 따른 밝기 비교하기
• 여러 개의 전기 회로를 연결하여 별자리판 만들기</td></tr>
<tr><td rowspan="2">토의 · 토론 기법</td><td colspan="2">토의 · 토론 기법</td><td>활동 1</td><td>활동 2</td></tr>
<tr><td colspan="2">브레인스토밍</td><td></td><td>○</td></tr>
<tr><td rowspan="2">교수 · 학습 자료</td><td>교사</td><td colspan="3">동영상 자료, 형성 평가 자료</td></tr>
<tr><td>학생</td><td colspan="3">전지 2개, 전지 끼우개, 스위치, 집게 달린 전선, 꼬마전구, 두꺼운 종이판, 송곳, 테이프, 분필</td></tr>
</table>

2) 교수 · 학습과정안

<table>
<tr><th>단계</th><th>학습내용
(학습집단)</th><th>교수 · 학습 활동</th><th>시간
(분)</th><th>자료(•) 및
유의점(*)</th></tr>
<tr><td>참여</td><td>동기 유발
(전체)

공부할 문제 파악
(전체)</td><td>○ 전시학습을 상기하며 크리스마스트리 전구에 대하여 이야기하게 한다.
• 크리스마스트리 전구의 특징 알아보기
– 동영상에 등장하는 크리스마스트리 전구의 밝기는 어떠합니까? (밝은 것이 있고, 어두운 것이 있습니다./다양한 색깔을 이루고 밝게 빛납니다./일정한 밝기가 있습니다. 등)
– 전구의 밝기를 각각 다르게 했을 때의 특징은 어떤 것이 있을까요? (밝기가 일정하지 않아 혼란스러울 것 같습니다./더 멋있는 트리가 될 것 같습니다. 등)
– 크리스마스트리의 여러 전구가 밝기와 연관 지어 공부할 문제를 찾아봅시다. (여러 전구를 밝게 빛나게 하는 방법을 공부합니다. 등)
○ 공부할 문제를 알아보게 한다.
• 이번 시간에 공부할 문제 알아보기
[전지의 연결에 따른 밝기를 비교하여 봅시다.]</td><td>5</td><td>• 크리스마스트리, 동영상 자료
*다양한 발문을 허용하며 공부할 문제를 생각해 보도록 한다.</td></tr>
</table>

	학습 안내 (전체)	○ 학습할 순서를 알아본다. **학습 활동 순서** [활동1] 전지의 연결에 따른 밝기 관찰하기 [활동2] 전기 회로 활용하여 별자리판 만들기		
탐색	관찰 및 실험 시 주의 할 점 알아보기 (전체) 전지의 연결에 따른 밝기 관찰하기 (모둠)	**[활동1] 전지의 연결에 따른 밝기 관찰하기** ○ 관찰 및 실험을 할 때에 주의할 점을 알아보게 한다. • 관찰 및 실험을 할 때에 주의할 점을 생각하기 －관찰은 어떻게 해야 할까요? (눈으로 자세히 관찰합니다./손으로 만져 봅니다./소리를 들어봅니다./관점을 가지고 관찰합니다. 등) －실험할 때 주의할 점은 무엇이 있을까요? (실험기구로 위험한 장난을 하지 않습니다./선생님 말씀을 잘 들어야 합니다. 등) ○ 전기 회로에 두 개의 전지를 연결하여 밝기를 관찰하게 한다. • 전지의 연결 방법을 달리하여 밝기 관찰하기 －전지 두 개를 ①~④ 그림과 같이 연결하여 밝기를 관찰하여 봅시다. －전구의 밝기가 비슷한 회로는 무엇입니까? (①번과 ②번 회로가 비슷합니다./③번과 ④번 회로가 비슷합니다. 등) －전지의 연결 방법에 따라 밝기를 분류한 것 중 더 밝은 것은 어느 것입니까? (③번과 ④번 회로가 더 밝습니다.)	7	• 전지 2개, 전지 끼우개, 스위치, 집게 달린 전선, 꼬마전구 2개 *밝기의 차이를 관찰하여 분류할 수 있도록 안내한다.
설명	전지의 밝기가 차이나는 이유 설명 하기 (모둠)	○ 전지의 연결에 따른 밝기가 다른 이유를 설명하게 한다. • 전지의 연결에 따른 밝기의 차이 알아보기 －전구의 밝기가 비슷한 전기 회로에는 전지의 연결에 어떤 공통점이 있는지 이야기해 봅시다. (밝은 회로는 하나의 전기 회로에 전지가 두 개 연결되어 있습니다./어두운 회로에는 하나의 전기 회로에 한 개의 전지가 연결되어 있습니다. 등) －밝기의 차이에 따른 전지의 연결을 이야기해 봅시다. (①, ②번은 전지가 한 개 연결되어 있고, ③, ④번은 전지가 두 개 연결되어 있습니다.)	13	• 전지 2개, 전지 끼우개, 스위치, 집게 달린 전선, 꼬마전구 2개

		–①번 전기 회로에서 전지 1개를 빼내면 어떻게 되는지 이야기해 봅시다. (전구에 불이 켜지지 않습니다.) –④번 전기 회로에서 전지 1개를 빼내면 어떻게 되는지 이야기해 봅시다. (전구에 불이 켜지지 않습니다.)		*불이 켜지지 않는 이유와 불이 켜지를 이유를 찾아보게 한다.
정교화	전기 회로를 활용하여 별자리판 만들기 (모둠)	**[활동2] 전기 회로를 활용하여 별자리판 만들기** ○실생활에서 빛의 밝기을 다르게 하여 활용하는 예를 전지의 연결과 관련지어 찾아보게 한다. • 빛의 밝기를 달리하는 실생활 활용 예 찾아보기 –실생활에서 빛의 밝기를 달리 활용하는 경우를 토의해 발표해 봅시다. (안전표시판이 있습니다./광고판이 있습니다. 등) • 여러 개의 전기 회로를 활용하여 모둠별 별자리판 만들기를 완성하고 전지의 연결을 설명하게 한다. • 모둠별 별자리판 만들기 –모둠별 소개하고 싶은 별자리를 전구의 밝기를 달리하여 전기 회로를 만들어 봅시다. –모둠별 별자리판을 소개하고 전지의 연결을 설명해 봅시다.	10	*실생활에서 사용되는 경우와 연결을 같이 설명하도록 한다. *브레인스토밍을 한다. • 종이판, 송곳, 테이프, 크리스마스트리 전구, 분필
평가	정리하기 (전체)	○전지의 연결에 따른 밝기를 정리하게 한다. • 전구의 밝기 비교 정리하기 –전지의 연결에서 더 밝은 것은 어느 것입니까? (전지 두 개를 직렬로 연결하는 것이 더 밝습니다.)	5	• 형성 평가 자료
	형성 평가 (전체)	○전지의 연결에 따른 밝기 비교 문제를 해결하게 한다. • 전구의 밝기를 비교하는 문제해결하기 –전지의 연결에 따른 밝기를 비교하는 문제를 풀어봅시다.		*역할 분담하여 정리하게 한다.
	차시 예고 (전체)	○다음 시간 공부할 내용을 예고한다. 전기 회로에서 전류가 흐르는 방향 탐색하기		
	실험도구 정리 (전체)	○실험도구를 정리하게 한다. • 실험도구 정리하기		

3) 판서 계획

4. 전기의 이용

<공부할 문제>

전지의 연결 방법에 따른 밝기를 비교하여 봅시다.

<학습 활동 안내>

[활동1] 전구의 연결 방법에 따른 밝기 관찰하기
[활동2] 전기 회로를 활용하여 별자리판 만들기

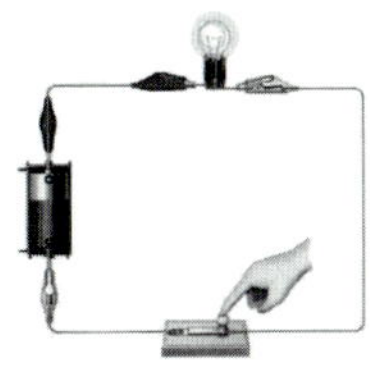

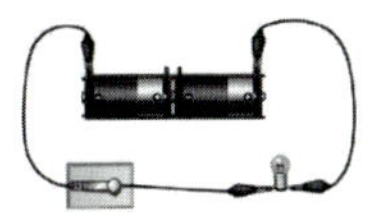

4) 형성 평가 계획

(1) 이원목적 분류표

평가 내용	평가 요소	내용 영역	행동 영역			채점상 유의점
		물질과 에너지	지식 · 이해	과정 · 기능	가치 · 태도	
전지의 연결에 따른 밝기를 비교할 수 있는가?	전지의 연결에 따른 밝기 비교하기	○	○			
전지의 직렬연결 방법을 어깨짝과 토의하고 연결할 수 있는가?	전지를 직렬로 연결하기	○		○		
전지의 연결 방법에 따른 밝기 실험에 적극적으로 참여하려는 태도를 갖는가?	탐구 활동에 대한 태도	○			○	

(2) 평가 내용 및 기준

평가 영역	평가 내용	평가 기준	평가 척도	평가 시기	평가 방법
지식 · 이해	전지의 연결에 따른 밝기를 비교할 수 있는가?	전지의 연결에 따라 전구의 밝기가 달라짐을 정확하게 비교하고 예를 들어 가며 설명할 수 있다.	매우 우수	수업 중	관찰
		전지의 연결에 따라 전구의 밝기가 달라짐을 정확하게 비교하여 설명할 수 있다.	우수		
		전지의 연결에 따라 전구의 밝기를 비교할 수 있다.	보통		
과정 · 기능	전지의 직렬연결 방법을 어깨짝과 토의하고 연결할 수 있는가?	전기 회로에서 전지 2개의 직렬연결 방법을 어깨짝과 토의하고 전기 부품 순서를 바꾸어 가며 여러 가지로 연결할 수 있다.	매우 우수	수업 중	관찰
		전지의 직렬연결 방법을 어깨짝과 토의하고 전지 2개를 정확히 직렬연결할 수 있다.	우수		
		전지의 직렬연결 방법을 어깨짝과 토의하고 전지 2개를 직렬연결할 수 있다.	보통		
가치 · 태도	전지의 연결 방법에 따른 밝기 실험에 적극적으로 참여하려는 태도를 갖는가?	전지의 연결에 따른 밝기 실험에 적극적인 태도로 참여하며 상호 협력적 태도로 실험에 참가한다.	매우 우수	수업 중	관찰
		전지의 연결에 따른 밝기 실험에 적극적으로 참여하며 협력적 태도를 갖는다.	우수		
		전지의 연결에 따른 밝기 실험에 적극적으로 참여한다.	보통		

05

체육과

단원 안내

- 학년: 3학년
- 단원: 표현의 즐거움을 느끼며
- 역량: 움직임 수행 역량, 신체 표현 능력

활용 모형

- 탐구 중심 교수 · 학습법, 하나로 수업 모형

신규 및 저경력 교사를 위한 수업 가이드

- 2022 개정 교육과정의 체육과 교수 · 학습 원리 적용
- 과제 분석과 평가 설계 방법
- 신규 및 저경력 교사가 고려할 사항 안내
- 창의 · 인성 수업 설계 및 실연 방법 등

1. 단원명 및 역량

[표현/움직임 수행 역량] 2. 표현의 즐거움을 느끼며(5/10)

2. 단원 설정의 이유

현대사회는 자신을 표현하는 데 적극적인 면을 요구하고 있으며, 표현 활동은 자신을 창의적으로 표현해 보는 좋은 활동의 장으로서, 전인적 성장을 가능하게 하는 단원이다. 하지만 본 학급의 실태를 살펴보면 표현활동은 7%(2명)의 학생만이 선호하는 것으로 나타났다. 표현활동을 꺼리는 이유를 묻는 질문에는 남들 앞에서 표현하거나 발표하는 것이 부끄럽다고 대답한 학생이 전체의 64%(18명)로 조사되었다.

따라서 많은 학생이 원하고 쉽게 접근할 수 있는 스포츠영역보다는 표현영역을 선정하여 본 수업자가 수업연구주제로 정한 '하나로 수업 모형 구안 · 적용을 통한 창의 · 인성 함양'이라는 주제를 가지고 '표현의 즐거움을 느끼며' 단원을 수업에 한다면 학생들에게 자신을 표현할 수 있는 기회를 제공하여 창의적인 사고력은 물론이고 더불어 살아가는 마음과 협동심, 사회성을 신장시킬 수 있을 것이라 생각하여 본 단원을 수업연구 단원으로 선정하게 되었다.

3. 단원의 개관

1) 사회관

인간은 태어나면서부터 움직임과 더불어 생활하고 체험을 쌓아 가면서 성장한다. 움직임으로 자신의 감정 또는 의사를 전달하기도 하고, 신체활동을 통해서 삶에 대한 열정을 갖게 되며 정서적으로 긍정적인 감성이나 태도가 형성된다.

2022 체육과 교육과정에서는 움직임 관련 지식을 이해하고, 움직임의 목적과

환경에 적합하게 움직임 기술을 수행하며, 움직임 수행에 필요한 가치와 태도를 실천하는 것을 목표로 하고 있다. 이는 표현 활동을 통해 스스로 아름다움과 즐거움을 창조할 수 있는 기회를 제공해 주고, 더 나아가 신체의 움직임을 매개로 하여 생각과 느낌을 표현하고 수용하는 신체 표현 능력을 키우는 것을 지향하고 있으며, 움직임 표현은 움직임 언어와 표현 요소를 바탕으로 자신의 느낌을 표현하도록 하고 있다.

따라서 창작 표현 활동의 단원을 통하여 학생들의 발달 단계와 흥미에 맞는 활동으로 움직임의 원리와 욕구를 실현하고, 표현 활동에 대한 흥미를 가지고 마음속으로부터 우러나오는 여러 가지 생각을 자유롭고 창의적이며 적극적으로 표현할 수 있도록 지도해야겠다.

2) 학생관

움직임 교육 이론을 주장한 라반(Laban, 2002)에 따르면, 성장기에 있는 초등학생에게 표현 활동은 걷기, 뛰기, 달리기, 흔들기 등의 능력을 향상시켜, 자기를 의식하고 자기 중심적인 사고를 가진 학생들의 표현 욕구를 길러 주고 개발시켜 준다. 또한 학생들의 다양한 신체 표현 활동은 풍부한 표현력과 올바른 정서 생활의 기틀을 마련하고 삶을 더욱 풍요롭고 즐겁게 해 주며 건강한 심신과 창의적 표현 능력을 기를 수 있는 특성을 지니고 있다. 특히 초등학교 3학년 시기의 학생들은 움직임 욕구와 창작 욕구가 뛰어나며, 자신이 만들어 낸 것에 대한 동료들의 반응에 관심을 기울이고 집단에 대한 소속감이 생기기 시작하는 단계이며, 활동성이 강하여 움직임을 좋아하는 특성을 가지고 있다.

우리 학급의 실태를 살펴보면 좋아하는 교과를 묻는 질문에 71%(20명)의 학생들이 체육 교과를 선호하는 것으로 나타난 반면, 선호하는 영역으로는 스포츠 활동이 64%(18명)을 선호하였으나 표현 활동은 7%(2명)의 학생만이 선호하는 것으로 나타났다. 표현 활동이 꺼려지는 이유를 묻는 질문에는 남들 앞에서 표현하거나 발표하는 것이 부끄럽다고 대답한 학생이 전체의 64%(18명)으로 조사되었고, 표현활동에 어려움을 느낀 이유로는 친구의 질책 67%(19명)으로 조사되어 학생들이나 모둠 간의 경쟁에 따른 질책이나 면박에 의하여 학생들이 소극적으로 움직이게 되는 것으로 나타났다.

따라서 표현 활동에 적극 참여할 수 있도록 인문적 체육교육 방법인 '하나로 수업' 방법을 적용하여 통합적(융합적) 수업을 계획하도록 해야겠다. 또한 친구들 앞에서 표현하는 것을 부끄러워하지 말고 당당하고 적극적으로 참여하는 태도를 기를 수 있도록 지도해야겠다. 또한 친구들과 함께 작품을 만들어 가는 기쁨과 표현의 즐거움을 느끼며 친구 움직임의 의미를 이해하고, 다른 사람의 생각과 느낌을 공유하는 의사소통 능력을 기를 수 있는 기회를 제공하여 잘못을 질책하기 보다는 장점을 찾는 창인 · 인성적인 활동을 강조하는 방향으로 지도해야겠다.

3) 교재관

3학년의 표현 활동에서는 움직임 언어(이동 움직임, 비이동 움직임, 조작 움직임 등)와 표현 요소(신체, 공간, 시간, 에너지)의 이해 및 수행을 통해 다양한 움직임을 만들고 표현 방법을 습득하는 데 초점을 둔다. 이를 위해 여러 가지 이동, 비이동, 조작 움직임 등 움직임의 기초적인 동작을 익힌 후 여기에 표현 요소를 결합하여 다양한 방법의 움직임을 표현하도록 한다. 따라서 '표현의 즐거움을 느끼며' 단원은 앞서 배운 움직임 언어에 표현 요소를 결합하여 다양한 의미를 지닌 움직임을 표현해 나가는 활동으로 구성되었다.

우리 학급의 실태를 살펴보면 빠르기, 크기, 높이, 무게 중 똑같은 동작을 변화시킬 때 느낌이 달라질 수 있는 변화를 찾을 수 있는가하는 움직임 표현요소와 관련된 질문에 28%(8명)의 학생만이 변화를 찾을 수 있는 것으로 나타났고, 움직임 표현 요소별 신체 표현 능력 실태를 조사하기 위하여 본시와 관련하여 시간 및 힘에 대한 실기조사를 한 결과, 21%(6명)만의 학생들이 상황 제시에 따라 바로 움직임으로 표현할 수 있는 것으로 나타났다.

따라서 일상생활 속에서 소재를 찾아 이를 통해 지도함으로써 표현 활동에 대한 흥미와 관심을 가질 수 있도록 지도한 후에 움직임의 원리를 알도록 하며, 신체 표현을 창작하기 위한 과정과 방법을 구체적이고 다양하게 제시하여 창작 활동의 즐거움을 경험할 수 있도록 지도해야겠다. 학생들의 이해를 돕기 위해 영상 시청 활동, 동물 인형 등의 구체물을 활용하여 신체 이해력을 높일 수 있도록 지도해야겠다. 또한 움직임 계획을 세워 발표하고, 서로의 표현을 감상한 후 피드백을 해주는 과정을 통하여 작품 구성 능력과 발표 능력은 물론 작품 감상과 비평 능력이 길러지도록 지도하고, 효과적인 움직임 표현을 위하여 생각을 나누고 칭찬과 격려를 하는 과정을 통해 바른 품성과 바람직한 창의 · 인성이 길러질 수 있도록 지도해야겠다.

4. 단원의 목표

성취 기준	[4체03-01] 표현 활동의 의미와 기본 움직임 기술과의 관계를 파악한다. [4체03-02] 움직임 요소에 따른 기본 움직임 기술의 표현 방법을 파악하고 시도한다. [4체03-03] 기본 움직임 기술을 활용하여 사물이나 자연을 모방하여 표현한다. [4체03-04] 기본 움직임 기술을 활용하여 느낌이나 생각을 표현한다. [4체03-07] 움직임의 심미적 표현에 대한 호기심과 감수성을 나타낸다.
교과 목표	1) 지식 · 이해 • 움직임 언어의 의미 이해한다. • 움직임 표현의 다양성을 안다. • 움직임의 높이와 크기에 따라 느낌이 다름을 안다. • 움직임의 속도, 무게에 따라 느낌이 다름을 안다. • 움직임의 관계를 안다. • 물의 여행 과정을 이야기로 만들 수 있다. • 주제를 정하여 작품을 만들 수 있다. 2) 과정 · 기능 • 나뭇잎이 움직이는 모습을 다양하게 표현할 수 있다. • 몸의 여러 부분을 움직일 수 있다. • 그림자가 되어 움직이며, 친구의 움직임을 똑같이 따라 할 수 있다. • 여러 가지 모양의 특징과 느낌을 살려 표현할 수 있다. • 높은 물체, 낮은 물체를 표현할 수 있다. • 속도와 무게를 달리하여 움직임을 표현할 수 있다. • 친구의 여러 가지 움직임을 따라하거나 반대로 할 수 있다. • 물의 여행 과정을 특징을 살려 여러 가지 움직임으로 표현할 수 있다.

3) 가치 · 태도

- 적극적이고 즐겁게 참여하는 태도를 갖는다.
- 움직임 표현의 다양성을 경험하고 즐겁게 표현하는 태도를 갖는다.
- 친구들과 협력하는 자세를 갖는다.
- 친구의 의견을 존중하는 태도를 갖는다.
- 다른 작품에 관심을 가지고 올바르게 감상하는 태도를 갖는다.
- 다른 모둠의 자유로운 표현을 존중해 주는 태도를 갖는다.

5. 학습의 계통 및 계열

선수 학습 ➡ **본 단원** ➡ **후속 학습**

선수 학습

1 - 1 - 5(즐생)
흔들흔들

○음악을 들으며 여러 가지 신체 표현 활동 하기

2 - 1 - 2(즐생)
봄이 오는 길

○봄 동산에서 본 것을 신체로 표현하기

2 - 2 - 3(즐생)
아름다운 우리나라

○민속 춤 추기
○다양한 민속 춤 감상하기

3 - [표현영역] - 1
움직임 세상 속으로

○제자리에서 여러 가지 방법으로 움직이기
○곤충이 되어 여러 가지 이동 움직임 표현하기
○기구를 가지고 여러 가지 방법으로 움직이기
○움직임을 표현하고 감상하기

본 단원

3 - [표현영역] - 2
표현의 즐거움을 느끼며

○나뭇잎이 움직이는 모습 표현하기
○움직이는 인형이 되어 몸의 여러 부분 움직이기
○찰흙이 되어 여러 가지 모양 표현하기
○풍선이 되어 여러 가지 움직임을 표현하기
○동물이 되어 여러 가지 움직임을 표현하기
○친구와 함께 그림자놀이하기
○물방울의 여행 과정 표현 및 발표하기
○주제를 정해 표현 작품 만들고 발표하기

후속 학습

4 - [표현영역] - 1
리듬에 맞추어 하나, 둘, 셋

○리듬에 맞추어 움직이기
○리듬의 변화를 몸으로 표현하기
○리듬 창작 및 표현하기

4 - [표현영역] - 2
예술가가 되어

○즉흥적으로 몸을 움직이면서 다양한 리듬의 변화 알아보기
○색깔 보고 즉흥 표현하기
○소리 듣고 즉흥 표현하기
○이야기 듣고 즉흥 표현하기
○시나 동요를 듣고 즉흥 표현하기
○무용 작품 감상하기

4 - [표현영역] - 3
기구와 하나가 되어

○줄을 이용한 놀이와 기본 움직임 익히기

6. 과제 분석

움직임의 표현 방법을 알고, 이야기의 특징을 살려 창의적으로 표현하며, 서로 협력하여 표현 및 감상하는 태도를 갖는다.

움직임 방법 알아보기	음악에 맞춰 표현하기	즐겁게 참여하기
○움직임의 관계 알기	○이야기의 특징을 살려 움직임으로 표현하기	○다른 작품에 관심을 갖고 올바르게 감상하는 태도 갖기
○움직임의 속도와 무게에 따라 느낌이 다름을 알기	○움직임의 속도와 무게를 달리하여 움직이기	○친구의 의견을 존중하는 태도 갖기
○움직임의 높이와 크기에 따라 느낌이 다름 알기	○모양의 느낌과 특징을 살려 움직이기	○친구들과 협력하는 태도 갖기
○표현 요소의 다양성 알기 ○움직임 언어 이해하기	○몸의 여러 부분을 움직이기	○즐겁게 표현하는 태도 갖기

7. 지도 계획(총 10시간)

1) 단원의 재구성 지도 계획

차시	제재	교과서	주요 내용 및 활동		창의 · 인성 요소	학습 자료
			직접 체험 활동	간접 체험 활동		
1	나뭇잎이 움직이는 모습 표현하기	126~127	• 속도, 몸의 모양, 높이의 변화 등 움직임 표현 요소 알기	• 나뭇잎 떨어지는 모습 관찰하기	• 확산적 사고 • 인내심 • 배려	• 나뭇잎, 나뭇잎 관련 사진, 영상, 리듬스틱

2	움직이는 인형이 되어 몸의 여러 부분 움직이기	128~129	• 몸의 부분 움직이기 • 앉거나 누워서 움직임 표현하기 • 감정을 움직임으로 표현하기	• 움직이는 인형 만들어서 인형놀이하기	• 호기심 • 몰입 • 배려	• 움직이는 관절 인형, 카세트, 음악
3	찰흙이 되어 여러 가지 모양 표현하기	130	• 둥근, 꼬인, 직선, 별 등 모양 만들어 표현하기 • 그림 보고 모양 만들어 표현하기	• 찰흙으로 여러 가지 모양 만들고 모양별 느낌 적기	• 문제해결력 • 책임감 • 약속	• 찰흙으로 만든 작품 사진, 카세트, 음악
4	풍선이 되어 여러 가지 모양 표현하기	131	• 높은 물체, 낮은 물체 표현하기 • 바람이 가득 찬 풍선, 바람 빠진 풍선 표현하기	• 체육 일기 쓰기	• 문제해결력 • 책임감 • 배려	• 풍선, 고무줄, 카세트, 음악
5 (본시)	동물이 되어 여러 가지 모양 표현하기	132~133	[활동1] 동물들의 움직임 탐구하기 [활동2] 동물들의 움직임 표현하기 [활동3] 움직임 발표 및 감상하기	• 시청각 활동 • 인형놀이 활동 • 게임 활동 • 음악감상 활동	• 문제해결력 • 확산적 사고 • 비판적 사고 • 몰입, 흥미 • 책임감 • 배려, 약속 • 행동 실천력	• 카세트, 음악, 인형, 게임활동판, 표현왕관, 그림 자료
6	친구와 함께 그림자놀이하기	134~135	• 그림자놀이하기 • 친구 움직임 반대로 하기 • 모둠이 따라 하기 • 시간차 두고 따라 하기	• 그림으로 그려 주는 움직임 칭찬	• 몰입 • 약속 • 타인이해	• 싱크로나이즈드스위밍 동영상, 카세트, 음악
7~8	물방울의 여행 과정 표현 및 발표하기	136~137	• 물방울의 여행 과정을 이야기로 만들어 움직임으로 표현하기 • 물방울의 여행 과정 발표 및 감상하기	• 물방울의 여행 과정 다큐멘터리 감상	• 확산적 사고 • 책임감 • 배려 • 타인 이해	• 물방울 관련 서적(물방울의 추억), 카세트, 음악
9~10	주제를 정해 표현 작품 만들고 발표하기	138~141	• 주제를 정해 표현 작품 만들기 • 무용 작품 발표하기	• 우리의 모습 보기 • 창의표현왕 선발	• 개방성 • 책임감 • 배려	• 카세트, 음악, 캠코더

2) 재구성의 의도

본시에서는 움직임의 표현 요소인 속도와 무게를 이해하고 표현하기 위하여 속도(빠르게, 느리게), 무게(무겁게, 가볍게)의 개념을 충분히 탐구하고 활동하여, 이를 통해 움직임의 속도와 무게에 따라 느낌이 다르다는 것을 이해하고, 속도, 무게에 따른 여러 가지 움직임을 동물이 되어 표현하도록 하고 있다. 하지만 교과서에 나와 있는 내용을 살펴보면 동물을 제재로 한 활동보다는 비행기와 로켓, 수레, 풍선 등 활동 제재와 어울리지 않는 활동으로 구성되어 있어 동물의 활동을 중심으로 하나로 수업을 적용하기에 알맞도록 직접 체험 활동과 간접 체험 활동으로 재구성하여 융합형 수업이 되도록 하였다. 또한 스포츠 영역에 편중되어 있는 교과의 흥미를 분산하기 위하여 다양한 교수 · 학습 방법(게임, 영상매체, 발표, 탐구)을 적용함으로써 학생들의 흥미도를 높이고, 적절한 시기에 패(모둠)별 협동학습을 통하여 서로 경쟁심을 유발하고, 학생들의 좋아하는 경쟁활동 수업방식을 적극 활용하는 방향으로 수업을 재구성하였다. 표현 활동의 우수점인 창의적인 활동 표현은 물론, 표현 활동을 통하여 의사소통 및 토론, 분석, 종합 능력, 배려, 타인 존중 등 인성적 요소도 신장기키는 방향으로 단원 및 제재를 재구성하였다.

8. 평가 계획(관점)

<table>
<tr><td>성취
기준</td><td>[4체03-01] 표현 활동의 의미와 기본 움직임 기술과의 관계를 파악한다.
[4체03-02] 움직임 요소에 따른 기본 움직임 기술의 표현 방법을 파악하고 시도한다.
[4체03-03] 기본 움직임 기술을 활용하여 사물이나 자연을 모방하여 표현한다.
[4체03-04] 기본 움직임 기술을 활용하여 느낌이나 생각을 표현한다.
[4체03-07] 움직임의 심미적 표현에 대한 호기심과 감수성을 나타낸다.</td></tr>
<tr><td>교과
목표</td><td>1) 지식 · 이해
• 움직임 언어의 의미 이해한다.
• 움직임 표현의 다양성을 안다.
• 움직임의 높이, 크기에 따라 느낌이 다름을 안다.
• 움직임의 속도, 무게에 따라 느낌이 다름을 안다.
• 움직임의 관계를 안다.
• 물의 여행 과정을 이야기로 만들 수 있다.
• 주제를 정하여 작품을 만들 수 있다.

2) 과정 · 기능
• 나뭇잎이 움직이는 모습을 다양하게 표현할 수 있다.
• 몸의 여러 부분을 움직일 수 있다.
• 그림자가 되어 움직이며, 친구의 움직임을 똑같이 따라 할 수 있다.
• 여러 가지 모양의 특징과 느낌을 살려 표현할 수 있다.
• 높은 물체, 낮은 물체를 표현할 수 있다.
• 속도와 무게를 달리하여 움직임을 표현할 수 있다.
• 친구의 여러 가지 움직임을 따라 하거나 반대로 할 수 있다.
• 물의 여행 과정을 특징을 살려 여러 가지 움직임으로 표현할 수 있다.

3) 가치 · 태도
• 적극적이고 즐겁게 참여하는 태도를 갖는다.
• 움직임 표현의 다양성을 경험하고 즐겁게 표현하는 태도를 갖는다.
• 친구들과 협력하는 자세를 갖는다.
• 친구의 의견을 존중하는 태도를 갖는다.
• 다른 작품에 관심을 가지고 올바르게 감상하는 태도를 갖는다.
• 다른 모둠의 자유로운 표현을 존중해 주는 태도를 갖는다.</td></tr>
</table>

9. 학급 실태 분석

대 상: 3학년 ○반(남 ○명, 여 ○명, 계: ○○명)

조사 방법: 질문지법 및 체크리스트, 면담

조사 시기: 202○년 ○월 ○일

조사 내용	실태 분석 내용	결과 및 지도 대책
체육 수업에서 좋아하는 영역에 관한 질문	스포츠 영역은 64%(18명)가 선호하였으나 표현 영역은 7%(2명)의 학생만이 선호하는 것으로 나타났다.	다른 교과 시간이나 평소에 자기 자신을 다른 학생들 앞에서 몸으로 표현해 볼 기회를 많이 제공하여 생활 속에서 자연스럽게 움직임을 실천할 수 있도록 유도하고, 학생들의 발달 단계상 특징인 경쟁과 게임 내용 요소를 표현 활동에 도입하도록 내용을 재구성해서 지도해야겠다.
빠르기, 크기, 높이, 무게 중 똑같은 동작을 변화시킬 때 느낌이 달라질 수 있는 변화를 찾는 인지적 요소와 관련된 질문	빠르기, 크기, 높이, 무게 중 똑같은 동작을 변화시킬 때 느낌이 달라질 수 있는 변화를 찾을 수 있는가 하는 움직임 표현 요소와 관련된 질문에 28%(8명)의 학생만이 변화를 찾을 수 있는 것으로 나타났다.	일상생활 속에서 소재를 찾아 이를 통해 지도함으로써 표현 활동에 대한 흥미와 관심을 가질 수 있도록 지도한 후에 움직임의 원리를 알도록 지도해야겠다.
움직임 표현 요소별 신체 표현 능력을 묻는 심동적 영역과 관련된 질문	움직임 표현 요소별 신체 표현 능력 실태를 조사하기 위하여 본시와 관련하여 시간, 힘에 대한 실기 조사를 한 결과 21%(6명)만의 학생들이 상황 제시에 따라 바로 움직임으로 표현할 수 있는 것으로 나타났다.	신체 표현을 창작하기 위한 과정과 방법을 구체적이고 다양하게 제시하여 창작 활동의 즐거움을 경험할 수 있도록 지도해야겠다. 또한 학생들의 이해를 돕기 위해 영상 시청 활동, 움직이는 인형 등의 구체물을 활용하여 신체 이해력을 높일 수 있도록 지도해야겠다.
수업과 관련된 정의적 영역과 관련된 질문	체육 교과 활동 시 어려움을 느끼는 학생 68%(19명)는 모둠 친구들의 질책이 두려워서 어려움을 느끼는 것으로 나타났고, 이외의 어려움은 대다수의 학생들이 참고 노력하는 것으로 나타났다.	모둠원들의 질책보다는 서로 격려하고 도와주는 방향으로 지도하여 긍정적인 상호 의존을 발생시키고, 다른 사람들 앞에서 자신감을 가지고 협력하여 과제를 해결하도록 지도해야겠다.
희망하는 학습 형태	패(모둠)활동을 선호하는 학생들이 50%(14명)로 가장 높게 나타났고, 전체 학습의 선호도가 낮게 나타났다.	학생들의 흥미도를 높이고, 적절한 시기에 패(모둠)별 활동을 통하여 학생들의 학습의욕을 높이는 방향으로 지도해야겠다.

10. 지도상의 유의점

- 정확하게 동작을 표현하는 것을 강조하기보다는 움직임 표현 원리를 이해하고 신체 표현을 창의적으로 하는가에 주안점을 두도록 한다.
- 표현 결과보다는 친구들과 서로 협력하여 적극적이고 즐겁게 참여하는 과정과 태도가 중요함을 인식하도록 지도한다.
- 교수 · 학습 자료는 학생들이 변화의 모습을 직접 보고 느끼게 하여 움직임 표현 원리를 이해할 수 있도록 각종 구체물과 동영상을 제공하도록 한다.
- 초기에는 각종 음악 자료를 활용하여 리듬을 들려주되 점차 밝고 경쾌한 음악에 맞추어 표현하도록 하여 자연스럽게 음악과의 표현의 조화를 체득하도록 한다.
- 단순한 기능 중심의 평가를 지양하고, 움직임 언어를 활용하여 창의적으로 신체 표현을 했는지, 다른 사람과 협력하여 즐겁게 참여하는지에 관한 창의 · 인성적 측면도 함께 평가한다.

11. 체육 수업 설계와 실연 시 팁

- 수업설계 시 성취 기준과 학습 목표는 분명히 다르다. 성취 기준은 단원을 목표로 교육과정에서 요구하는 학습내용이고, 단위 차시 목표는 성취 기준을 중심으로 단위 차시에서 도달해야하는 목표이다. 성취 기준이 학습 목표의 상위 개념인 것이다.
- 수업은 목표 중심으로 구상하여 활동을 만들어야 한다.
- 한 시간에 너무 많은 내용을 가르치려고 하지 않아도 된다. 학생들의 출발점 행동을 진단하고 학습양을 적정하게 만들어야 한다.
- 교육과정–수업–평가의 일체화를 수업에 적용하면 성취 기준의 내용–단위 차시의 학습 목표와 활동의 일치–형성 평가–학습지 모두가 수업목표와 일치와 관련된 것이다.
- 학습 목표[교사 기준 도달도(예: ~수 있다)]와 공부할 문제, 학습문제[학생 기준

(예: ~해 보자, ~해 봅시다)]는 진술 방법의 차이가 있다.

- 평가는 수업목표와 관련지어 평가하여야 한다. 평가 기준은 학습 목표 도달도를 중수준의 학생들을 기준으로 확인하는 것이다.
- 좋은 체육 수업은 체육 교과의 특성을 살리면서도 재미있고 효율적이며 반성적인 수업이 중요하다.
- 체육 수업에서 안전은 불가피한 요소이기 때문에 반드시 학생의 몸상태를 체크해야 하며, 충분한 준비운동으로 상해를 방지해야 한다. 특히 경쟁적 요소가 들어 있는 수업 요소는 주위에 위험한 물건이나 상황은 없는지 반드시 확인해야 하며, 학생들이 경쟁으로 인하여 위험한 행동을 하지 않도록 교사가 주의를 기울여야 한다.
- 교사의 시범이 어려운 경우에는 기능이 우수한 학생이나 영상을 활용하면 효과적이다.

12. 지도의 실제

1) 본시 교수 · 학습의 개요

<table>
<tr><td>단원</td><td colspan="2">2. 표현의 즐거움을 느끼며</td><td>일시</td><td>년 월 일 교시</td><td>장소</td><td>○</td></tr>
<tr><td>차시</td><td colspan="2">5/10</td><td>소요시간</td><td>40분</td><td>지도교사</td><td>○</td></tr>
<tr><td>성취 기준</td><td colspan="6">[4체04-01] 움직임 언어(이동 움직임, 비이동 움직임, 조작 움직임)와 표현 요소(신체, 공간, 노력, 관계)를 탐색한다.</td></tr>
<tr><td>학습 목표</td><td colspan="6">동물이 되어 여러 가지 움직임을 속도와 무게에 따라 창의적으로 표현할 수 있다.</td></tr>
<tr><td rowspan="4">수업 전략</td><td colspan="2">최적 학습 모형</td><td colspan="4">탐구 중심 학습 모형</td></tr>
<tr><td colspan="2">창의성 교수 · 학습 전략</td><td colspan="4">브레인스토밍</td></tr>
<tr><td colspan="2">학습 집단 조직</td><td colspan="4">대집단 활동 → 모둠 활동 → 개별 활동</td></tr>
<tr><td colspan="2">중심 내용 활동</td><td colspan="4">[활동1] 동물들의 움직임 탐구하기
[활동2] 동물들의 움직임 표현하기
[활동3] 움직임 발표 및 감상하기</td></tr>
<tr><td rowspan="3">교수 · 학습 자료</td><td rowspan="2">일반 자료</td><td>교사</td><td colspan="4">점수판, 칭찬스티커, 이동식 칠판, 공부할 문제 카드, 칭찬스티커, 학습 활동 안내판, 설명판, 왕관, 그림 자료, 동물인형 자료, 도르레</td></tr>
<tr><td>학생</td><td colspan="4">체육복, 필기구</td></tr>
<tr><td colspan="2">멀티미디어 자료</td><td colspan="4">녹음기, 음악 CD, 동영상 자료</td></tr>
</table>

단계	학습내용	교수 · 학습 활동		시간(분)	자료(•) 및 유의점(*) 창의 · 인성 요소(♡)
		교사 활동	학생 활동		
준비 및 문제 상황 제시	준비활동	○'이슬' 노래를 부르며 모여 앉도록 한다.	○'이슬' 노래를 부르며 모여 앉는다.	5	• 음악 CD
	준비운동	○음악에 맞추어 교사의 동작을 보며 준비 운동을 하게 한다.	○음악에 맞추어 교사의 동작을 보면서 준비 운동을 한다.		* 몸이 불편한 학생은 참관하도록 한다.
	동기 유발	○생각을 열고 학습 활동에 참여할 준비를 하게 한다. • 음악을 듣고 느낌 말하게 하기 -여러분이 들은 음악은 동물의 움직임을 노래로 표현한 음악입니다. 음악을 듣고 생각나는 동물이 있나요? -선생님과 오늘 어떤 공부를 할 것 같나요?	○생각을 열고 학습에 참여한다. • 음악을 들은 소감 말하기 -느린 음악을 들으니 거북이나 달팽이가 생각납니다. 빠른 음악을 들으니 말이나 타조가 생각납니다. -동물을 표현하는 활동을 할 것 같습니다.		♡확산적 사고 * 동기 유발 자료를 보고 스스로 공부할 문제를 찾아보도록 유도한다. • 공부할 문제 카드, 이동식 칠판 ♡흥미
	공부할 문제 확인	○공부할 문제를 알아보게 한다. 동물이 되어 여러 가지 움직임을 속도와 무게에 따라 창의적으로 표현하기	○공부할 문제를 확인하고 다함께 읽어 본다.		
탐구 문제 선정	학습 안내	○학습할 순서를 안내한다. **학습 활동 순서** [활동1] 동물들의 움직임 탐구하기 [활동2] 동물들의 움직임 표현하기 [활동3] 움직임 발표 및 감상하기	○학습할 순서와 방법을 알아 본다.	1	• 학습 활동 순서판

탐구 계획 수립	동물들의 움직임 탐구하기	[활동1] 동물들의 움직임 탐구하기 ○속도에 따른 움직임(빠르게/느리게)을 탐구하게 한다. • 설명판을 이용하여 분류하기 –빠르게 움직이는 동물에는 무엇이 있을까요? –느리게 움직이는 동물에는 무엇이 있을까요? ○무게에 따른 움직임(가볍게/무겁게)을 탐구하게 한다. –가볍게 움직이는 동물에는 무엇이 있을까요? –무겁게 움직이는 동물에는 무엇이 있을까요?	○속도에 따른 움직임(빠르게/느리게)을 탐구한다. • 설명을 듣고 분류하기 –치타, 타조, 독수리 등이 있습니다. –거북이, 애벌레, 달팽이 등이 있습니다. –다람쥐, 병아리, 생쥐 등이 있습니다. ○무게에 따른 움직임(가볍게/무겁게)을 탐구한다. –하마, 코끼리, 코뿔소 등이 있습니다.	5	• 설명판 분류 자료 • 동영상 자료 ♡시각화 ♡도덕적 판단
탐구 활동 전개	동물들의 움직임 표현하기	[활동2] 동물들의 움직임 표현하기 ○속도와 무게에 따른 움직임을 터별활동을 패(모둠)별로 하도록 한다. ○이끔이가 패별로 먼저 할 것을 정하고 모둠을 이끌고 활동을 시작하도록 한다.	○속도와 무게에 따른 움직임을 터별활동을 패(모둠)별로 한다. ○이끔이를 중심을 패별 활동을 한다.	16	*패별로 사전 역할 분담 학생 중 설명이가 다시 팀원들에게 자세히 설명한다.
		◈ **시청각 활동터**: 동물의 움직임과 관련된 동작과 음악을 보고 들은 후 느낌을 패(모둠)별로 나누는 활동을 한다.			• 점수판 ♡문제해결력 ♡개방성

		◈ **간접 활동터**: 인형을 가지고 간접적으로 어떻게 표현할 것인지를 패원들과 상의한 후 간접적으로 움직여 보는 활동을 한다. ◈ **게임 활동터**: 주제와 관련 된 움직임을 창작활동 게임을 통하여 움직여 봄으로써 표현활동에 쉽게 접근하도록 하는 활동을 한다. ◈ **창작 활동터**: 패원들과 움직임을 직접 실행해 보고 상의를 한 후 움직임을 넣어 표현하는 활동을 한다. ◈ **표현 활동터**: 충분히 활동이 된 패들은 음악을 넣어 자신들이 창작한 표현활동을 연습하는 활동을 한다.			♡독립성
탐구 결과 발표	움직임 발표 및 감상하기	**[활동 3]** 움직임 발표 및 감상하기 ○패(모둠)별로 활동한 동작을 발표하게 한다. • 패별 표현 활동을 보면서 잘된 점과 부족한 점을 발표 및 감상하게 하기 -어떤 점이 잘된 것 같나요? -어떤 점을 고쳐야 할 것 같나요? ○패(모둠)별로 친구들의 활동을 감상하고, 수정 · 보완하게 한다.	○패(모둠)별로 활동한 동작을 발표하게 한다. • 패별 표현 활동을 보면서 자신의 생각과 느낌을 발표하기 -무거운 돼지가 천천히 움직이는 것을 잘 표현한 것 같습니다. -다람쥐를 너무 무겁게 표현한 것 같습니다. ○패(모둠)별로 친구들의 활동을 감상하고, 수정 · 보완한다.	8	*표현한 내용을 자신있게 발표하도록 한다. *자기 모둠과 비교하면서 감상하는 태도를 갖는다. *잘한 패에 대해서는 칭찬카드로 보상한다. ♡비판적 사고
학습 활동 정착	정리운동 활동 후 느낌 나누기	○음악에 맞추어 정리 율동을 따라하게 한다. ○느낀 점을 발표하게 한다. • 활동하면서 느낀 점 발표하게 하기 -재미있었던 점은 무엇인가요?	○음악에 맞추어 정리 율동을 따라한다. ○느낀 점을 발표한다. • 활동하면서 재미있었던 점 발표하기 -무거운 동물을 표현하는 것이 재미있었습니다.	5	• 음악CD ♡개방성 ♡흥미, 몰입

		-무게와 속도 말고 다른 방법으로 표현한다면 어떤 동물을 어떻게 표현하고 싶나요? • 잘한 점을 찾아 칭찬하게 하기 ㅇ다음 시간에 배울 내용을 알아보게 한다.	-무리를 지어 움직이는 물소떼를 표현하고 싶습니다. • 잘한 점을 찾아 칭찬하기 ㅇ다음 시간에 배울 내용을 살펴본다.		• 칭찬스티커 • 표현 • 왕관
	차시 예고	그림자가 되어 친구의 움직임을 따라하기			
	정리지도 위생지도	ㅇ정리정돈을 하게 한다. ㅇ위생지도를 한다.	ㅇ서로 협력하여 정리한다. ㅇ손 씻기, 옷 털기 등을 각자 실천한다.		

2) 판서 계획

2. 표현의 즐거움을 느끼며

동물이 되어 여러 가지 움직임을 속도와 무게에 따라 창의적으로 표현하기	움직임 분류판	[활동1] 동물들의 움직임 탐구하기 [활동2] 동물들의 움직임 표현하기 [활동3] 움직임 발표 및 감상하기
활동 점수판		

3) 형성 평가 계획

(1) 이원목적 분류표

평가 내용	평가 요소	내용 영역			행동 영역		
		운동	스포츠	표현	과정·기능	지식·이해	가치·태도
속도와 무게에 따라 동물의 움직임을 창의적으로 표현할 수 있는가?	속도와 무게에 따라 동물의 움직임을 창의적으로 표현하기			○	○		
움직임의 속도와 무게에 따라 느낌이 다르다는 것을 아는가?	움직임의 속도와 무게에 따른 느낌 알기			○		○	
친구를 배려하고 협력하여 즐겁게 참여하는가?	협력하여 참여하는 태도			○			○

(2) 평가 내용 및 기준

평가 영역	평가 내용	평가 기준	평가 척도	평가 시기	평가 방법
지식 · 이해	움직임의 속도와 무게에 따라 느낌이 다르다는 것을 아는가?	움직임의 속도와 무게에 따라 느낌이 다르다는 것을 알고 느낌을 변화시킬 수 있다.	상	수업 중	관찰
		움직임의 속도와 무게에 따라 느낌이 다르다는 것을 알고 있다.	중		
		움직임의 속도 또는 무게에 따라 느낌이 다르다는 것을 안다.	하		
과정 · 기능	속도와 무게에 따라 동물의 움직임을 창의적으로 표현할 수 있는가?	속도와 무게에 따라 동물의 움직임을 개성있고, 창의적으로 표현할 수 있다.	상	수업 중	관찰
		속도와 무게에 따라 동물의 움직임을 창의적으로 표현할 수 있다.	중		
		동물의 움직임을 표현할 수 있다.	하		
가치 · 태도	친구를 배려하고 협력하여 즐겁게 참여하는가?	친구를 배려하고 존중하여 협력하여 모둠활동에 즐겁게 참여한다.	상	수업 중	관찰
		친구를 배려하고 협력하여 즐겁게 참여한다.	중		
		친구를 배려하며 활동에 참여한다.	하		

06

영어과

단원 안내

- 학년: 5학년
- 단원: Lesson 10. What Does He Look Like?
- 역량: 지식 정보 처리, 협력적 소통, 창의적 사고

활용 모형

- 가네의 9단계 교수 · 학습법

신규 및 저경력 교사를 위한 수업 가이드

- 2022 개정 교육과정의 영어과 교수 · 학습 원리 적용
- 과제 분석 및 수준별 학습 설계 방법
- 주제 관련 학습자 실태 조사 전략
- 영역별 평가 방법 및 평가 결과에 따른 환류 계획 제시

1. 단원의 지도 계획

1) 단원의 개관

이 단원에서는 인물이나 동물의 생김새를 묻고 답하고, 다양한 옷차림을 묘사하는 등 일상생활에서 자주 쓰는 의사소통 기능을 익힌다. 문장 "What does he/she look like?"와 "He/She has ~." 그리고 "He/She's wearing ~."를 익혀 적절한 상황에서 활용하는 것을 목표로 한다. 관련 성취 기준으로는 '이해' 영역에서 '[6영01-04] 일상생활 주제에 관한 담화나 글의 세부 정보를 파악한다.'와 '[6영01-10] 일상생활 주제나 문화에 관한 담화나 글을 포용의 태도로 듣거나 읽는다.' '표현' 영역에서 '[6영02-04] 주변 사람이나 사물을 간단한 문장으로 소개하거나 묘사한다.'와 '[6영02-09] 적절한 매체와 전략을 활용하여 창의적으로 의미를 생성하고 표현한다.' 등이 있다.

이 단원에서 많이 활용되는 단어들은 신체 부위, 색깔, 모양 등으로 5학년 수준에서 이미 친숙한 단어들이 많다. 따라서 단원의 초반에는 이미 알고 있는 단어들을 중심으로 주요 표현을 익히고, 후반부에는 문학작품 속 주인공의 생김새와 옷차림, 반려동물의 생김새 등 다양한 소재를 제시하여 단어 및 표현을 심화할 수 있도록 한다.

2022 개정 영어과 교육과정에 제시된 영어 교육의 궁극적 지향점은 '영어 의사소통 역량'으로, 영어로 제시된 다양한 정보를 습득하고, 문화적 산물을 향유하며, 영어로 자신의 생각을 창의적으로 표현하고, 영어 사용 공동체 참여자들과 협력적으로 상호작용할 수 있는 역량을 말한다. 이를 고려하였을 때, '옷차림과 생김새'를 소재로 하는 본 단원이 영어 의사소통 역량 향상에 긍정적으로 기

여할 수 있다고 판단하였다. 부연하자면, 단원의 학습을 통해 학생들은 지식 정보 처리 역량, 협력적 소통 역량, 창의적 사고 역량 등을 계발할 수 있다. 먼저, 생김새나 옷차림 등 제시된 정보를 바탕으로 특정 인물 내지는 동물을 찾는 과정을 통해 지식 정보 처리 역량을 신장할 수 있다. 또한 사람이 많은 곳에서 동생이나 엄마를 잃어버려 대화를 나누는 사람과 함께 찾는다는 등의 제시된 상황적 맥락을 통해 협력적 소통 역량을 기를 수 있다. 끝으로, 제시된 인물 내지는 동물의 생김새와 옷차림을 바꾸고, 묘사하는 활동을 통해 창의적 사고 역량 또한 계발할 수 있다. 더 나아가 다양한 생김새와 옷차림을 존중하고 포용하는 태도를 강조함으로써 영어과에서 강조하는 중요한 가치와 태도 또한 신장할 수 있을 것이다.

(1) 단원 목표 및 관련 성취 기준

<table>
<tr><th colspan="2">영역</th><th>단원 목표 및 관련 성취 기준</th></tr>
<tr><td rowspan="3">이해</td><td>듣기</td><td>• 생김새를 묻고 답하는 말을 듣고 이해할 수 있다.
• 옷차림을 묻고 답하는 말을 듣고 이해할 수 있다.</td></tr>
<tr><td>읽기</td><td>• 생김새를 묻고 답하는 말을 할 수 있다.
• 옷차림을 묘사하는 말을 할 수 있다.</td></tr>
<tr><td>관련 성취 기준</td><td>[6영01-04] 일상생활 주제에 관한 담화나 글의 세부 정보를 파악한다.
[6영01-10] 일상생활 주제나 문화에 관한 담화나 글을 포용의 태도로 듣거나 읽는다.</td></tr>
<tr><td rowspan="3">표현</td><td>말하기</td><td>• 생김새를 묻고 답하는 문장과 옷차림을 묘사하는 문장을 읽고 이해할 수 있다.
• 〈The Little Prince〉와 반려동물 묘사 글을 읽고 내용을 파악할 수 있다.</td></tr>
<tr><td>쓰기</td><td>• 주요 낱말, 어구 및 문장을 바르게 쓸 수 있다.
• 예문을 참고하여 반려동물을 묘사하는 글을 쓸 수 있다.</td></tr>
<tr><td>관련 성취 기준</td><td>[6영02-04] 주변 사람이나 사물을 간단한 문장으로 소개하거나 묘사한다.
[6영02-09] 적절한 매체와 전략을 활용하여 창의적으로 의미를 생성하고 표현한다.</td></tr>
</table>

(2) 차시별 교수 · 학습 내용

차시	교수 · 학습 내용
1	• 인물의 생김새를 묻고 답하는 표현 듣고 이해하기 • 주요 표현 듣고 말하기 • 짝과 그림 속 인물을 알맞게 묘사하는 게임하기
2	• 옷차림을 묘사하는 표현 이해하고 말하기 • 상황에 알맞은 대화 추측하여 말하기 • 모둠 친구들과 묘사하는 인물 빨리 찾는 게임하기
3	• 생김새를 묻고 답하는 문장과 옷차림을 묘사하는 문장 듣고 따라 읽기 • 문장을 읽고, 알맞은 그림에 번호 쓰기 • 그림과 다른 부분을 고쳐 문장 다시 쓰기
4 (본시)	• 〈The Little Prince〉 이야기 읽고 이해하기 • 이야기의 내용 생각하며 문제해결하기 • 역할놀이하기
5	• 반려동물 묘사 글 읽고 이해하기 • 예시를 참고하여 반려동물 묘사 글에 쓸 내용 정리하기 • 반려동물 묘사 글 완성해서 전시하기
6	• 배운 내용 확인하기 • 유명한 동화 속 주인공의 생김새와 옷차림 알아보기 • 단원 마무리

(3) 단원 평가 계획

차시	평가 계획	
	평가 방법	평가 내용
1	관찰 평가, 자기 및 상호 평가	• 인물의 생김새를 묻고 답하는 표현을 이해하고 말할 수 있는가? • 배운 표현을 말하며 활동에 적극 참여하는가?
2	관찰 평가, 자기 및 상호 평가	• 〈What does he look like?〉 노래의 뜻을 이해하며 부를 수 있는가? • 배운 표현을 말하며 활동에 적극 참여하는가?
3	지필 평가, 자기 및 상호 평가	• 생김새를 묻고 답하는 문장을 읽고 쓸 수 있는가? • 주요 표현을 읽고 쓰며 활동에 적극 참여하는가?

4 (본시)	지필 평가, 자기 및 상호 평가	• 〈The Little Prince〉를 읽고 이해할 수 있는가? • 글을 읽고 내용을 정리할 수 있는가?
5	관찰 평가, 자기 및 상호 평가	• 주어진 예문을 읽고 이해할 수 있는가? • 묘사하는 글을 완성하고 공유하는 활동에 적극 참여하는가?
6	지필 평가, 자기 및 상호 평가	• 문제를 풀며 학습한 내용을 정리할 수 있는가? • 동화 속 주인공의 생김새와 옷차림을 알고 친구에게 묘사할 수 있는가?

(4) 본 차시 분석

본 차시는 이 단원의 의사소통 기능을 친근한 이야기로 익힐 수 있도록 생텍쥐페리의 〈The Little Prince〉를 단순화하여 활용하였다. 어린왕자의 옷차림과 생김새, 여우의 생김새를 묘사하는 이야기를 읽으며 주요 표현을 자연스럽게 익히고 연습할 수 있는 차시이다. 더 나아가 대본을 완성하고 역할놀이를 하는 일련의 과정을 통해 말하기와 쓰기 능력을 균형 있게 향상하고, 학습자 수준에 따른 개별화된 학습도 꾀할 것이다.

읽기 중심의 4기능 통합을 위해서는 읽기 전 · 중 · 후 활동이 순차적으로 제시되어야 한다. 이중 '읽기 후 활동'을 지필 평가하여 학습자의 이해도를 중간 점검하고, 평가 결과를 반영하여 수준별 후속 활동인 역할놀이가 이어질 수 있도록 수업을 설계하였다. 역할놀이 시에는 관찰 평가를 실시하여 의사소통 기능을 잘 습득하였는지 점검하고, 자연스러운 문자 학습이 이루어질 수 있도록 적극적인 피드백이 병행되어야 할 것이다.

2. 학습자 실태 분석

1) 개요

대상: ○○초등학교 5학년 ○반 24명(남 12명, 여 12명)

일시: 20○○년 10월 중

방법: 설문지 활용

2) 조사 내용

1. 다음 문장을 읽고, 자신의 생각과 일치하는 곳에 ○표 하시오.

문항	전혀 아니다	아니다	보통이다	그렇다	매우 그렇다
1. 나는 영어 공부를 좋아한다.					
2. 나는 영어 공부를 잘한다.					

2. 〈보기〉에 제시된 영어 단어 중 아는 단어에 ○표 하고, 단어의 뜻을 적으시오.

〈보기〉

eyes	nose	mouth	ears	hair
red	green	blue	blond	brown
look	wear	prince	friend	tail

3) 조사 결과

(1) 1번 문항 결과

문항	응답 수(명)					계(명)
	전혀 아니다	아니다	보통이다	그렇다	매우 그렇다	
1. 나는 영어 공부를 좋아한다.	2	2	5	10	5	24
2. 나는 영어 공부를 잘한다.	4	3	7	5	5	24

(2) 2번 문항 결과

정답 수(명)			계(명)
5개 미만	5개 이상 10개 미만	10개 이상	
3	6	15	24

(3) 분석 결과

이 학급 학생들은 전반적으로 영어 공부를 좋아하는 편이고, 자신이 영어 공부를 보통 이상으로 잘한다고 생각하는 학생 수도 절반 이상으로 영어 교과에 대한 인식이 긍정적인 편이다. 따라서 이미 영어를 좋아하고, 잘하는 학생들에게는 긍정적인 강화를 해 주고, 영어를 좋아하지 않고, 공부가 어려운 학생들에게는 적절한 지원과 지도를 해 줄 필요가 있다. 특히 영어 공부를 전혀 좋아하지 않는다고 응답한 학생(2명)과 비교하였을 때 영어 공부를 잘하지 못한다고 최하위로 응답한 학생(4명)이 더 많다는 점은 영어교과에 흥미는 있으나 어려움이 있음을 시사하기에 해당 학생들에 대한 추가적인 지원이 반드시 필요하다.

본 단원에서 활용되는 영어 단어의 수준은 매우 쉬운 편이며, 실태 조사 결과에서도 매우 양호한 결과가 나타났다. 다만, 단어를 잘 알고 있다고 해서 의사소통 능력이 모두 높은 것은 아님을 유념하여야 한다. 특히 5학년 수준에서 'look'이라는 단어를 아는 학생이 'look like'의 뜻은 정확히 모르는 경우가 적지 않기 때문이다. 따라서 이미 아는 단어는 간결하게 설명하고 넘어가되, 새로운 숙어 및 표현을 지도함에 있어서는 충분한 설명과 강조가 뒷받침되어야 한다.

3. 본시 지도 및 평가 계획

1) 가네 모형의 적용

이상의 분석 내용을 바탕으로 가네 모형의 아홉 가지 수업 절차에 기반하여 본시 적용 내용을 정리하면 아래와 같다.

- 주의 집중
  - 〈The Little Prince〉의 책 표지를 제시하여 학습 흥미를 유발한다.
  - 주인공의 생김새를 묻는 발문을 통해 사전 지식 활성화를 유도한다.

- 학습 목표 제시
  - (이해 영역) 〈The Little Prince〉를 읽고 내용을 이해할 수 있다.
  - (표현 영역) 이야기의 내용을 바탕으로 대본을 완성하고 생김새를 묘사할 수 있다.

- 선수 학습 회상 자극
  - 지난 시간에 배운 교과서 125쪽 〈Let's Sing〉을 함께 부른다.
  - 주요 표현을 판서하고, 직접 말해 보며 선행 학습을 상기시킨다.

- 학습 자료 제시
  - 〈The Little Prince〉 이야기를 제시한다.
  - 주요 표현에 집중하며 이야기를 듣도록 한다.

- 학습 안내 제공
  - 어린왕자의 생김새와 옷차림을 떠올리며 문장을 읽도록 한다.
  - 여우의 생김새를 떠올리며 문장을 읽도록 한다.

- 연습 및 수행 유도
  - 교과서에 제시된 문제를 풀며 이해 정도를 확인한다.
  - 역할극을 통해 주요 표현을 연습할 기회를 제공한다.

- 피드백 제공
  - 성공적인 수행에는 긍정적인 피드백을, 그렇지 않은 경우 구체적인 피드백을 제공하여 보다 적극적이고 성공적인 수행을 돕는다.

- 수행 평가
  - 역할극을 관찰 평가하여 학습 목표의 도달 정도를 측정한다.
  - 환류 계획을 참고하여 평가 결과에 알맞게 추가적인 지도를 한다.

- 파지 및 전이 촉진
  - 〈Word Chant〉를 함께 부르며 새로 배운 단어를 복습한다.
  - 판서의 주요 표현을 복습하며 수업을 마무리한다.

2) 본시 교수 · 학습 지도안

<table>
<tr><td>일시</td><td></td><td>대상</td><td></td><td>수업자</td><td></td></tr>
<tr><td>단원명</td><td colspan="3">10. What Does He Look Like?</td><td>차시</td><td>4/6</td></tr>
<tr><td>의사소통 기능</td><td colspan="3">• 생김새 묻고 답하기
Q: What does he look like?
A: He has short hair.
• 옷차림 묘사하기
She's wearing a yellow shirt.</td><td>교과역량</td><td>지식 정보 처리
협력적 소통
창의적 사고</td></tr>
<tr><td>성취 기준</td><td colspan="5">[6영01-10] 일상생활 주제나 문화에 관한 담화나 글을 포용의 태도로 듣거나 읽는다.
[6영02-04] 주변 사람이나 사물을 간단한 문장으로 소개하거나 묘사한다.</td></tr>
<tr><td>학습 목표</td><td colspan="5">• 〈The Little Prince〉를 읽고 내용을 이해할 수 있다.
• 이야기의 내용을 바탕으로 대본을 완성하고 생김새를 묘사할 수 있다.</td></tr>
<tr><td>자료</td><td colspan="5">교과서 126–127쪽, 교과서 전자 저작물, PPT, 활동지</td></tr>
</table>

수업 단계	교수 · 학습 활동(시간)	자료(*),평가(■) 유의점(○)
① 주의 집중	◉ 동기 유발 및 주의 집중(3′) ○ 〈The Little Prince〉의 책 표지 보여 주기 Ⓣ Look at the picture. What do you see? Ⓢ '어린왕자'요. 여우가 있어요.	*PPT
② 학습 목표 제시	◉ 학습 목표 제시(1′) • 〈The Little Prince〉를 읽고 내용을 이해하여 봅시다. • 이야기의 내용을 바탕으로 대본을 완성하고 생김새를 묘사하여 봅시다.	
③ 사전 지식 재생 촉진	◉ 전시 학습 확인(3′) ○ 교과서 125쪽 〈Let's Sing〉 활용 주요 표현 복습하기 Ⓣ Let's sing along. Ⓢ (노래를 부르며 주요 표현을 복습한다.) What Does He Look Like? What does he look like? / What does she look like? He has short hair. / She has long straight hair. Is he your friend? / Is she your sister? No, that's not him. / No, that's not her. He's wearing yellow shirt. / She's wearing green pants. ◉ 학습 활동 안내(1′) [활동1] Read Aloud [활동2] After You Read [활동3] Role-play	*전자 저작물
④ 자극 자료 제시	◉ [활동1] Read Aloud(8′) ○ 이야기를 듣고, 전체 내용을 파악한다.	*전자 저작물 ○학생들이 모르는 단어가 있는지 확인한다.

⑤ 학습 안내 제공	Ⓣ Listen to and read the story 'The Little Prince.' **The Little Prince** 〈장면 1〉 The little prince lives on a small star. He has short curly hair. He's wearing a long coat and green pants. He waters the flowers every day. 〈장면 2〉 The little prince has a friend, Charlie. He has big ears and short legs. He has black eyes and a long tail, too. Charlie and the little prince are good friends. Ⓣ Read the story aloud. Ⓢ (문장을 듣고, 소리 내어 따라 읽는다.)	
⑥ 수행 유도	◉ [활동2] After You Read(8′) ○ 읽기 후 활동을 하며 이해 정도를 확인한다.	■ (지필) 교과서 문제
⑦ 피드백 제공	Ⓣ Read the story again and answer the questions. Ⓢ (각자 문제를 푼다.) Ⓣ Let's check the answers. Ⓢ (정답을 확인한다.)	
⑥ 수행 유도	◉ [활동3] Role-play(12′) ○ 대본을 완성하고, 역할극을 한다.	*활동지 ■ (관찰) 역할극
⑦ 피드백 제공 ⑧ 수행 평가	Ⓣ Complete the script based on the story you read. Ⓢ (빈칸을 채워 대본을 완성한다.) Ⓣ Take a role and practice the dialog with your partner. Ⓢ (짝과 함께 대본을 읽으며 주요 표현을 연습한다.)	○ 학생 각자의 수준에 알맞게 대본을 수정하거나, 더 길게 작성할 수 있음을 안내한다.
⑨ 파지 · 전이 촉진	◉ 학습 내용 정리(3′) Ⓣ Let's do the word chant and review today's expressions. Ⓢ (챈트를 하며 주요 표현을 복습한다.) curly, curly, 곱슬곱슬한, leg, leg, 다리, prince, prince, 왕자, tail, tail, 꼬리, wear, wear, 입고 있다 curly, 곱슬곱슬한, leg, 다리, prince, 왕자, tail, 꼬리, wear, 입고 있다 ◉ 차시 학습 예고(1′) Ⓣ Next time, we will do a project. See you. Ⓢ See you.	*전자 저작물

3) 판서 계획

단원명: Lesson 10. What Does He Look Like?

<학습 목표>	<Key Expressions>	<Words>
• <The Little Prince>를 읽고 내용을 이해하여 봅시다. • 이야기의 내용을 바탕으로 대본을 완성하고 생김새를 묘사하여 봅시다.	★ 생김새 묻고 답하기 Q: What does he look like? A: He has short hair. ★ 옷차림 묘사하기 She's wearing a yellow shirt.	curly leg prince tail wear coat
<학습 활동>		
[Activity 1] Read Aloud [Activity 2] After You Read [Activity 3] Role-play		

4) 평가 계획

평가 영역	평가 방법	평가 도구	평가 내용
이해	지필	교과서	〈The Little Prince〉를 읽고 내용을 이해할 수 있는가?
표현	관찰	역할놀이	이야기의 내용을 바탕으로 대본을 완성하고 생김새를 묘사할 수 있는가?

5) 환류 계획

2022 개정 교육과정에서 평가는 학생 개개인의 교육 목표 도달 정도를 확인하고, 학습의 부족한 부분을 보충하는데 주안점을 둘 것을 강조하고 있다. 즉, 평가 결과에 대한 적절한 정보를 제공하고, 추수 지도를 실시하여 학생이 자신의 학습을 지속적으로 성찰하고 개선할 수 있도록 하여야 한다. 이에, 본시 평가 결과에 따른 환류 계획을 제시하면 다음과 같다.

- 이해 영역
  - 도달: 이야기와 관련된 경험을 나누는 등 배경지식을 활성화하여 깊은 이해를 돕는다.
  - 미도달: 이해하기 어려운 단어나 표현이 있는지 확인하거나, 이야기를 한 문장씩 번역해 주어 이해를 돕는다.

- 표현 영역
  - 도달: 다른 이야기 또는 다른 캐릭터 등을 활용하여 생김새와 옷차림을 설명할 수 있음을 지도한다.
  - 미도달: 발음하기 어려운 단어나 표현이 있는지 확인하거나, 제시된 이야기를 반복적으로 듣고 따라 읽을 수 있도록 한다.

6) 활동지

Write and Speak

Lesson 10 **What Does He Look Like?** 4차시

The Little Prince 이야기의 내용을 바탕으로 대본을 완성하고 실감 나게 말해 봅시다.

The little prince: I have a ______________, Charlie.

Boy: What does he look like?

The little prince: He has ______________ and ______________.

Boy: What about his eyes and tail?

The little prince: He has ______________ and ______________.

Boy: I see.

07

통합교과

단원 안내

- 학년: 2학년
- 단원: 마을
- 역량: 지금-여기-우리 삶

활용 모형

- 개념 기반 탐구학습

신규 및 저경력 교사를 위한 수업 가이드

- 2022 개정 교육과정의 핵심 아이디어, 내용체계표 활용법
- 성취 기준 중심의 교육과정 재구성을 통한 통합교과 단원 설계 방법
- 교육과정-수업-평가의 일관성을 갖춘 과정 중심 평가 설계
- 깊이 있는 학습을 위한 개념 기반 탐구학습 활용 단원 설계
- 피드백에 대한 이해(피드백의 종류, 구체적인 예)

1. 수업의 목적

통합교과는 1, 2학년 학생들의 특성에 맞추어 주제를 중심으로 구성되어 있다. 이번에 지도할 '마을' 단원은 마을을 내가 살아가는 공동체로 인식하고 공동체에서 함께 살아갈 수 있도록 마을의 모습, 마을 사람들이 하는 일, 우리 마을의 문화 예술 활동 등을 살펴보고 '우리는 여러 공동체 속에서 생활한다.'는 핵심 아이디어에 도달할 수 있도록 단원을 개념 기반 탐구학습 모형으로 설계하였다. '우리는 어디에서 살아갈까'라는 해당 단원의 영역에서도 알 수 있듯 '지금-여기-우리 삶'에서 학생들은 내가 살아가고 있는 물리적 의미의 마을 공동체, 가족을 포함한 정서적 공동체 등에 대해 알아보고 내가 지금 살고 있는 삶을 더 행복하게 영위하기 위해 무엇을 할 수 있을지에 대해 생각하고 실천할 수 있도록 한다. 여기에 내가 기여할 수 있는 일뿐만 아니라 공동체의 문화 예술 활동 등을 향유하는 것도 포함된다.

2022 개정 교육과정이 추구하는 깊이 있는 학습은 교과 통합, 삶과 연계, 성찰이라는 키워드를 가지고 배움이 삶에 전이되어 역량을 발휘할 수 있도록 해야 한다. 개념 기반 탐구학습 또한 개념적 이해를 목표로 하는 깊이 있는 학습을 할 수 있는 하나의 방법이므로 저학년 수준에 맞추어 이를 적용하였다. 학습 단원에 대한 강한 배움의 의지, 동기 등을 북돋우는 관계 맺기, 핵심 아이디어 속 개념을 명확히 하는 집중하기, 귀납적 방식으로 다양한 사례를 살펴보는 조사하기, 적절한 스캐폴딩 질문을 통해 조사한 내용을 이 단원의 핵심 아이디어에 맞게 조직하고 정리하여 일반화로 나아가게 하는 단계인 조직 및 정리하기, 학생들 스스로 핵심 아이디어를 찾아 자신의 말로 표현해 보는 일반화하기, 삶의 상황에 적용하고 행동할 수 있는 전이하기, 그리고 모든 단계에 수시로 적용하여 자신의 학습을 점검하고 더 발전하게 하는 성찰하기 단계로 '마을' 단원을 설계하였다.

성취 기준 기반의 교육과정 재구성을 위해 2022 개정 교육과정의 핵심 아이디어, 내용 체계표, 성취 기준 등을 분석하고 이를 개념 기반 탐구학습의 단계를 고려하여 배치하고 재구성하였다. 이때 교육과정-수업-평가의 일관성을 위하여 단원 재구성 시, 평가 요소도 함께 배치하고 평가 방법을 생각하며 평가 과제를 개발하였다.

2. 학생 실태 분석

대도시에 살고 있는 초등학교 2학년 학생 24명으로 마을의 범주나, 마을에 있는 여러 가지 장소, 행사 등에 대해 많이 알고 있지 않다. 마을에 있는 어린이 도서관, 주민센터, 마을 하천 옆 넓은 공원 등에서 다양한 문화 행사 등도 자주 개최되나 참여하는 인원은 한정적이다. 내가 속한 공동체를 위해서 내가 할 수 있는 일은 쓰레기 줍기와 같이 평범한 내용들이 많았으며 구체적이고 실질적으로 학생들이 공동체를 위해 할 수 있는 일을 알아보는 활동이 필요하다. 학교에는 저학년 학생들의 손 크기에 적합한 교육용 스마트 패드가 1개 반 분량 구비 되어 있어 학생들이 사진 촬영을 하거나 본 내용을 바로 녹음하여 자료로 남길 수 있다. 적극적으로 수업에 잘 참여하며 발표하는 것을 좋아하나 아직 자료 제작 등에는 시간이 걸리는 상황이다.

3. 성취 기준 중심의 단원 재구성을 위한 교육과정 분석

Tip	단원을 설계할 때, 가르쳐야 할 성취 기준이 무엇인지를 먼저 파악하는 것은 중요하다. 내용 체계표를 바탕으로 성취 기준에서 내용 요소를 찾아내고 학생들이 알아야 할 것, 할 수 있어야 하는 것 등을 명확히 추출한다. 또한 이 내용 요소들이 단편적인 지식이나 기능에 그치지 않고, 핵심 아이디어와의 연결을 통해 전이 가능한 개념적 이해로 나아갈 수 있게 설계한다. 성취 기준은 위로는 핵심 아이디어와 연결되어 있고, 내용 체계표 상의 내용 요소들이 2~3개 묶여져 학생들이 배워야하는 것을 문장으로 기술해 놓은 형태이다. 따라서 각 교과의 특징, 영역, 역량을 파악하고 내용체계표를 분석하면 단원 재구성이 훨씬 쉬워진다. 더불어 성취 기준 해설 및 성취 기준 적용 시 고려 사항을 먼저 숙지한다면 단원 설계의 용이성뿐만 아니라 모호한 부분이 쉽게 해결되어 방향성을 결정하고 차시 설계를 하기에 수월하다.

1) 통합교과의 특징

(1) 경험 중심 교과

바른 생활에서는 실천 경험으로, 슬기로운 생활에서는 탐구 경험으로, 즐거운 생활에서는 놀이 경험 중심으로 생활 세계에 있는 주제를 통해 삶을 이야기하며 경험하는 수업을 추구한다. 따라서 수업을 설계할 때 학생들이 생활 속에서 익숙한 사례를 통해 다양하고 의미 있는 경험을 할 수 있도록 설계한다.

(2) 역량: 지금-여기-우리 삶

통합교과에서의 배움을 통해 '과거'의 경험을 불러오고, 앞으로 그려 나갈 '미래'를 생각하며 '현재' 우리 삶의 이야기를 만들어간다. 이를 통해 지금-여기를 살아가는 힘뿐만 아니라 앞으로 이어질 미래를 살아가는 힘도 기를 수 있게 되어 [지금-여기-우리 삶]은 지향인 동시에 역량이다. 따라서 해당 역량이 단원 설계 및 수업 설계에 반영될 수 있도록 해야 한다.

2) 성취 기준 분석

(1) 영역

우리는 어디서 살아갈까

(2) 성취 기준

성취 기준
[2바02-01] 공동체에서 내가 할 수 있는 일을 찾아보고 실천한다.
[2슬02-01] 우리가 살고 있는 마을과 사람들이 생활하는 모습을 살펴본다.
[2즐02-01] 내가 참여할 수 있는 문화 예술을 향유한다.

(3) 내용 체계표

영역	핵심 아이디어	구분	바른생활	슬기로운 생활	즐거운 생활
우리는 어디서 살아 갈까	우리는 여러 공동체 속에서 생활한다.	지식 · 이해	• 공동체 생활 모습	• 마을의 모습과 생활	
		과정 · 기능	• 실천하기 • 호기심 갖기	• 살펴보기 • 조사하기 • 탐구하기 • 매체 활용하기 • 탐색하기	• 문화 예술 활동하기 • 표현하기 • 상상하기
		가치 · 태도	• 적극성과 도전의식	• 관심 • 호기심	• 문화 예술 향유

성취 기준 및 내용 체계표를 분석하였을 때, 지식 · 이해에서는 '공동체 생활 모습, 마을의 모습과 생활', 과정 · 기능에서는 '실천하기, 살펴보기, 문화 예술 활동하기', 가치 · 태도에서는 '적극성과 도전의식, 관심과 호기심, 문화 예술 향유'가 포함되어 있다. 핵심 아이디어는 '우리는 여러 공동체 속에서 생활한다.'로 학생들이 자신이 속한 여러 가지 공동체의 모습을 살펴보고, 공동체의 문화 예술 활동도 향유하며 공동체 속에서 삶을 살아가고 앞으로 살아갈 수 있도록 단원의 목표를 수립하여야 한다.

(4) 성취 기준 해설

> [2바02-01]에서 '공동체'의 범위는 나와 관련 있거나 내가 참여하는 공동체이다. [2즐02-01], [2즐02-02], [2즐02-03]의 '문화 예술'은 공간적, 물리적 한계를 넘어서 멀리 있더라도 참여할 수 있는 다양한 놀이, 표현, 감상 활동 등을 포함한다.

성취 기준이 하나의 문장으로 표현되어 관련 의미를 더욱 명료하게 해주는 성취 기준 해설을 살펴보면 '공동체'는 나와 관련 있거나 내가 참여하는 공동체로 정의한다. 이는 가정, 학급, 학교, 마을 등 나의 삶의 터전이 되는 공동체를 모두 포함한다고 할 수 있다. 또한 '문화 예술'도 공간적, 물리적 한계를 넘을 수 있는 모든 것을 포함하여 설계하는 방법을 포함한다.

(5) 성취 기준 적용 시 고려 사항

- [2바02] 타인과의 관계에서 발생하는 문제에 대한 올바른 인식 및 실천에 필요한 역량을 함양하여 원만한 인간관계를 형성할 수 있도록 한다. 이 영역의 모든 성취 기준을 적용할 때 가정, 마을 등 학생이 접하는 공간에서 안전하게 생활하는 데 필요한 안전 수칙을 다루며 가정과 연계하여 습관화하도록 한다. 특히 가정, 마을에 있는 다양한 도구와 시설을 안전하게 사용하는 방법을 다루도록 한다.
- [2바02-01] 공동체에 대한 관심을 학교에서 마을로 확대하며 민주시민 교육에 활용할 수 있다.
- [2슬02]의 모든 성취 기준을 적용할 때 마을을 탐색할 때는 마을에서 안전한 장소와 도움을 청할 수 있는 장소가 어디 있는지, 안전한 통학로는 어디인지, 화재와 관련하여 소방서나 다양한 생활 중 사건 사고와 관련하여 경찰서 등이 어디 있는지 나와 마을의 안전을 지켜주는 곳은 어디인지 등 안전과 관련된 곳을 다루는 데 중점을 둔다.
- [2슬02-01] 마을 사람들이 하는 일을 살펴보고 조사하는 활동 과정에서 진로교육, 마을을 중심으로 한 경제 · 금융 교육, 민주시민 교육과 연계할 수 있다.
- [2즐02] 영역 내 모든 성취 기준을 다룰 때는 놀이를 통한 기본 움직임 활동과 안전하게 생활하는 데 필요한 안전 교육을 주제 학습과 연계한다.
- [2즐02-01] 주변에서 열리는 지역 축제 등 문화 예술 활동에 공연자나 관람자로 참여하면서 창조적 활동을 경험할 수 있다.

성취 기준 적용 시 고려 사항에서는 성취 기준 중심으로 단원을 설계할 때 교사가 중점을 두어야 하는 부분 등에 대해 언급하고 있다. 바른 생활, 슬기로운 생활, 즐거운 생활 모두에서 공통적으로 '안전 교육'과 연계하여 지도하게 되어 있으며 특히 마을의 안전한 장소와 도움을 청할 장소, 통학로, 소방서, 경찰서 등의 위치를 지도하도록 되어 있다. 바른 생활에서는 원만한 인간관계와 나아가 민주시민 교육을, 슬기로운 생활에서는 진로 교육 및 경제 · 금융교육, 즐거운 생활에서는 놀이를 통한 움직임과 창조적 활동을 제시하고 있다. 따라서 주제 중심으로 되어 있는 통합교과에서 단원을 설계할 때 이러한 내용들이 적재적소에 배치될 수 있도록 교육과정을 재구성한다.

(6) 성취 기준별 성취 수준

성취 기준 중심의 교육과정 재구성을 할 때는 성취 기준, 성취 기준 해설, 성취 기준 적용 시 고려 사항 이외에도 추가적으로 성취 기준별 성취 수준에 담겨 있는 내용 요소가 있는지 살펴보아야 한다.

성취 기준	성취 기준별 성취 수준	
[2바02-01] 공동체에서 내가 할 수 있는 일을 찾아보고 실천한다.	A	우리 집과 학교, 마을이 내가 속한 공동체임을 알고, 공동체 생활에서 내가 할 수 있는 일을 적극적으로 찾아 꾸준히 실천하는 태도를 갖는다.
	B	우리 집과 학교, 마을이 내가 속한 공동체임을 알고, 공동체 생활에서 내가 할 수 있는 일을 찾아 실천한다.
	C	우리 집과 학교, 마을을 위해 내가 할 수 있는 일을 구별하며, 공동체 생활에서 내가 할 수 있는 일을 찾아 실천하려고 노력한다.
[2슬02-01] 우리가 살고 있는 마을과 사람들이 생활하는 모습을 살펴본다.	A	우리가 사는 마을의 모습과 마을 사람들이 하는 일을 적극적으로 살펴 사람들의 생활 모습을 파악하며, 마을에서 안전한 장소와 도움을 청할 수 있는 장소를 확인하여 소개한다.
	B	우리가 사는 마을의 모습과 사람들의 생활 모습을 살펴보고 사람들이 하는 일을 파악하며, 마을에서 안전한 장소와 도움을 청할 수 있는 곳을 찾아본다.
	C	우리가 사는 마을의 모습과 마을 사람들이 하는 일을 살펴보고, 마을의 안전을 지켜주는 곳과 도움을 청할 수 있는 곳에 관심을 갖는다.
[2즐02-01] 내가 참여할 수 있는 문화 예술을 향유한다.	A	자신이 참여할 수 있는 놀이, 표현, 감상 활동을 명확히 이해해 일상생활 속 문화 예술 활동에 적극적으로 참여하며 즐긴다.
	B	자신이 참여할 수 있는 놀이, 표현, 감상 활동을 알고 일상생활 속 문화 예술 활동에 참여한다.
	C	자신이 참여할 수 있는 놀이, 표현, 감상 활동을 알고 일상생활에서 즐긴다.

[2슬02-01]의 성취 수준을 보면 앞의 성취 기준 적용 시 고려 사항에 언급되었던 '마을에서 안전한 장소와 도움을 청할 수 있는 장소를 확인하여 소개'하는 부

분이 포함되어 있다. 이는 교육과정 분석 시 놓치기 쉬운 부분이므로 해당 부분을 내용 요소로 포함하여 단원을 설계하고, 또한 평가 요소에도 포함하여 평가를 계획하고자 한다.

4. 교육과정 분석을 바탕으로 한 평가 계획 수립 및 단원 설계

1) 평가 요소(내용 요소) 추출 및 단원 설계하기

(1) 내용 체계표와 성취 기준에서 학생들이 도달해야 할 것을 구체적으로 정하기

앞에서 분석한 내용을 토대로 해당 단원에서 학생들이 반드시 알아야 할 것, 할 수 있어야 할 것을 지식 · 이해, 과정 · 기능, 가치 · 태도로 나누어 명확하게 인지할 수 있도록 하고 이를 토대로 단원 재구성을 위한 기반을 마련한다.

영역	• 우리는 어디서 살아갈까
핵심 아이디어	• 우리는 여러 공동체 속에서 생활한다.
[2바02-01] 공동체에서 내가 할 수 있는 일을 찾아보고 실천한다. [2슬02-01] 우리가 살고 있는 마을과 사람들이 생활하는 모습을 살펴본다. [2즐02-01] 내가 참여할 수 있는 문화 예술을 향유한다.	
지식 · 이해	• 공동체 생활 모습 / • 마을의 모습과 생활
	-우리 집, 학교, 마을이 내가 속한 공동체임을 알기 -공동체 생활에서 내가 할 수 있는 일 알기 -마을의 모습과 마을 사람들이 하는 일 파악하기 -마을의 안전한 장소와 도움을 청할 수 있는 장소 파악하기
과정 · 기능	• 실천하기 / • 살펴보기 / • 문화 예술 활동하기
	-공동체에서 내가 할 수 있는 일 실천하기 -마을의 모습과 마을 사람들이 하는 일을 살펴보기 -마을의 안전한 장소와 도움을 청할 수 있는 장소를 살펴보고 소개하기 -놀이, 표현, 감상 활동에 참여하기

가치 · 태도	• 적극성과 도전의식 / • 관심 / • 문화 예술 향유
	–적극적으로 내가 할 수 있는 일을 찾아 실천하기 –우리 집과 마을에 관심 갖기 –놀이, 표현, 감상 활동 즐기기

2) 개념 기반 탐구학습 모형(Rachel French)

개념 기반 탐구학습의 단계에 적절하게 단원을 설계한다.

단계	특징
관계맺기	• 학생들이 주제에 관심을 갖게 하기 • 학생들의 사전 지식을 이끌어내고 연결하기 • 얼마나 알고 있는지 파악하기 → 학습의 범위 정하기 • 단원의 초반에만 사용하는 것은 아니며, 학습 동기를 자극하기
집중하기	• 개념형성 전략을 활용하여 주도적인 개념을 학생들이 공통적으로 이해할 수 있도록 하기 • 오개념에 대한 설명하기 • 명확히 한 개념과 실질적 예시를 일반화와 잘 연결해 정렬할 수 있도록 함
조사하기	• 단원 개념과 관련된 다양한 사례와 기능 탐색하고, 연구하고, 조사하기 • 다양한 형태로 조사하기 진행하기 • 추가 질문이나 또 다른 사례 연구를 제시하여 개념적 이해를 확장하기 • 주제를 배우면서 조사 기능과 전략을 계발시켜 나가는데 중점을 두기 • 단순한 조사 결과 정리는 이 단계에서 실시할 수 있음
조직 및 정리하기	• 그래프, 표, 그래픽 오거나이저 등을 활용하여 정리하기 • 조사한 내용을 단순하게 모아놓은 것은 아님 • 이 단원을 배우고 조사한 결과의 패턴을 보며 사실적, 개념적 수준에서 자신의 생각을 정리하고 표현하기 • 이해를 형성하기 위한 유의미한 정보 추출하기
일반화하기	• 사실적 예와 개념을 연결하여 개념적 이해를 명확히, 정당화하기 • 학습한 내용을 종합하고 일반화하기 • 개념 사이의 관계를 식별하고 일반화로 결론을 설명하기 • 탐구에서 가장 중요한 단계로, 교사의 스캐폴딩 제공이 중요함
전이하기	• 새로운 예시에 이 일반화를 적용해 보기 • 더 세련되게 일반화를 다듬기

성찰하기	• 각 단계에 모두 포함할 수 있음 • 메타인지적 사고로 습득된 지식, 기능, 이해가 각자의 생각, 관점 태도를 변화시키는지 살펴보기 • 동기부여, 학습에 대한 주인의식 갖기

3) 내용 요소(평가 요소) 배치해 단원 설계하기

핵심 아이디어에 도달하는 깊이 있는 학습이 이루어져 생활 속으로 배운 내용을 전이할 수 있도록 앞에서 분석한 내용 요소(평가 요소)를 어떠한 순서로 설계해야 좋을지 숙고하였다. 개념 기반 탐구학습의 모형에 맞추어 내용 요소의 위계를 설정하고 단원을 설계하였으며, 저학년임을 고려하여 교사의 안내된 탐구를 중심으로 진행하되 학생들이 자유 탐구를 할 수 있는 부분도 반영하였다.

단계	내용 요소 및 위계
관계 맺기	• 마을의 모습과 사람들이 하는 일 살펴보기 • 마을의 안전한 장소, 도움을 청할 수 있는 장소 살펴보기

차시	교수 학습 활동	관련 평가 요소와 연결하기
1~2	• 마을 탐험 준비하기 –우리 마을 탐험 계획 세우기 이동방향, 탐험대 소지 물건, 예상 시간 등을 계획 –안전 지도 실시	
3~5	• 마을 탐험하기 –우리 마을에 관심을 가지고 마을의 모습 살펴보기(마을 탐험대가 되어요, 우리 마을이 궁금해요) –마을 사람들이 하는 일 찾기(마을 사람들을 만나요) –마을의 안전한 장소 찾기 –사진 촬영, 녹음 등의 방법을 활용해 우리 마을 관심을 가지고 탐구 질문 떠올리기	[관찰 평가] 우리 집과 마을에 관심 가지고 적극적으로 활동하기
6~7	• 우리 반 배움 지도 만들기 –교과서 내용 살펴보고, 탐험하며 떠올린 질문을 토대로 '마을' 단원에서 배울 내용 함께 설계하기	

집중 하기	• 내가 속한 공동체 알기
조사 하기	• 마을의 모습과 사람들이 하는 일 살펴보기
	• 마을의 안전한 장소와 도움을 청할 수 있는 장소 살펴보고 소개하기

8~9	**• 내가 속한 공동체 알기** –공동체의 의미 탐색 및 명확히 하기 –내가 속한 공동체에는 어떤 것이 있는지 알기 –(성찰) 공동체에서 나는 어떤 존재인지 생각하기	[서술형 평가] 내가 속한 공동체란 무엇인지 쓰기
10~11	**• 마을의 모습과 사람들이 하는 일 살펴보기(마을 탐험을 떠나요)** –관계 맺기 단계에서 촬영한 사진 및 조사한 자료를 바탕으로 우리 마을에 관심을 가지고 마을의 모습 살펴보기(마을 탐험대가 되어요, 우리 마을이 궁금해요) –마을 사람들이 하는 일 찾기(마을 사람들을 만나요)	
12~14	**• 마을의 모습과 사람들이 하는 일 정리하기** –모둠별로 촬영한 사진, 그림, 아이콘 등을 활용해 마을 지도에 표시하기(마을 모습을 담아요) –(성찰) 모둠별로 정리한 지도 전시하고 갤러리워크 방식으로 살펴보기	[보고서 평가] 마을의 모습과 사람들이 하는 일을 마을 지도에 표시하기
15~16	**• 마을의 안전한 장소와 도움을 청할 수 있는 장소를 살펴보기** –마을 탐험 때 조사해 둔 사진, 녹음 자료, 교사의 제공 자료 등을 바탕으로 안전한 장소와 도움을 청할 수 있는 장소(마을을 위해 지켜요) 찾기	
17~19	**• 마을의 안전한 장소와 도움을 청할 수 있는 장소 정리하기** –살펴본 모습과 조사한 내용을 마을 지도에 모둠별로 표시하기(마을 모습을 담아요) –해당 장소를 소개하는 포스터 만들어 발표하기	[포트폴리오] 안전한 장소를 마을 지도에 표시하기

	• 우리 마을의 문화 예술 활동에 참여하기	20~22	• **우리 마을 문화 예술 활동 찾기** –다양한 문화 예술활동 살펴보기(학생이 조사한 자료, 교사 제공 자료 등) • **우리 마을 문화 예술 활동 중 우리가 참여할 수 있는 것 표시하기** –우리가 참여할 수 있는 문화 예술 활동을 지도에 표시하기	**[포트폴리오]** 문화 예술 활동이 일어나는 장소를 마을 지도에 표시하기
		23~25	• **우리 마을 문화 예술 활동 체험하기** –우리 마을의 문화 예술 활동 중 체험할 수 있는 것(놀이, 표현, 예술 감상 등)을 찾기(교사가 다양한 체험거리를 찾아 학생들에게 자료를 제공할 수 있음) –즐겁게 체험하기 +(성찰)	**[관찰 평가]** 놀이, 표현, 감상 활동 즐기기
	• 공동체에서 내가 할 수 있는 일 찾기	26~27	• **공동체에서 내가 할 수 있는 일 찾기** –우리가 제작한 마을지도를 보고 마을을 위해 내가 할 수 있는 일 찾기 –우리가 할 수 있는 일을 정리하기	**[서술형 평가]** 우리 마을에서 내가 할 수 있는 일 찾기
		28~29	• **각 모둠의 마을 지도 발표하기** –우리 모둠에서 포르폴리오로 제작한 마을 지도를 '하나 남고 셋 가기'로 발표하기 –(성찰) 추가로 알게 된 것을 간단히 써서 우리 모둠 지도 보강하기	**[동료 평가]** 각 지도에 배운 내용이 포함되었는가를 평가하기
조직 및 정리하기		30~31	• **조사한 내용을 개념도로 나타내기** –우리가 포트폴리오로 만든 마을 지도를 바탕으로 이를 분류하고 조직화하여 개념도로 나타내기(개념도의 중심 개념 등은 교사가 제시) –(성찰) 각자가 만든 개념도를 친구에게 발표하고 나의 이해를 정교화하기	
일반화 하기		32	• **일반화 문장으로 표현하기** –이번 단원에서 배운 내용을 '문장 구조'를 활용하여 각자의 일반화 문장으로 표현하기(저학년 수준에 맞게 단어 비우기, 학생이 만든 일반화 문장과 핵심아이디어가 같지 않을 수 있음)	

전이하기	• 공동체에서 내가 할 수 있는 일 실천하기	33~34	• 내가 할 수 있는 일 역할극으로 발표하기 –마을의 모습, 마을 사람들이 하는 일, 안전한 장소 등 배운 내용을 고려하여 공동체를 위해 우리가 할 수 있는 일을 역할극으로 만들기 –역할극 발표하기 –(성찰) 새롭게 알게 된 점 등 정리하기	
		35~37	• 공동체를 위해 실천할 일 계획 세우기 –역할극 발표 등을 통해 알게 된 일들도 포함하여 공동체를 위해 내가 할 수 있는 일을 선택하고 구체적인 실천계획 세우기 –함께 실천하기 위한 포스터 제작하고 전시하기(교내외 등)	[보고서 평가] 공동체를 위해 적극적으로 실천할 일 계획 세우기

- **관계 맺기 단계:** '우리는 여러 공동체 속에서 생활한다.'는 핵심 아이디어에 도달하기 위해 마을에 대한 탐험을 시작한다. 탐험 계획을 수립할 때는 저학년인 만큼 안내된 탐구가 가능하도록 탐험에서 학생들이 살펴보고 조사해야 할 것이 무엇인지 큰 범주를 사전에 안내하는 것이 좋다. 또한 탐험을 다녀온 학생들이 해당 내용 요소를 주제로 '마을' 교과서에서 학생들이 하고 싶은 활동을 함께 골라 단원을 설계하여 우리 학급 맞춤형, 학생 주도성이 발휘되는 수업을 계획한다.
- **집중하기 단계:** 학생들과 공통적인 이해를 가져야할 개념의 의미에 대해 살펴본다. 개념이 무엇이라고 교사가 일제식으로 설명하기 보다는 예와 예가 아닌 것, 동심원 기법 등을 활용하여 학생들이 '공동체'에 대한 이해를 스스로 구성해 나갈 수 있도록 수업을 설계한다.
- **조사하기 단계:** 마을 탐험을 할 때 촬영했던 사진, 스마트 기기에 녹음해 두었던 것, 손으로 적었던 것 등 살펴본 다양한 내용들을 모두 활용할 수 있다. 물론 탐험을 직접 실시하는 것을 조사하기 단계로 둘 수도 있겠지만, 학교의 여건 상 저학년 학생들을 데리고 여러 번 학교 밖으로 탐험을 나가는 것은 어려운 일이므로 관계 맺기 단계에서 우리 마을을 구석구석 살펴보는 활동에 자료를 모으는 활동을 포함하였다. 따라서 관계 맺기 시간에 이 단원에서 배워

야할 내용 요소들을 포함하여 함께 알아보아야 할 것을 교사가 안내된 탐구로 적절하게 제시하는 것이 매우 중요하다. 또한 조사하기 단계에서 학생들이 '마을의 모습, 마을 사람들이 하는 일, 마을의 문화 예술 활동, 공동체에서 내가 할 수 있는 일' 등에 대한 자료를 추가로 검색할 수 있으며 이때 전문가 초청, 인터넷 검색, 부모님 등 마을 사람들과의 인터뷰와 같이 다양한 활동을 학생들이 주도적으로 계획할 수 있도록 한다. 또한, 학생들이 모아놓은 자료들은 하나의 커다란 마을 지도에 누적하게 되는데, 이것을 포트폴리오 방식으로 과정 중심 평가를 실시하여 해당 단원에 대한 개념적 이해에 도달하기 위해 학생들이 학습 결손이나 누락이 없는지 충실하게 평가하고 피드백을 하고자 한다.

- **조직 및 정리하기 단계**: 저학년 학생들의 특성을 고려하여 간단한 개념도 방식으로 설계하였다. 학생 활동이 시작되기 전에 교사와 함께 개념을 떠올려 보거나 조사한 내용에서 우리가 알게 된 것을 유목화 하는 등의 활동을 통하여 많은 사례들만 개념도에 드러나는 것이 아니라 사례들을 조직하여 이를 범주화하는 단어 등을 활용할 수 있도록 한다. 개념도에서는 다양한 마을의 모습, 사람들의 하는 일 등이 하나하나의 사례가 아니라 범주화된 단어로 정리할 수 있게 되어 학생들이 일반화하기 단계로 나아가는 데 적절한 교사의 스캐폴딩이 될 것이다.
- **일반화하기 단계**: 앞 조직 및 정리하기를 통해 학생들의 생각이 정리된 것을 문장으로 표현해 본다. 이때 2022 개정 교육과정에서 제시한 단원의 핵심 아이디어와 똑같지 않아도 된다. 교사가 해당 핵심 아이디어와 방향성이 유사하도록 스캐폴딩 질문을 하는 것이 중요하며 다양한 학생들의 생각을 정리하여 교사가 핵심 아이디어를 재구성하여 제시할 수도 있다.
- **전이하기 단계**: 공동체를 위해 내가 할 수 있는 일을 모둠별로 역할극으로 표현하고 이를 바탕으로 구체적인 실천 계획을 수립하도록 구성하였다. 저학년 학생들이 좋아하고, 적극적으로 참여하는 역할극 만들기와 발표하기를 통해 학생들은 각 상황에서 할 수 있는 일을 더욱 주도적으로 생각할 수 있게 하고, 이를 삶 속에서 강한 전이로 이어질 수 있게 하려는 의도이다.
- **성찰하기 단계**: 각 단계 속에는 성찰하기가 포함되어 있는데. 나의 학습이 어디

까지 왔는지, 잘 가고 있는지 등을 학생들이 스스로 성찰할 수 있는 장치(활동이나 활동지) 등을 제공하여 꾸준히 자신의 학습을 성찰하도록 한다.

4) 평가 방법 및 유의사항 살펴보기

(1) 평가의 방향

(라) 바른 생활과의 …… 문제에 대한 이해, 지속적인 실천 능력, 공동체와 함께하는 태도 등을 함께 평가한다.

(라) 슬기로운 생활과의 …… 학생이 삶 속에서 슬기로운 생활과의 역량인 지금-여기-우리 삶을 살아가는 힘 혹은 탐구하는 힘을 발휘하는가를 평가한다. 이와 더불어 주변 모습과 관계에 대한 기초적인 이해, 주변 현상을 이해하는 데 필요한 다양한 탐구 기능, 주변 현상을 탐구하고자 하는 흥미와 호기심, 자발성 등을 평가한다.

(라) 즐거운 생활과의 …… 감정과 정서를 얼마나 창의적으로 표현하고 풍부하게 누리는지 평가할 수 있다. 지식 · 이해에 대한 평가는 안전, 신체, 다양한 문화 예술 등에 대한 이해를 주로 다룬다. 과정 · 기능에 대한 평가는 놀이를 즐기는 과정에서 표현과 감상, 기본 움직임 등에 대한 기능을 주로 다룬다. 가치 · 태도에 대한 평가는 즐기며 누리는 태도, 적극적으로 참여하는 태도 등을 주로 다룬다.

(2) 평가 방법

- **(바른생활)** '우리는 어디서 살아갈까' 영역을 평가할 때는 공동체와 관련하여 공동체를 위한 활동에 참여하는 태도의 적절성, 실천성, 자발성 등을 평가할 수 있다.
- **(슬기로운 생활)** '우리는 어디서 살아갈까' 영역을 평가할 때는 탐구 활동을 하는 과정에서 평가를 진행할 수 있다. 구체적으로 마을 사람들이 하는 일을 조사하거나 마을 사람들과 함께 했던 경험을 발표하는 활동 속에서 평가를 실시할 수 있다.
- **(즐거운 생활)** '우리는 어디서 살아갈까' 영역은 마을과 관련한 다양한 표현 활동, 마을 일이나 행사에 참여하거나 직접 계획하여 만들어보는 활동에 적극적으로 참여하는지 등으로 표현하는지 등을 평가할 수 있다.

이 표는 2022 개정 교육과정의 통합교과 부분에서 해당 단원과 관련된 중요한 부분을 발췌한 내용이다. 평가 방법 및 유의 사항을 살피며 교육과정-수업-평가의 일관성을 유지하기 위해 앞 단원 설계 장면에서 수정 · 보완해야할 내용을 찾아 보완할 수 있도록 한다. 특히 지금-여기-우리 삶을 살아가는 힘을 포함하여 각 교과의 평가 방향과 평가 방법을 숙지하고 평가 과제를 개발할 수 있도록 한다. 또한 지식 · 이해, 과정 · 기능, 가치 · 태도의 모든 부분이 누락되지 않도록 평가 과제를 개발하여야 하며 평가의 방향을 인지하고 이에 알맞게 평가를 설계하는 것이 중요하다. 또한 이 단원을 평가하기 위한 구체적인 평가 방법이 우리 학급 학생들에게 적절한 것인지 고려하고 학생들의 수준이나 흥미를 반영하여 설계해야 한다. 위의 내용을 다음 평가에서 대부분 반영하고자 하며, 과정 중심 평가의 측면에서 학생들의 학습, 성장과 발달에 도움이 되는 평가가 되도록 해야 한다.

5) 평가 요소 및 평가 과제 작성하기
(세 개의 성취 기준 중 지면상 하나만 예로 제시)

[2슬02-01] 성취 기준에 포함된 여러 내용 요소를 여러 단계에 걸쳐 과정 중심 평가로 평가한다. 이 중 아래는 '마을의 모습과 마을 사람들이 하는 일 파악하기'에 초점을 둔 포트폴리오 평가를 예로 제시한다.

<table>
<tr><th>교과</th><td>통합교과</td><th>영역</th><td>우리는 어디서 살아갈까</td><th>평가 방법</th><td>보고서</td></tr>
<tr><th>교육과정
성취 기준</th><td colspan="5">[2슬02-01] 우리가 살고 있는 마을과 사람들이 생활하는 모습을 살펴본다.</td></tr>
<tr><th>평가 요소</th><td colspan="5">마을의 모습과 마을 사람들이 하는 일 파악하기</td></tr>
<tr><th>평가 과제</th><td colspan="5">마을의 모습, 마을 사람들이 하는 일을 지도에 표시하기</td></tr>
<tr><th colspan="2">성취 기준</th><th colspan="4">성취 기준별 성취 수준</th></tr>
<tr><td colspan="2" rowspan="2">[2슬02-01] 우리가 살고 있는 마을과 사람들이 생활하는 모습을 살펴본다.</td><td>A</td><td colspan="3">우리가 사는 마을의 모습과 마을 사람들이 하는 일을 적극적으로 살펴 사람들의 생활 모습을 파악하며, ~~마을에서 안전한 장소와 도움을 청할 수 있는 장소를 확인하여 소개한다.~~</td></tr>
<tr><td>B</td><td colspan="3">우리가 사는 마을의 모습과 사람들의 생활 모습을 살펴보고 사람들이 하는 일을 파악하며, ~~마을에서 안전한 장소와 도움을 청할 수 있는 곳을 찾아본다.~~</td></tr>
</table>

	C	우리가 사는 마을의 모습과 마을 사람들이 하는 일을 살펴보고, ~~마을의 안전을 지켜주는 곳과 도움을 청할 수 있는 곳에 관심을 갖는다~~.

TIP	평가 요소와 평가 과제, 성취 기준별 성취 수준과 채점 기준 어떻게 다른가요?
	• **평가 요소**: 교육과정 성취 기준 도달의 증거로 학생들이 보여주기를 기대하는 핵심 내용을 구체적으로 기술한 평가 내용을 의미 • **평가 기준**: 학생의 학습 정도를 판단하기 위해 각 성취 기준의 도달 정도에 속한 학생이 무엇을 알고 있고, 할 수 있는지를 기술한 것으로 학교/학년/학급에 맞는 채점 기준 설정의 근거가 됨 • **성취 수준**: 평가 활동에서 학생이 교육과정 성취 기준에 어느 정도 도달했는지를 판단하기 위한 실질적인 기준 역할을 할 수 있도록 도달한 정도를 상/중/하로 나누어 진술한 것으로 교수·학습 관련 정보를 제공하고 학생 수준을 고려한 수업 설계에 활용 • **채점 기준**: 학생들이 과제 수행을 통해 보여주기를 기대하는 성취 기준에 대한 수행의 질을 수준에 따라 구체적인 언어로 기술한 것임. 채점 기준(표)을 활용하면 교사는 실제로 수행하는 과정이나 결과를 비교하여 학생에게 즉각적인 피드백을 제공할 수 있음

※ 성취 기준별 성취 수준 가운데 본 수업에서 다루지 않는 부분은 음영의 취소선을 표시함.
※ 〈TIP〉은 경기도교육청(2025)의 pp. 19-20에서 발췌함.

6) 평가 문항 만들기

평가 요소	• 마을의 모습과 마을 사람들이 하는 일 파악하기		
평가 과제	마을의 모습, 마을 사람들이 하는 일을 지도에 표시하기		
평가 방법	보고서	통합교과역량	지금-여기-우리 삶
평가 문항	탐험대에서 조사한 자료를 바탕으로 우리 마을의 모습과 우리 마을 사람들이 하는 일을 지도에 나타내어 봅시다.		

7) 피드백 설계하기

피드백 설계는 과정 중심 평가에서 중요한 부분이다. 평가를 하는 목적이 학생들의 성취 정도 등을 파악하고 학생에게 적절한 환류를 하여 성장과 발달을 도모

하는 것이기 때문이다. 따라서 피드백의 유형을 잘 숙지하고 각 평가에 대해 피드백 설계를 잘 해 두면 보다 효과적으로 피드백을 실시할 수 있다.

(1) 피드백의 유형[1]–참고하는 대상에 따라

유형	설명
규준참조 피드백	다른 사람의 수행과 비교하여 상대적인 서열정보를 제공하는 것 **예)** 너는 상위 20%에 속해, 이번 성적은 2등이야, 너는 이 반에서 최고야
준거참조 피드백	무엇을 할 수 있어야 하는지를 기술한 성취 기준 혹은 준거와 비교하여 학생의 수행에 대한 정보를 제공하는 것, 즉 학생의 수행이 '도달'의 기준을 충족했는지에 대해 기술하거나 '우수, 보통, 향상 필요'의 각각의 기준에 비추어 학생의 수행을 판단하는 것 **예)** 네 글은 주장이 명확하고 주장을 뒷받침하는 근거가 타당하여 설득력있다.
목표참조 피드백	학습 목표를 기준으로 학생이 어느 정도 성취하고 있는지, 또는 어느 정도 목표를 향해 나아가고 있는지에 대한 정보를 제공하는 것 **예)** 너는 진분수끼리의 나눗셈은 할 수 있지만, 대분수끼리의 나눗셈은 더 노력해서 공부해 보자.
자기참조 피드백	학생의 수행을 학생 자신의 과거 수행이나 학생 자신에게 기대되는 수행과 비교하여 제공하는 것 **예)** 이 글은 네가 지난달에 썼던 글보다 세부 정보를 포함하여 독자가 더 잘 이해할 수 있도록 썼구나.

(2) 피드백의 유형–피드백에 담긴 정보의 종류에 따라

유형	설명
가치적 피드백	긍정과 부정적 판단어로 표현, 상호의존성을 발달시키는 단점, 적절한 가치적 피드백 진술은 개인적 목표를 수립하고 개별적인 가치 체계 형성 **예)** (구체적 가치 피드백의 예) 스텝과 팔 동작을 아주 훌륭하게 해냈구나, 공을 친 후 배트를 던지는 것은 잘못이야.
교정적 피드백	가치 판단 없이 실책에 초점을 두고 실수를 규정하고 수정을 제공하거나 수정사항만 규정, 과다 사용은 학생의 새로운 시도를 방해할 수 있음 **예)** (실책과 수정을 포함한 피드백의 예) 다음에는 공에서 눈을 떼지 말고 공의 방향을 오른손으로 가늠하면서 쳐보자, 머리를 올렸구나 턱을 아래로 해 보렴.

---

1 김선, 반재천(2020). 학생의 배움과 성장을 지원하는 과정 중심 피드백. AMEC.

중립적 피드백	학습자에 의한 최종 결론(의미) 도출에 초점, 갈등 상황이나 정서적 충격, 논쟁 사항 토의에 필요(정의적, 사회적 영역) **예)** 네가 많이 화가 났구나, 너는 모든 과제를 완료했구나, 천천히 해 듣고 있어.
모호한 피드백	일반적으로 잘못된 해석의 가능성을 부여함, 바람직하지 않음 **예)** 다시 한 번 해봐, 다음번에는 더 열심히 하렴, 이 방법이 맞는다고 생각하니?, 좋아 하지만 다른 방법으로도 할 수 있었을 텐데…….

(3) 설계한 평가 과제에 대한 피드백 예시

평가 과제	도달한 학습자	성장을 위해 노력하는 학습자	동기 유발이 필요한 학습자
마을의 모습, 마을 사람들이 하는 일을 지도에 표시하기	• 마을의 모습이나 사람들이 하는 일을 다른 친구들에게 설명해 주겠니? • 각각을 비교해서 말해 줄 수 있겠니? • 마을의 어떤 모습, 어떤 일이 너에게 가장 기억에 남니? 왜 그렇게 생각하니?	• **(준거 참조)** 조사한 자료에서 마을의 모습을 나타낸 것은 어떤 것일까? 사람들이 하는 일을 짐작할 수 있는 사진은 무엇일까? • **(목표 참조)** 마을의 모습을 잘 붙여주었구나. 그러면 마을사람들이 하는 일은 어떤 부분에서 찾을 수 있을까?	• 이 사진들에 대해서 한 번 설명해 줄래? • 마을의 모습이 참 다양하구나. 비슷한 것끼리 묶어서 설명해 줄래? • **(자기 참조)** 마을을 탐험할 때 마을 모습을 사진으로 잘 남겨주었지. 이번에는 네가 찍은 사진 속에서 우리 마을의 모습을 이야기해 볼까? 그리고 지도에 표시해 보자.

5. 교수 · 학습과정안

<table>
<tr><td>단 원</td><td>마을</td><td>차 시</td><td>12~14/23</td><td>단원의 학습 모형</td><td>개념 기반 탐구학습</td></tr>
<tr><td colspan="2">핵심역량</td><td colspan="2">교과역량</td><td colspan="2">모형의 단계</td></tr>
<tr><td colspan="2">의사소통 역량</td><td colspan="2">지금-여기-우리 삶</td><td colspan="2">조사하기</td></tr>
<tr><td>성취 기준</td><td colspan="5">[2슬02-01] 우리가 살고 있는 마을과 사람들이 생활하는 모습을 살펴본다.</td></tr>
<tr><td>학습 목표</td><td colspan="5">마을과 마을 사람들의 생활 모습을 지도에 나타낼 수 있다.</td></tr>
<tr><td rowspan="2">교수 · 학습 자료</td><td>교사</td><td colspan="4">사진자료(학생들 촬영한 사진), 그림 자료(직업 삽화 등), 영상 자료(촬영한 것), 스마트 기기, 전지, 사인펜, 색연필, 가위, 풀</td></tr>
<tr><td>학생</td><td colspan="4">탐구 활동지, 스마트 패드, 에듀테크(책 만들기)</td></tr>
</table>

<table>
<tr><th>단계</th><th>학습내용</th><th>교수 · 학습 활동</th><th>시간(분)</th><th>자료(•), 유의점(*) 평가</th></tr>
<tr><td rowspan="2">도입</td><td>동기 유발
(전체)</td><td>○ 전시학습 상기
• 지난 시간에 배운 내용 떠올리기
-지난 시간에 마을 탐험을 다녀온 느낌, 기억에 남는 것을 발표해 봅시다.
○ 탐구 질문 만들기
• 무엇을 공부할지 생각하기
-수집한 자료로 무엇을 할 수 있을까요?
(마을의 모습을 어떻게 나타낼까? / 조사한 내용을 어떻게 발표할까?/ 우리 마을을 어떻게 소개할까? 등)</td><td rowspan="2">10</td><td>• 사진자료(학생들이 촬영한 사진을 옮겨두기), 그림 자료(다양한 시설물 사진 등), 영상 자료</td></tr>
<tr><td>학습 목표 확인
(전체)</td><td>○ 학습 목표 확인
• 이번 시간의 학습 목표 알아보기
마을과 마을 사람들의 생활 모습을
지도에 나타낼 수 있다.</td><td>*학생들 스스로 공부할 문제를 찾을 수 있도록 유도한다.</td></tr>
<tr><td>전개</td><td>마을의 모습 분류하기
(모둠)</td><td>[활동1] 마을과 사람들의 모습 찾기
○ 마을과 사람들의 모습 찾고 분류하기
• 탐험대 활동에서 촬영한 사진 활용하기
-촬영한 사진과 메모를 바탕으로 우리 마을과 사람들의 모습을 살펴보고 이를 장소에 알맞게 분류하여 봅시다.</td><td>20</td><td>• 사진자료(학생들이 촬영한 사진 출력), 메모 내용, 스마트 기기 등</td></tr>
</table>

	-우리가 빠뜨린 것이 없는지 스마트 기기를 활용해 추가 조사해 봅시다.		
자료 정리하기 (모둠) 마을 지도 만들기 (모둠)	[활동2] 마을 사진 지도 만들기 ○자료를 활용해 우리 마을 지도 만들기 • 지도로 만들 장소 정하기 -우리 마을의 어느 부분을, 혹은 어느 부분까지 지도로 만들까요? -사진의 크기, 삽화의 크기 이미지의 크기를 어느 정도로 하면 좋을지 의견을 나누어 봅시다. • 지도 만들기 -지도에 포함되어야 할 내용을 살펴봅시다. -우리의 자료를 활용하여 우리 마을 지도를 만들어 봅시다. 〈지도에 포함되어야 할 내용〉 • 우리 마을의 모습 • 마을 사람들이 하는 일 • 마을 사람들의 생활 모습 등	50	• 전지, 가위, 풀, 사인펜, 색연필 **관찰법** 마을의 모습, 마을 사람들이 하는 일을 적절하게 조사하고 분류하여 지도에 나타내는가? *지도에 포함할 내용을 명확하게 안내한다.
모둠별로 만든 지도 발표하기 (전체)	[활동3] 만든 지도 발표하기 ○모둠별로 제작한 지도 발표하기 • 갤러리 워크 방식으로 지도 발표하기 -모둠을 2개로 나누어 발표하고 관람합시다. -지도를 벽에 걸어두고, 발표하는 친구들이 방문한 관람객(다른 모둠 친구들)에게 조사 결과를 자세히 발표해 주세요. -발표를 한 모둠에게 궁금한 점이 있으면 질문해 봅시다. -발표를 다 듣고 각 모둠의 잘한 점이 무엇인지 말해 줍시다.	30	*발표하는 조, 관람하는 조를 나누고, 활동한 후 역할을 바꿀 수 있도록 한다. **산출물** 학생들이 만든 지도에 마을의 모습, 사람들이 하는 일, 생활모습 등이 잘 나타나는가?

정리	정리하기 (전체) 차시 예고 (전체)	ㅇ학습 내용 정리 • 학습한 내용 정리하고 성찰하기 –오늘 새롭게 알게 된 우리 마을의 모습은 무엇이 있나요? –잘 만든 지도와 그 이유는 무엇일까요? ㅇ차시 학습 안내 • 다음 시간에 공부할 내용 알아보기 마을의 안전한 장소와 도움을 청할 수 있는 장소를 알아보고, 지도에 나타내 봅시다.	10	*오늘 알게 된 것을 되새기고, 앞으로 포트폴리오 형식으로 지도에 내용을 더 담기 위해 잘 만든 지도에서 배울 점을 찾아 성찰한다.

부록

[부록 1]

ICALT 도구(관찰자용)

영역		수업하는 교사는 ……	①	②	③	④
안전하고 고무적인 수업 분위기	1	학생의 말과 행동을 존중한다.				
	2	분위기를 편안하게 유지한다.				
	3	학생의 자신감을 증진시킨다.				
	4	상호 존중을 증진한다.				
효율적 수업 운영	5	수업이 질서 있게 진행되도록 노력한다.				
	6	학생이 적절한 방식으로 활동하고 있는지 확인한다.				
	7	효과적으로 수업을 관리한다.				
	8	수업 시간을 효율적으로 사용한다.				
명료하고 구조화된 수업 내용	9	수업 내용을 명료하게 제시하고 설명한다.				
	10	학생에게 피드백을 제공한다.				
	11	모든 학생이 수업에 참여하게 한다.				
	12	설명 단계에서 학생이 학습내용을 이해하는지 확인한다.				
	13	학생이 최선을 다하도록 격려한다.				
	14	잘 구조화된 방식으로 가르친다.				
집중적이고 활발한 수업	15	학습자료 사용과 과제해결 방법을 자세히 설명한다.				
	16	학생의 능동적인 참여를 자극하는 학습 활동과 과제 양식을 제공한다.				
	17	미진한 학생이 자신감을 갖도록 격려한다.				
	18	해결 방법을 학생 스스로 생각하도록 격려한다.				
	19	학생이 반성적으로 생각하도록 자극을 주는 질문을 한다.				
	20	학생이 생각한 것을 말할 수 있도록 한다.				
	21	학생과 상호작용을 하는 수업을 한다.				
	22	수업의 도입에서 학습 목표를 명시한다.				
개별화 학습지도	23	학습 목표 도달 여부를 확인한다.				
	24	미진한 학생을 위한 별도의 학습과 지도 시간을 제공한다.				
	25	개인차를 고려하여, 수업방식을 적절하게 조절한다.				
	26	개인차를 고려하여, 수업 내용을 적절하게 조절한다.				

영역	수업하는 교사는 ……		①	②	③	④
교수 · 학습 전략	27	복잡한 문제를 단순화하는 방법을 학생에게 가르친다.				
	28	의도한 활동을 활용하도록 자극한다.				
	29	학습 성과를 확인하도록 학생에게 가르친다.				
	30	배운 것을 적용하도록 자극한다.				
	31	학생이 비판적으로 생각하도록 북돋아 준다.				
	32	학생에게 실행 전략을 성찰하게 한다.				
학습자 참여	33	수업에 충실히 참여한다.				
	34	흥미를 보인다.				
	35	능동적인 수업태도를 갖는다.				

※ ① 매우 약하다 ② 약한 편이다 ③ 강한 편이다 ④ 매우 강하다

※ 연구에 의해 과학적으로 개발되고 국제적으로 검증된 ICALT 도구를 사용하기 위해서는 사전에 관찰훈련이 원칙적으로 요구됨.

자료: 천세영 외(2020), pp. 323-332에서 발췌하여 정리함.

[부록 2]

ICALT 도구(수업 교사용)

	이 반 수업에 대한 나의 느낌은……	①	②	③	④
1	학생들과 쉽게 친해진다.				
2	학생들과 보내는 시간을 즐기고 있다.				
3	학생들과 친해지기 어렵다.				
4	학생들을 가르치는 일이 별로 달갑지 않다.				
5	학생들의 사정을 잘 안다.				
6	학생들을 잘 안다.				
7	학생들에 대해서는 별로 이해하지 못한다.				
8	학생들의 학교 밖 생활에 대해서는 잘 모른다.				
9	학생들과 시간을 같이 보낸다.				
10	학생들과 이야기를 나눈다.				
11	학생들이 최선을 다하지 못할 때 도와줄 시간을 낼 수 있다.				
12	학생들은 내가 도움이 된다고 믿어 준다.				
13	나는 가끔 학생들이 필요할 때 도움이 못될 때가 있는 것 같다.				
14	학생들이 필요로 할 때마다 내가 늘 도와주지는 못하는 것 같다.				
15	학생들을 꾸짖을 때 왜 그런지 항상 설명한다.				
16	보통의 경우 허락하지 않는 일도 이 반 학생들에게는 허용한다.				
17	학생들을 한결같은 방법으로 대하기가 쉽지 않다.				
18	학생들을 돌볼 시간을 갖기가 늘 어렵다.				
19	학생들에게 내가 기대하는 바에 대해 이야기한다.				
20	수업시간에 학생들에게 기대하는 바를 명확히 하려고 노력한다.				
21	학생들이 지키는 규칙을 바꾸기도 한다.				
22	가끔 나는 이 반 학생들에게 기대를 갖고 있지 않다고 느낀다.				
23	학생들이 수업 자료를 이해하지 못할 때, 나는 다른 방법을 쓴다.				
24	학생들이 이해하지 못한 것이 있을 때, 나는 여러 가지 방법으로 설명한다.				
25	학생들이 언제 내 수업을 잘 따라오지 못하였는지 말하기 어렵다.				
26	학생들이 언제 새 수업 자료를 볼 준비가 되었는지 모르겠다.				

	이 반 수업에 대한 나의 느낌은……	①	②	③	④
27	학생들에게 문제를 푸는 여러 방법을 보여 준다.				
28	학생들이 언제 도움이 필요한지 말하기 어렵다.				
29	학생들에게 이해할 수 있는 방법으로 가르치기가 쉽지 않다.				
30	학생들에게 숙제와 관련하여 많은 방법을 알려 준다.				
31	일반적으로 학생들에게 최소한의 방법만 알려 준다.				
32	학생들에게 너무 많은 방법을 알려 주지 않는 것이 좋다.				
33	학교 공부를 단계별로 지도해야 한다.				
34	숙제와 관련하여 나는 학생들에게 항상 해야 할 일을 말하고 있다.				
35	학교 공부와 관련하여 학생들에게 단계별로 말을 해 준다.				
36	학생들에게 학교 공부에 관한 많은 것들을 스스로 결정하게 한다.				
37	학생들이 자기 멋대로 하게 할 수 없다.				
38	학생들이 학교 공부와 관련하여 너무 많은 것을 결정하게 내버려둘 수는 없다.				
39	우리가 학교에서 왜 배워야하는지 설명한다.				
40	학교 공부가 어떻게 도움이 되는지에 대해 생각하도록 격려한다.				
41	학생들에게 학교가 왜 중요한지를 설명하기가 어렵다.				

	이 반 학생들은……	①	②	③	④
1	최선을 다하려고 노력한다.				
2	할 수 있는 데까지 열심히 한다.				
3	수업 중 토론에 참여한다.				
4	집중한다.				
5	매우 주의 깊게 듣는다.				
6	기분이 좋다.				
7	무언가를 할 때 흥미를 느낀다.				
8	재미있어 한다.				
9	새로운 것을 배우는 것을 즐거워한다.				
10	우리가 무엇인가를 할 때, 학생들은 적극적으로 참여한다.				

	이 반 학생들과 관련하여……	①	②	③	④
1	항상 학생들의 말을 주의 깊게 듣는다.				
2	학생들에 대한 나의 판단에 확신을 갖는다.				

3	내 수업의 수준에 대해서 나는 늘 자각하고 있다.				
4	곤란을 겪는 학생을 도와준다.				
5	학생의 질문 중 모르는 것이 있음을 인정한다.				

※ ① 전혀 그렇지 않다 ② 그렇지 않다 ③ 그렇다 ④ 매우 그렇다

자료: 천세영 외(2020), pp. 339−340.

[부록 3]

ICALT 도구(수업 참여 학생용)

	이 수업에서 나는……	①	②	③	④
1	잘하기 위해 최선을 다한다.				
2	내가 할 수 있는 데까지 열심히 한다.				
3	수업 중 토론에 참여한다.				
4	집중한다.				
5	매우 주의 깊게 듣는다.				
6	기분이 좋다.				
7	우리가 무언가를 할 때 흥미를 느낀다.				
8	재미가 있다.				
9	새로운 것을 배우는 것이 즐겁다.				
10	우리가 무엇인가를 할 때 나도 참여한다.				
11	항상 선생님의 말씀을 주의 깊게 듣는다.				
12	선생님에 대한 나의 판단은 확실하다.				
13	나의 학습 수준에 대해서 나 스스로 잘 안다.				
14	곤란을 겪는 선생님과 친구들을 도와준다.				
15	내가 알아야 하는 것을 모르면 모른다고 인정한다.				

※ ① 전혀 아니다 ② 아니다 ③ 그렇다 ④ 매우 그렇다

자료: 천세영 외(2020), pp. 343–344.

[부록 4]

수업참관록(교사용)

<table>
<tr><th colspan="2">영역</th><th>내용</th></tr>
<tr><td rowspan="13">관찰</td><td rowspan="3">수업 설계</td><td>학습 목표가 명시적이고 구체적인가?</td></tr>
<tr><td>학습 목표를 달성하기에 적절한가?</td></tr>
<tr><td>수업 주제에 적합한 교수 · 학습모형인가?</td></tr>
<tr><td rowspan="5">교사 활동</td><td>학습 동기를 적절하게 자극하는가?</td></tr>
<tr><td>교수 언어, 음성, 발문이 적절한가?</td></tr>
<tr><td>학생과의 상호작용이 활발한가?</td></tr>
<tr><td>효율적인 수업인가?</td></tr>
<tr><td>명료화되고 구조화된 수업인가?</td></tr>
<tr><td rowspan="4">학생 활동</td><td>안정된 분위기에서 능동적으로 참여하는가?</td></tr>
<tr><td>학생들 간 상호작용과 협력이 활발한가?</td></tr>
<tr><td>개인차를 고려한 학습 조직과 활동이 이루어지는가?</td></tr>
<tr><td>학습 목표에 도달하는가?</td></tr>
<tr><td colspan="2">성찰</td><td>수업 의도와 수업 고민은?</td></tr>
<tr><td colspan="2">나눔</td><td>• 수업에 참관한 소감은?
• 교사와 학생과의 관계 혹은 의사소통은?
• 수업에서 인상적인 장면은?
• 눈에 띄는 가르침과 배움의 상황이나 의미를 느낀 지점은?
• 수업의 어떤 부분을 다르게 적용하고 싶은 아이디어는?
• 수업의 성장과 성찰을 돕는 생각을 전하거나 질문을 한다면?</td></tr>
</table>

자료: 정일화 외(2024), pp. 167-168의 〈표 7-3〉, 〈표 7-4〉를 통합하여 정리함.

[부록 5]

수업참관록(교사용) 2

영역	관찰 내용	사실 중심으로 기술
도입 (주제)	배울 내용에 대한 궁금증을 유발하는가?	
	학습 목표 혹은 주제가 명확히 제시되는가?	
	어떤 교수·학습 자료가 제공되는가?	
전개 (활동)	학습자의 협동적 활동을 촉진하는가?	
	필요시 주의를 집중시켜 전체나 모둠을 대상으로 되돌리기나 연결하는가?	
	학습자의 표현 활동은 충분히 이루어지는가?	
정리 (공유)	제시된 학습 목표에 따라 수업이 진행되는가?	
	배운 내용의 공유 및 정리는 잘 이루어지는가?	
	차시 예고가 있는가?	
학생 관찰	학습의 맥락을 이해하나?	
	어떻게 협동적으로 배우나?	
	어디에서 배우고, 어디에서 주춤거리나?	
	어느 지점에서 배움이 도약하나?	
교사 관찰	학생 개별에게 관심을 두나?	
	협동적인 배움을 촉진하는가?	
	언어적 및 비언어적 행동은 어떤가?	
성찰	• 수업을 통해 배운 점은? • 수업에서 흥미로운 점이나 특별한 점은? • 수업에서 궁금한 점은? • 이 수업을 내가 한다면 해 보고 싶은 아이디어는? • 그 밖에 떠오르는 것은?	

[부록 6]

수업참관록(교사용) 3

수업 교사의 수업 목표 및 중점 관찰 요구 사항

구분	관찰	비고
존중 및 신뢰 관계	교사–학생–학생의 관계의 형성은 어떠한가?	
	교사–학생–학생의 상호작용은 어떠한가?	
	교사–학생–학생의 협력적 소통은 어떠한가?	
학습자 주도성	학습 내용이 학생들의 흥미와 호기심을 유발하는가?	
	학생들은 적극적인 태도로 참여하는가?	
	학생들은 스스로 문제를 발견하고 해결하고자 하는가?	
사고력 및 표현력	학생들은 자신의 생각을 적극 표현하는가?	
	학생들은 교실 내 발언을 적극 경청하고 확장하는가?	
	학생들은 학습의 결과를 자신의 말과 글로 표현하는가?	
	학습 활동이나 자료가 학생들의 사고를 자극하는가?	
성장	학생들에게 의미 있는 학습이 일어나는가?	
	학습 내용이 학생들의 삶으로 이어지는가?	
	학생들은 학습 목표에 도달하는가?	
	학생들은 개인차를 고려한 지원을 받아 학습을 하는가?	
	학생들이 학습한 내용과 과정에 대해 성찰하는가?	
교수·학습 활동의 장점은?		
확장이나 변화를 주고 싶은 주제의 제안은?		
종합 의견 및 배우거나 느낀 점은?		

[부록 7]

수업참관록(학부모용)

구분	참관 내용	
스스로	학습자의 수업 태도는 바릅니까?	
	학습자는 학습에 흥미를 가지고 참여합니까?	
	학습자는 궁금증과 의견을 표현합니까?	
더불어	학습자는 다른 의견을 경청합니까?	
	학습자는 다른 의견을 존중합니까?	
	학습자는 친구와 협력을 잘합니까?	
수업 참관 후 전하고 싶은 이야기		
학생에게		
선생님께		

참고문헌

강주현(2023). 초등 예비교사의 음악과 마이크로티칭 경험 및 자기평가, 동료평가에 대한 인식 탐구. **미래음악교육연구, 8**(2), 25-48.

강창숙(2014). 예비교사의 사회과 수업실습에서 나타난 언어상호작용의 관찰과 분석. **사회과교육연구, 21**(3), 67-83.

경상북도교육청연구원(2023). 2024학년도 삶의 힘을 키우는 학교 교육과정 도움자료. 교-819-23-12.

고주환, 이상일(2021). 국어과 예비 교사의 수업 시연에 나타난 문제 양상 고찰 -도입 · 마무리 단계를 중심으로-. **국어교육연구, 47**, 1-33.

교육부(2022). 초 · 중등학교 교육과정 총론. 교육부 고시 제2022-33호. [별책 1].

교육부, 한국교육과정평가원(2017). 과정을 중시하는 수행평가 어떻게 할까요? [중등] 연구자료 ORM 2017-19-2.

김도기, 강명자, 김경희, 김상민, 김효정, 박용석, 송일민, 조영숙, 홍미경(2016). **수업컨설팅: 좋은 수업의 조건 5G**. 학지사.

김재건, 이홍숙(2008). 체제적 관점에서의 수업이론 변화과정에 관한 분석연구. **글로벌경영학회지, 5**(1), 1-39.

김진아(2023). 중등 예비교사의 좋은 수업에 대한 인식: 의미연결망 분석을 중심으로. **학습자중심교과교육연구, 23**(17), 269-283.

론 클락 스토리(2006). **The Ron Clark Story**. Randa Haines 감독, Matthew 출연. 미국.

류성림, 권성룡, 김남균, 이종학, 여승현, 박진형, 임미인, 조진우, 최지선, 탁병주(2024). **2022 개정 교육과정에 따른 초등수학교육론**. 경문사.

민혜리, 심미자, 윤희정(2012). **한국형 수업컨설팅**. 학이시습.

민혜리(2011). 수업촬영으로 내 강의 성찰하기. **2차 멘토-멘티 오프라인 세미나 자료집**. 한국교원학술정보원. 한국교총.

박희진(2024). 초등교사가 인식한 좋은 수업의 개념. **한국초등교육, 35**(1), 201-218.

백소영, 김도현, 이경언(2014). 수업 시연에 나타나는 예비 수학교사의 발문 유형과 특성 분석. **교사교육연구, 53**(3), 400-415.

브라우닝 버전(1951). **The Browing Version**. Mike Figgis 감독, Albert Finney 출연. 영국.

송상호(1998). ARCS 모델에 대한 비판적 고찰: 가정, 특징, 그리고 이론적 쟁점들. **교육공학연구, 14**(3), 155-176.

스탠드 앤 딜리버(1988). **Stand and Deliver**. Ramón 감독, Edward James Olmos 출연. 미국.

양홍(2014). 중국 중학교 교사의 효과적인 수업행동 실태. **2014 국제수업행동분석 세미나 자료집**. 충남대학교.

우지현, 김미리, 김길선(2024). 기업교육의 강의 설계 가이드라인 제안 및 효과: 가네의 학습이론 및 게이미피케이션을 바탕으로. **경영교육연구, 39**(1), 105-137.

이경희(2004). **교육실습의 이론과 실제**. 양서원.

이미숙(2014). 교원의 학교교육과정 편성·운영 역량에 관한 교육 전문가의 인식 분석. **교육 과정연구, 32**(4), 195-215.

이상균(2014). 초등학교 과학과 교수·학습 과정에 따른 발문 유형 분석. **대한지구과학교육학회지, 7**(2), 276-285.

정은이(2020). 대학생의 좋은 수업에 대한 교수자와 학습자의 인식. **교육방법연구, 22**(3), 25-44.

정일화(2020). **새내기 교사론**. 한국학술정보.

정일화(2025). **가르치는 길**. 학지사.

정일화, 김현식, 이수용, 서미라, 송미나, 나용인, 한국유초중등수석교사회(2024). **핵심 교직실무**. 학지사.

조규진, 김도기, 김명수(2011). 좋은 수업의 조건 탐색: 5G를 중심으로. **초등교육연구, 24**(4), 325-350.

조미영, 장지영, 유정숙, 김성원, 이현주(2010). 교수 학습 목적 및 과정에 따른 발문 유형 분석. **학습자중심교과교육연구, 10**(2), 407-428.

주삼환(2006). **장학연구**. 한국학술정보.

주삼환(2009). **장학의 이론과 실제 I 이론편**. 한국학술정보.

주삼환, 신붕섭, 이석열, 정일화, 김용남(2023). **교육행정 및 교육경영(6판)**. 학지사.

주소정, 유수연(2023). '좋은' 독일어 수업을 위한 교수·학습계획안 작성 원리에 대한 연구. **외국어로서의 독일어(DaF in Korea), 52**(0), 91-116.

천세영, 이옥화, 정일화, 김득준, 장순선, 방인자, 이재홍, 권현범, 김종수, 이경민, 김지은, 전미애(2020). **수업분석과 수업코칭**. 학지사.

켈러(Keller, J. M.), 송상호(1999). **매력적인 수업설계**. 교육과학사.

편은영, 박미정, 채정현(2009). Keller의 동기유발 전략을 적용한 중학교 가정 '영양과 식사' 단원 교수·학습 과정안 개발. **한국가정과교육학회지, 21**(4), 159-173.

한경혜(2004). 수학교육에서의 '기본개념'과 수학사의 접목: 평균값의 예를 통해서 본 수업 모형. **한국수학사학회지**, 17(3), 73-92.

Banner, J. M., & Cannon, H. C. (2003). **훌륭한 교사는 이렇게 가르친다** (*The Elements of Teaching*). (이창신 역). 풀빛. (원저는 1997년에 출판).

Beacher, L. (2011). Collaborative video inquiry in MA TESOL coursework: Working together to improve ourselves. *ELTED, 14*, 1-7.

Blosser, P. (1987). **효율적인 교사의 발문기법** (*Handbook of effective questioning techniques*). (송용의 역). 배영사. (원저는 1973년에 출판).

Borich, G. D. (2011). *Effective teaching methods: Research-based practice* (8th ed). Pearson.

Dick, W., Carey, L., & Carey, J. O. (2022). *The systematic design of instruction* (9th ed.). Pearson/Allyn and Bacon.

Erickson, H. L., Lanning, L. A., & French, R. (2019). **개념 기반 교육과정 및 수업** (*Concept-based curriculum and instruction for the thinking classroom*). (온정덕, 윤지영 역). 학지사. (원저는 2017년에 출판).

Flanders, N. A. (1970). *Analyzing teaching behavior*. Reading/Addison Wesley.

Fuller, F. F. (1969). Concern of teachers: A developmental conceptualization. *America Educational Research Journal, 6*(2), 207-226.

Fuller, F. F., & Bown, O. H. (1975). *Becoming a teacher*. National Society for the Study of Education, pp. 25-52.

Gagné, R. M., Briggs, L. J., & Wager, W. W. (1990). *Principles of instruction design*. Holt Rinehard, and Winston.

Glaser, R. (1962). Psychology and Instructional Technology. In Glaser, R. (ed.). *Training Research and Education*: University of Pittsburgh Press.

Isecke, H. (2016). **백워드 설계와 수업 전문성** (*Backwards Planning-Building Enduring Understanding Through Instructional Design*). (강현석, 이지은, 정수경 역). 학지사. (원저는 2011년에 출판).

Jensen, E. (1997). *Completing the puzzle: The brain-compatible approach to learning*. Turning Point.

Keller, J. M. (1987). Development and use of the ARCS model of instructional design. *Journal of instructional development, 10*(3), 2-10.

Kramarski, B., & Dudai, V. (2009). Group-metacognitive support for online inquiry in mathematics with differential self-questioning. *Journal of Educational Computing Research, 40*(4), 377–404.

Kronowitz, E. L. (2009). **성공하는 교사의 첫걸음** (*The Teacher's Guide to Success: Teaching Effectively in Today's Classrooms*). (고재천, 권동택, 김은주, 박상완, 박영만, 이정 선, 정혜영 역). 시그마프레스. (원저는 2008년에 출판).

Marzano, R. J., Frontier, T., & Livingston, D. (2015). **수업장학: 수업예술과 수업과학을 위한 지원** (*Effective supervision: Supporting the art and science of teaching*). (주삼환, 황인수 역). 학지사. (원저는 2011년에 출판).

Marzano, R. J., Pickering, D., & Pollock, J. E. (2001). **학업성취 향상 수업전략** (*Classroom instruction that works: Research-based strategies for increasing student achievement*). (주삼환, 정일화 역). 시그마프레스.

Maulana, R., Helms-Lorenz, M., & Van de Grift, W. (2014). Development and evaluation of a ques tionnaire measuring preservice teachers' teaching behavior: A Rasch moelling approach. School Effectiveness and School Improvement. Advance online publication.

Meyer, H. (2011). **좋은 수업이란 무엇인가** (*Was ist guter Unterricht?*). (손승남, 정창호 역). 삼우반. (원저는 2004년에 출판).

Ofsted (2018). Six models of lesson observation: an international perspective. Reference no: 180022. Ofsted. https://assets.publishing.service.gov.uk/media/5afee5bbe5274a50732a61be/Six_models_of_lesson_observation.pdf

Reiser, R. A., & Dick, W. (1995). **체제적 수업 설계** (*Instructional Planning: A Guide for Teachers*). (양영선 역). 교육과학사.

Shulman, L. S. (1992). Toward a pedagogy of cases. InJ. H. Shulman(Ed.), *Case methods in teacher education* (pp. 72–92). Teacher College Press.

Sousa, D. (1995). *How to brain learns*. National Association of Secondary School Principles.

Tileston, D. W. (2007). **좋은 수업의 실제: 10가지 전략** (*Ten best teaching practices: How brain research, learning styles, and standards define teaching competencies*). (성용구, 임청환, 정종진 역). 시그마프레스. (원저는 2005년에 출판).

University of Groningen (2017). Manual observation instrument 'ICALT': for use in support of a lesson observation. Department of Teacher Education.

University of Groningen (2018). ICALT Training supplement.

Van de Grift, W. (2007). Quality of teaching in four European countries: a review of the literature and application of an assessment instrument. *Educational Research, 49*(2), 127–152.

Van de Grift, W., Helms-Lorenz, M., & Maulana, R. (2014). Teaching skills of student teachers: Calibration of an evaluation instrument and its value in predicting student academic engagement. *Studies in Educational Evaluation, 43*, 150–159.

Wiggins, G., & McTighe, J. (1998). What is backward design. *Understanding by design, 1*, 7–19.

https://cultofpedagogy.com

https://luminouslearning.com

https://ncic.re.kr

https://stas.moe.go.kr

https://teacherspayteachers.com

찾아보기

인명

ㄱ

강창숙 77

고주환 67

김도기 15

김재건 29

ㅇ

이미숙 12

이상일 67

이홍숙 29

ㅈ

정은이 55

정일화 11, 19, 39

주삼환 73, 77

ㅊ

천세영 64, 78, 86, 88

ㅎ

한경혜 29

A

Ausubel, D. 29

B

Banner, J. M. 9

Borich, G. D. 13, 19, 24

Bruner, J. S. 29

C

Cannon, H. C. 9

Carey, J. O. 36

Carey, L. 36

Carroll, J. B. 29

D

Dick, W. 36

E

Erikson, E. H. 10

Erikson, H. L. 36

F

Fuller, F. F. 80

G

Gagné, R. M. 31

Glaser, R. 30

I

Isecke, H. 34

K

Kronowitz, E. L. 60

M

Marzano, R. J. 60, 61, 64

Maslow, A. H. 10

McTighe, J. 25

Meyer, H. 14

W

Wiggins, G. 25

내용

A

ADDIE 모형 30

I

ICALT 도구 80, 86

O

Ofsted 80

ㄱ

가치 전달자 9

개인적 학습 목표 17

공동 학습자 9

과정 중심 평가 42

교사 교육과정 12

교수 기술 55

교수 · 학습과정안 38, 46

교수자-학습자 중심 14

ㄷ

동기부여자 9

동료장학 73

ㅁ

마이크로티칭 73

명세적 학습 목표 17

ㅂ

발견 학습 29

본시 38

ㅅ

사회성발달이론 11
선행조직자 29
설계자 9
성취 기준 42
성취 수준 12
세안 38
소통 전략 55
솔선수범자 9
수업 모형 67
수업 설계 10, 14, 23
수업 설계 이론 29
수업 실연 55, 66, 67
수업 전략 23, 60
수업 전략-설계 14
수업관찰 14
수업컨설팅 14

ㅇ

안내자 9
약안 38
언어 상호작용 분석 77
예비 교사 55
욕구단계이론 10
인격 9
일반적 학습 목표 17

ㅈ

자기분석 73
잠재력 10
조력자 9
지식의 구조 29

ㅊ

청소년기 11

ㅍ

평가 기준 42
평가 준거 성취 기준 42
평생 학습자 9
포섭 29
플랜더스 77
피드백 73

ㅎ

학습 경험 23
학습 목표 16, 23
학습의 나선형 구조 29
학습자의 성취와 성장 15
혁신적 선도자 9
환경 조성자 9

저자 소개

정일화 (Jeong, Ilhwa) fiatdoctorjohn@gmail.com

교육학 박사 / 전) 대전 충남고등학교 수석교사

세종교육백년대계 대표

남윤제 (Nam, Yunjea) vandamnam@daum.net

세종 참샘초등학교 교장

세종특별자치시 교원단체총연합회장

서시연 (Seo, Siyeon) olivia6763@naver.com

교육학 박사 / 세종 해밀초등학교 교사

청주교육대학교 강사

송미나 (Song, Mina) india823@daum.net

광주 하남중앙초등학교 수석교사

한국교육정책연구소장

안은정 (An, Eunjeong) aej1102@gmail.com

서울 신미림초등학교 수석교사

서울특별시교육청 교육과정수업평가 지원단

이나원 (Lee, Nawon) naone1225@gmail.com

세종 참샘초등학교 수석교사

세종특별자치시교육청 수습교사제 시범 운영 지도

정석준 (Jung, Sukjun) jeongstorm@hanmail.net

충청남도금산교육지원청 장학사

조성창 (Cho, Sungchang) castlewin@naver.com

조치원 대동초등학교 수석교사

세종특별자치시교육청 수습교사제 시범 운영 지도

설계하GO! 실천하GO! 수업하GO!
생각한 대로 펼쳐지는

초등 수업 설계

이론과 실행

Designing and Managing Instrution
in Elementary Schools: From Theory to Practice

2025년 11월 5일 1판 1쇄 인쇄
2025년 11월 10일 1판 1쇄 발행

지은이 • 정일화 · 남윤제 · 서시연 · 송미나 · 안은정 · 이나원 · 정석준 · 조성창
펴낸이 • 김진환
펴낸곳 • (주) 학지사
04031 서울특별시 마포구 양화로 15길 20 마인드월드빌딩 4층
대 표 전 화 • 02)330-5114　　팩스 • 02)324-2345
등 록 번 호 • 제313-2006-000265호

홈 페 이 지 • http://www.hakjisa.co.kr
인스타그램 • https://www.instagram.com/hakjisabook

ISBN 978-89-997-3568-4 93370

정가 18,000원

출판미디어기업 학지사
간호보건의학출판 **학지사메디컬** www.hakjisamd.co.kr
심리검사연구소 **인싸이트** www.inpsyt.co.kr
학술논문서비스 **뉴논문** www.newnonmun.com
교육연수원 **카운피아** www.counpia.com
대학교재전자책플랫폼 **캠퍼스북** www.campusbook.co.kr